ADAC Reiseführer

Thüringen

Erfurt Gotha Weimar Jena

Schlösser und Burgen • Wanderungen • Museen Bergwerke und Höhlen • Hotels • Restaurants

Die Top Tipps führen Sie zu den Highlights

von Gabriel Calvo Lopez-Guerrero
und Sabine Tzschaschel

Intro

Unterwegs

Thüringen Kaleidoskop

Thüringen – die schönsten Wanderungen

Karten

Service

Thüringen aktuell A bis Z 131

Register 141

Leserforum

Die Meinung unserer Leserinnen und Leser ist wichtig, daher freuen wir uns von Ihnen zu hören. Wenn Ihnen dieser Reiseführer gefällt, wenn Sie Hinweise zu den Inhalten haben – Ergänzungs- und Verbesserungsvorschläge, Tipps und Korrekturen –, dann kontaktieren Sie uns bitte:

Redaktion ADAC Reiseführer
Travel House Media GmbH
Grillparzerstr. 12, 81675 München
adac.reisefuehrer@travel-house-media.de

Thüringen Impressionen

Burgenreigen und Schlösserprunk in Deutschlands grünem Herz

Mag Thüringen auch eines der kleinsten deutschen Bundesländer sein – dank seines **landschaftlichen Reichtums** ist es zugleich eines der attraktivsten. Die sanften Hügel des Eichsfelds im Norden und die blauen Stauseen des Saaletals im Süden, die Buchenwälder des Hainichs im Westen und die reizende Kulturlandschaft entlang der Ilm im Osten laden zu ausgedehnten Entdeckungstouren ein. Im Zentrum des Bundeslandes erstreckt sich das von Gera und Unstrut durchflossene Thüringer Becken, wo mit Erfurt, Gotha und Mühlhausen drei der schönsten Städte des Bundeslandes auf ihre Besucher warten.

Handelsstädte und berühmte Universitäten

Schon im Mittelalter prosperierte **Erfurt**, die größte Stadt Thüringens. Damals zählte sie wegen des einträglichen Handels mit Waid, das zum Färben von Stoffen verwandt wurde, gar zu den größten auf deutschem Boden. So manches vom Reichtum seiner Erbauer zeugende Kaufmannshaus blieb erhalten. Die vollständig mit kleinen Fachwerkhäusern bebaute **Krämerbrücke** aus dem 15. Jh. sucht in Nordeuropa ihresgleichen. Ein einzigartiges Ensemble gotischer Sakralbaukunst ist der **Dom St. Marien** mit der **Severikirche**, die von hoher Warte die lebendige Altstadt überblicken. Für jugendliches Flair sorgen die Studenten der Erfurter Universität, an der vor 500 Jahren schon der Reformator Martin Luther lernte.

Auch **Jena** ist für seine Hochschule bekannt. Wo um 1800 der Philosoph Johann Gottlieb Fichte und der Dichter Friedrich Schiller dozierten, wird heute

Rechts oben: *An Sommertagen sind die Straßencafés auf Erfurts Fischmarkt stets voll*
Rechts: *Von der Wartburg blickt man über das Vorland des Thüringer Waldes*
Oben: *Wanderer und Mountainbiker zieht es hinaus in die Thüringer Natur*

für die Zukunft geforscht. Der JenTower im Zentrum der Stadt, mit seinen 159 m das höchste Gebäude Thüringens, ist das Symbol für den Aufschwung der vergangenen Jahre. All die bahnbrechenden Erfindungen, die ihren Ursprung in Jena hatten, präsentieren das Optische und das Schott GlasMuseum.

Ganz dem Mittelalter verpflichtet ist die von einer gut erhaltenen Stadtmauer umgebene Altstadt von **Mühlhausen**. Fachwerkhäuser säumen kopfsteingepflasterte Gassen, gotische Kirchtürme überragen rot gedeckte Dächer. Mehrere Museen lassen die Geschichte der einstigen Freien Reichsstadt Revue passieren, Cafés und Restaurants laden zum Verweilen ein. Auch in **Schmalkaldens** vorbildlich sanierten Straßen wird die Vergangenheit lebendig, vor allem die teils kunstvoll verzierten Fachwerkhäuser sind begeisterungswürdig.

Land der Ritter, Grafen und Herzöge

Mittelalter pur empfängt den Besucher jener **Burgen**, die von so manchem Bergsporn grüßen. Allen voran ist da natürlich

die **Wartburg** über Eisenach, Versteck Martin Luthers vor den Häschern des Kaisers und Schauplatz des Wartburgfestes, auf dem Studenten die Einheit Deutschlands forderten. Ein aussichtsreicher Wanderweg verbindet Mühlburg, Burg Gleichen und Wachsenburg, besser bekannt als **Die Drei Gleichen**, bei Gotha.

Einst standen sich dort oben verfeindete Herrschergeschlechter gegenüber, heute bilden sie ein pittoreskes, von weither sichtbares Ensemble. Auch entlang der Werra, Thüringens Grenzfluss zu Hessen, wachen imposante Festungen, so Burg Hanstein über Bornhagen oder die Brandenburg bei Gerstungen. Angesichts dieser Fülle von Zeugen des Mittelalters ist es keine Überraschung, dass eine Thüringer Burg, nämlich die Veste Heldburg bei Hildburghausen, zum Standort des Deutschen Burgenmuseums gewählt wurde.

Als dem Adel Thüringens die Burgen im 16. Jh. zu zugig wurden, verlegte er den Wohnsitz hinunter in seine **Residenzstädte**. Die Bertholdsburg in Schleusingen und die imposante Heidecksburg über Rudolstadt, das Altenburger Schloss mit seiner in verspieltem Barock dekorierten Kirche und das weitläufige Sommerpalais in Greiz künden von Geltungsbedürfnis und Ehrgeiz all der Kleinstaaten, die seit jener Zeit entstanden. Das größte Schloss Thüringens – und eines der imposantesten in ganz Deutschland – schuf der Herzog von Sachsen-Gotha mit **Schloss Friedenstein**. Ein Tag reicht nicht aus, um seine Prunksäle und Museen zu erkunden.

Auch außerhalb der Städte finden sich bezaubernde Anlagen, etwa die Dornburger Schlösser auf einem mit Wein bewachsenen Muschelkalkfelsen hoch über der Saale. Ähnlich beeindruckend ist Schloss Altenstein inmitten seines Landschaftsparks, den allerlei Zierbauten verschönen.

Wo Dichterfürsten wandelten

Was den Fürsten der Thüringer Kleinstaaten an politischem Einfluss fehlte, das versuchten sie mit kulturellem Engagement und Mäzenatentum wieder wettzumachen. So kommt es, dass dem Reisenden allerorten vorzügliche Museen, Theater und Galerien begegnen.

Die Herzöge von **Gotha** etwa begründeten im 18. Jh. eine Theatertradition, welche die Stadt bis heute mit dem Ekhof-Festival zelebriert. Aus der herzoglichen Kunstkammer entstand über die Jahrhunderte eine Sammlung, die von alt-

deutscher und niederländischer Malerei bis zur Kunst der Gegenwart reicht.

Auch **Meiningen** überrascht mit einer Bühne, deren Qualität sich nicht vor den Theatern in Deutschlands Großstädten verstecken muss. Hier war es Herzog Georg II. von Sachsen-Meinigen, der Ende des 19. Jh. den Grundstein für eine lebendige Schauspiel-Tradition legte. In **Rudolstadt** wiederum beeindruckt neben einer Sammlung zarten Thüringer Porzellans die Waffensammlung der Schwarzburger Grafen.

Unbestritten überstrahlt der Glanz **Weimars** alle anderen Städte Thüringens. Hier begegnet man auf Schritt und Tritt den Spuren **Johann Wolfgang von Goethes**, dem unerreichten Heroen deutschen Geisteslebens. Das Goethe-Nationalmuseum ist quasi ein Tempel für den Dichterfürsten, hier wohnte er auf dem Höhepunkt seiner Schaffenskraft, hier gingen all die anderen Protagonisten der deutschen Klassik ein und aus. Gemeinsam mit Friedrich Schiller, dessen weitaus bescheideneres Wohnhaus gleichfalls zu besichtigen ist, prägte er eine ganze Epoche. Ob im Park an der Ilm mit Goethes Gartenhaus oder in der **Herzogin-Anna-Amalia-Bibliothek** mit dem prachtvoll wiederhergestellten Rokokosaal, ob im Schloss Belvedere, wo Goethe naturwissenschaftliche Studien betrieb oder auf dem Historischen Friedhof, wo Schiller und Goethe begraben liegen: an Pilgerstätten für Kulturliebhaber herrscht wahrlich kein Mangel. Eine weitere Blütezeit erlebte die Stadt Anfang des 20. Jh. dank der revolutionären Ideen der Bauhaus-Schule um Walter Gropius, die Architektur und Design radikal erneuerte. Weimars Bauhaus-Museum stellt die Errungenschaften dieser Bewegung ausführlich vor.

Links oben: *Schloss Friendestein ist ein beliebtes Ausflugsziel bei Gotha* **Links unten:** *Während der Erfurter Domstufen-Festspiele wird der Domberg zur Bühne* **Oben:** *Auf Jenas Marktplatz bieten die Bauern der Umgebung ihre Waren feil*
Rechts: *Thüringens Vielfalt: Baden in der Bleilochtalsperre und mittelalterliche Gassen in Gotha*

Deutschlands Grünes Herz

Wenn Johann Wolfgang von Goethe nicht am Schreibtisch saß, dann zog es ihn hinaus in die Natur. Von seinem Haus in Weimar aus marschierte er regelmäßig nach Schloss Kochberg, Wohnort seiner Freundin Charlotte von Stein. Mittlerweile folgt der reizvolle **Goethewanderweg** seinen Schritten durch die Wiesen und Wälder südlich von Weimar.

Der berühmte Dichter ist gern zitierter Kronzeuge all jener, die Thüringens landschaftliche Schönheiten rühmen. Ins Schwelgen geraten sie etwa beim **Hainich**, dem größten zusammenhängenden Laubwald Deutschlands. Im Herbst, wenn sich seine Blätter bunt verfärben, bietet er einen wahrhaft unvergesslichen Anblick. Der Nationalpark, der seine wertvollen, uralten Buchenhaine schützt, verfügt mit dem Baumkronenpfad, auf dem man über das Blätterdach hinwegspazieren kann, über eine ganz besondere Attraktion.

Ganz oben: *Ausgehen in Jena*
Oben: *Kunstvoll gestaltet sind die Modelle für den Blaudruck, der bis heute in Erfurt gepflegt wird*
Rechts oben: *Präzisionshandwerk – ein Tierglasbläser aus Lauscha bei der Arbeit*
Rechts Mitte: *Thüringer Bratwürste und dunkles Bier aus Köstritz – eine schier unwiderstehliche Kombination*
Rechts unten: *Frühnebel liegt über den Feldern unterhalb der Wachsenburg, einer der Drei Gleichen bei Mühlberg*

Die Zahl der Wanderwege durch den **Thüringer Wald** ist schier unüberschaubar, von der Talwanderung bis zum anstrengenden Gipfelsturm ist alles geboten. Unangefochtener Star ist freilich der **Rennsteig**, der der Kammlinie des Thüringer Waldes zwischen Eisenach und Blankenstein auf 168 km folgt. Im Winter, wenn Schnee seine Höhen einhüllt, werden viele Wanderwege zu Loipen und in **Oberhof** trifft sich die Wintersportelite zu Biathlon- und Rodelwettbewerben.

Keine sportlichen Höchstleistungen erfordern die bestens markierten **Fahrradwege** entlang Werra, Elster oder Saale. Vielerorts kann man die Flüsse auch per Kanu erkunden – ein ganz besonderes Abenteuer. Gleichfalls zum **Wassersport** laden die Stauseen entlang der Saalekaskade. An der Bleilochtalsperre und über den Hohenwarte-Stausee gleiten Ausflugsschiffe zwischen Surfern und Paddelbooten dahin.

Nicht nur über, sondern auch unter der Erde ist Thüringen von überraschender Vielseitigkeit. In den **Feengrotten** bei Saalfeld schillern die Höhlenwände in allen Farben des Regenbogens, in der Marienglashöhle bei Friedrichroda kann man quasi einen Kristall betreten und im Erlebnis Bergwerk Merkers sehen die Besucher dem größten unterirdischen Bagger beim Kaliabbau zu.

Geschichte, Kunst, Kultur im Überblick

Vom Reich der Thüringer zum Freistaat Thüringen

400 v. Chr. Aus dem heutigen Frankreich kommen Kelten nach Thüringen. Auf dem Kleinen Gleichberg bei Römhild entsteht eine ihrer größten Burganlagen.

1. Jh. n. Chr. Der germanische Stamm der Hermunduren zieht vom Oberlauf der Elbe ins Thüringische.

ab 375 Die Völkerwanderung beginnt. Hermunduren und die aus dem Nord- und Ostseeraum zugewanderte Angeln und Warnen verbinden sich zum Stamm der Thüringer.

Landgraf Hermann von Thüringen als huldvoller Herrscher

ab 451 Mit der Niederlage Attilas auf den Katalaunischen Feldern beim französischen Troyes gegen das römisch-westgotische Heer endet die Vorherrschaft der Hunnen in Mitteleuropa. Die Thüringer nutzen das Fehlen eines starken Führers und erobern ein Reich, das sich zwischen Altmark im Norden und Frankenwald im Süden, Elbe im Osten und Werra im Süden erstreckt.

531 Die nach Osten vorrückenden Franken besiegen die Thüringer in der Schlacht bei Burgscheidungen an der Unstrut. Ab dem 8. Jh. wird Kolonisation und Burgenbau verstärkt.

725 Der Missionar Bonifatius gründet in Ohrdruf das erste thüringische Kloster. 742 stiftet er das Bistum Erfurt. 746 überträgt ihm der Papst das Bistum Mainz, dem nach und nach das Gebiet des 754 wieder aufgelösten Erfurter Bistums zugeschlagen wird. Fortan herrschen die Mainzer Erzbischöfe, die seit dem Mittelalter zu den mächtigsten Fürsten des Reiches zählen, über die Region um Erfurt.

802 Kaiser Karl der Große lässt im Lex Thuringorum das Stammesrecht der Thüringer kodifizieren, das der Region eine gewisse Eigenständigkeit sichert. Die Thüringer Herzöge setzt allerdings der Kaiser ein.

843 Mit dem Vertrag von Verdun teilen die Enkel Karls des Großen das fränkische Reich unter sich auf. Thüringen kommt mit dem Ostfrankenreich, der Keimzelle des Deutschen Reiches, an Ludwig ›den Deutschen‹.

908 Nach dem Tod des Thüringer Herzogs Burchard erwirbt der sächsische Herzog Otto weite Teile Thüringens.

919 Der Adel des Ostfrankenreichs wählt Heinrich, den Herzog von Sachsen zum König. Der sächsisch-thüringische Raum gehört damit zum Kerngebiet königlicher Macht.

933 In der Schlacht bei Riade, wahrscheinlich nahe des heutigen Weißensee, besiegt König Heinrich die Ungarn, die sein Reich seit Jahrzehnten mit Raubkriegen überziehen.

955 Durch den Sieg in der Schlacht auf dem Lechfeld bei Augsburg kann König Otto der Große die Ungarngefahr endgültig bannen.

1002 Mit dem Tod Kaiser Ottos III. stirbt die sächsische Linie der Ottonen aus. Unter Heinrich II. verlagert sich das Machtzentrum des Reiches in den Bamberger Raum, unter den salischen Königen ab 1024 gar an den Rhein. Der Thüringer Adel nutzt die Abwesenheit eines starken Herrschers und eignet sich die regionalen Königsgüter an.

1060 Ludwig der Bärtige, ein junger Adeliger aus dem Rhein-Main-Gebiet, gründet eine Herrschaft um das heutige Friedrichroda, wo seine erste Festung, die Schauenburg, entsteht. Seine Familie, die nach ihm benannten Ludowinger, steigen rasch zu mächtigen Fürsten auf.

1085 Der Ludowinger Ludwig der Springer lädt Mönche aus dem Hirsauer Reformkloster zur Gründung des Klosters Reinhardsbrunn bei Friedrichroda ein. Er legte auch den Grundstein für die Wartburg über dem heutigen Eisenach.

1131 Der Sohn Ludwigs des Springers, ebenfalls Ludwig genannt, erlangt von König Lothar III. die Landgrafenwürde. Er ist damit Stellvertreter des Königs in Thüringen und zählt zu den mächtigsten Fürsten des Reiches. Unter Landgraf Hermann (1190–1217) blüht die höfische Kultur auf.

1211 Die ungarische Prinzessin Elisabeth kommt vierjährig auf die Wartburg und heiratet einige Jahre später Landgraf Ludwig IV. Nach dessen Tod auf dem fünften Kreuzzug verpflichtet sie sich einem Leben in Armut. 1235 spricht Papst Gregor IX. sie heilig.

1247 Mit dem Tod des Landgrafen Heinrich Raspe stirbt das Geschlecht der Ludowinger aus, ihre Besitzungen sowie der Landgrafentitel fallen an die sächsischen Wettiner unter Heinrich dem Erlauchten.

1342–46 In der Thüringer Grafenfehde bezwingt Landgraf Friedrich II. aufständische Adelige. In den folgenden Jahrzehnten erwerben die Wettiner weitere Ländereien im Thüringer Raum, auch das vom Haus Reuß beherrschte Vogtland wird zu einem Wettiner Lehen. Andere Grafengeschlechter, etwa die Schwarzburger, bleiben relativ eigenständig.

1389 Papst Urban VI. gestattet dem Erfurter Rat die Gründung einer Universität, der dritten im Deutschen Reich.

15. Jh. Das im Hausgesetz der Wettiner verankerte Prinzip der Realteilung im Erbfall, also die gleichmäßige Aufteilung des Erbes unter allen Söhnen, führt immer wieder zu Streitigkeiten zwischen den Nachkommen. Mit der Leipziger Teilung von 1485 zerfällt das Haus Wettin endgültig, die sog. Ernestinische Linie erhält u.a. den Thüringer Landesteil sowie die Kurwürde,

Martin Luther als Juncker Jörg auf dem Cranach-Bild

also das Recht, an der Wahl des Kaisers teilzunehmen.

1501 Martin Luther immatrikuliert sich an der Universität Erfurt. Bei Stotternheim, einem Erfurter Vorort, hat er das Gewittererlebnis, das ihn zum Eintritt ins Augustinerkloster bewegt.

1517 Martin Luther veröffentlicht seine 95 Thesen gegen den päpstlichen Ablasshandel und löst so die Reformation aus. Da er sich weigert die Thesen zu widerrufen, ächtet ihn der Reichstag von Worms im Jahr 1521. Daraufhin nimmt ihn Kurfürst Friedrich der Weise auf der Wartburg unter dem Tarnnamen Junker Jörg in Schutzhaft.

1524 Der radikale Reformator Thomas Müntzer predigt in Mühlhausen. Er schließt sich den Bauernkriegen an und wird nach der Schlacht von Frankenhausen, die mit der Niederlage der Bauern endet, hingerichtet.

1531 Unter der Führung von Kurfürst Johann gründen die protestantischen Reichsstände den Schmalkaldischen Bund. Er soll die Rekatholisierung ihrer Ländereien durch Kaiser Karl V. verhindern.

1547 Der Schmalkaldische Krieg endet mit dem Sieg Kaiser Karls V. Kurfürst Johann verliert zwei Drittel seiner Ländereien sowie die Kurwürde an seinen Vetter Moritz von Sachsen. Die Ernestiner Linie der Wettiner versinkt damit in der politischen Bedeutungslosigkeit. Somit ist es ihr in den folgenden Jahrhunderten unmöglich, die vielen Grafschaften im Raum Thürigen unter ihrer Herrschaft zu vereinigen.

1599 Die auch im Haus Schwarzburg geltende Realteilung führt zur Gründung der Linien von Sondershausen und Rudolstadt.

1618–48 Thüringen leidet unter dem Dreißigjährigen Krieg, die Hälfte der Bevölkerung kommt ums Leben.

1640–75 Herzog Ernst I. der Fromme von Sachsen-Gotha reformiert Verwaltung und Bildungswesen. Sein Geheimer Rat Veit Ludwig von Seckendorff gilt als Vordenker der deutschen Verwaltungslehre.

Kurfürst Johann von Sachsen unterwirft sich Kaiser Karl V.

1680/81 Die sieben Söhne Herzog Ernsts I. des Frommen teilen Sachsen-Gotha untereinander auf. 1690 erreicht die Zersplitterung Thüringens ihren Höhepunkt. Es gibt zehn ernestinische, drei schwarzburgische und neun reußische Fürstenhäuser, außerdem zwei Reichsstädte.

1775 Carl-August übernimmt 18-jährig das Herzogtum Sachsen-Weimar-Eisenach und ruft den von ihm verehrten Johann Wolfgang Goethe nach Weimar [s. S. 30]. Thüringens ›Klassisches Zeitalter‹ beginnt.

1801 Napoleon etabliert den Rhein als Grenze zwischen Frankreich und den deutschen Territorien. Preußen, das Land verliert, entschädigt der Reichsdeputationshauptschluss von 1803 u.a. mit dem Eichsfeld sowie den Reichsstädten Nordhausen und Mühlhausen. Auch Erfurt fällt an Preußen, damit endet nach einem Jahrtausend die politische Bindung der Stadt an das kurmainzische Erzbistum.

1806 Weil Napoleon ihm das 1805 versprochene Königreich Hannover wieder abnehmen will, zieht Preußen gegen Frankreich in den Krieg. Nur wenige deutsche Territorien, darunter Sachsen-Weimar, unterstützen es. Nach der Niederlage in der Doppelschlacht von Jena und Auerstedt verliert Preußen alle linkselbischen Gebiete, die Thüringer Fürstentümer müssen Napoleons Rheinbund beitreten.

1812 Napoleons Russlandfeldzug führt ins Desaster. Daraufhin beginnen die Befreiungskriege, die in der Völkerschlacht von Leipzig 1813 mit dem Sieg Preußens, Russlands und Österreichs über Frankreich enden.

1815 Der Wiener Kongress ordnet Europa neu. Der Norden Thüringens sowie die Region um Erfurt fallen endgültig an Preußen. Sachsen-Weimar-Eisenach wird zum Großherzogtum erhoben. Zwölf thüringische Kleinstaaten unter Schwarzburger und Reußischer Herrschaft bleiben erhalten. Alle gehören dem neu gegründeten Deutschen Bund an.

1816 Preußen schließt die von Studentenschwund und Geldmangel gebeutelte Erfurter Universität.

1817 Jenaer Studenten initiieren das Wartburgfest, auf dem sie Reformen sowie die Einheit der deutschen Staaten fordern. Die Obrigkeit reagiert mit Pressezensur und Unterdrückung.

ab 1840 Mit dem Bau der Linie Hof–Leipzig erhält Thüringen Anschluss ans deutsche Eisenbahnnetz. Auch die Industrialisierung schreitet fort. 1846 eröffnet Carl Zeiss in Jena die Mechanischen Werkstätten.

1848 In der Märzrevolution bricht sich der Zorn der Bürger über ausgebliebene politische Reformen Bahn. Im preußischen Erfurt sterben 27 Menschen bei der Niederschlagung der revolutionären Bewegung.

1866 Durch den Deutschen Krieg drängt Preußen Österreich aus dem Deutschen Bund und bindet die nord- und mitteldeutschen Staaten eng an sich.

1869 August Bebel und Karl Liebknecht gründen in Eisenach die Sozialdemokratische Arbeiterpartei.

1871 Der Sieg Preußens über Frankreich im Deutsch-Französischen Krieg ermöglicht die Gründung des Deutschen Reiches, dem die Thüringer Staaten beitreten. Im neuen Bundesrat haben sie Stimmrecht und können eine gewisse Eigenständigkeit bewahren, etwa in der Kultur- und Bildungspolitik.

1875 In Gotha vereinen sich Sozialdemokratische Arbeiterpartei und Allgemeiner Deutscher Arbeiterverein zur Sozialistischen Arbeiterpartei Deutschlands (ab 1890 SPD).

1918 Nach der deutschen Niederlage im Ersten Weltkrieg dankt Kaiser Wilhelm II. ab. Die übrigen Fürsten folgen, als letzter am 25. November Günther Victor von Schwarzburg-Rudolstadt.

1919 Die Nationalversammlung tritt im Weimarer Theater zusammen und verabschiedet die erste demokratische Verfassung der deutschen Geschichte. Die Weimarer Republik, der auch der 1920 gegründete Freistaat Thüringen angehört, existiert bis 1933. – Walter Gropius gründet das Staatliche Bauhaus in Weimar. 1925 zieht es wegen politischer Repressionen durch die Thüringer Landesregierung nach Dessau.

Goethe und Napoleon treffen sich 1809 in Erfurt

Willy Brandt blickt aus seinem Zimmer im Hotel Erfurter Hof auf die jubelnden Menschen

ab 1929 Die Weltwirtschaftskrise erreicht Thüringen. Sog. Notstandsarbeiter, also Arbeitslose, denen damit ein Auskommen ermöglicht werden soll, errichten die Bleilochtalsperre.
1930 Thüringen ist das erste Bundesland, in dem die NSDAP die Regierungsbeteiligung erlangt.
1933 Reichspräsident Hindenburg ernennt Adolf Hitler zum Reichskanzler. Das am 31. März erlassene ›Gesetz zur Gleichschaltung der Länder mit dem Reich‹ hebt die Selbstständigkeit der Bundesstaaten, also auch Thüringens, auf.
1937 Auf dem Ettersberg bei Weimar richten die Nationalsozialisten das KZ Buchenwald ein. Dort sterben etwa 56 000 Menschen.
1939-45 Im vom Deutschen Reich entfesselten Zweiten Weltkrieg sterben etwa 90 000 Thüringer. Fast die gesamte jüdische Gemeinde Thüringens wird im Ghetto Belzyce und im Vernichtungslager Theresienstadt ermordet.
1945 Mit dem Einmarsch der Amerikaner im April endet für Thüringen der Zweite Weltkrieg. Da die Region in der Konferenz von Jalta der Sowjetzone zugeordnet worden war, ziehen sich die USA im Juni zurück.
1946 Aus den Wahlen zum Thüringer Landtag geht die Sozialistische Einheitspartei Deutschlands (SED) als Siegerin hervor. Sie war durch den Zusammenschluss von KPD und SPD entstanden.
1949 Aus den drei westlichen Besatzungszonen und Westberlin entsteht die Bundesrepublik Deutschland (BRD). Darauf reagiert die Sowjetunion mit der Gründung der Deutschen Demokratischen Republik (DDR) in ihrer Besatzungszone.
ab 1950 Schrittweise vollzieht sich die Verstaatlichung der Thüringer Wirtschaft. In den 1970er-Jahren werden auch die letzten privaten Unternehmen Thüringens zu Staatseigentum.
1952 Durch die Auflösung der Länder wird die DDR zu einem zentralistisch organisierten Einheitsstaat.
1961 Um die Republikflucht zu unterbinden ordnet der Staatsratsvorsitzende Ulbricht die Schließung der Grenzen zur BRD an.
1970 Die Erfurter bejubeln Bundeskanzler Willy Brandt bei seinem DDR-Besuch.
1989 Berichte über gefälschte Ergebnisse der Kommunalwahlen im Mai lösen die Montagsdemonstrationen aus. Unter dem Druck der Massenflucht von DDR-Bürgern über Ungarn öffnet die DDR-Regierung am 9. November die innerdeutsche Grenze.
1990 Die Volkskammer der DDR beschließt die Wiedererrichtung der ostdeutschen Bundesländer. Hauptstadt des Freistaats Thüringen wird Erfurt. Die deutsche Wiedervereinigung erfolgt am 3. Oktober.

Sozialistischer Realismus zur Einheit von SPD und KPD

ab 1990 Der Zusammenbruch der Thüringer Industrie lässt die Arbeitslosigkeit rasant steigen, die Einwohnerzahl des Bundeslandes sinkt bis 2006 um 11 %. Gleichzeitig retten hohe Investitionen viele Städte vor dem Verfall.
2004 Ein Brand in der Weimarer Herzogin-Anna-Amalia-Bibliothek vernichtet über 100 000 Bücher. Die Bilder vom zerstörten Rokokosaal lösen hohe Spendenbereitschaft aus, Bund und Land Thüringen gewähren der Klassik Stiftung Weimar die finanziellen Mittel, um die historischen Stätten zu bewahren.
2009 Thüringens Ministerpräsident Althaus (CDU) wird bei einem Skiunfall in Österreich schwer verletzt. Bei den Landtagswahlen im Herbst wird seine Parteikollegin Christine Lieberknecht zur Nachfolgerin gewählt.
2010 Der Freistaat feiert das 250. Jubiläum der Thüringer Porzellanproduktion mit einer zentralen Ausstellung auf der Leuchtenburg.
2013 Das Deutsche Burgenmuseum auf der Veste Heldburg wird eröffnet.
2014 Bodo Ramelow wird als erster Politiker der Partei Die Linke zum Ministerpräsidenten eines Bundeslandes gewählt. Er führt eine Koalition seiner Partei mit der SPD und den Grünen an.

Unterwegs

Malerisch fließt die Weiße Elster in Gera an der Marienkirche vorbei

Das Thüringer Becken – traditionsreiche Städte an der Via Regia

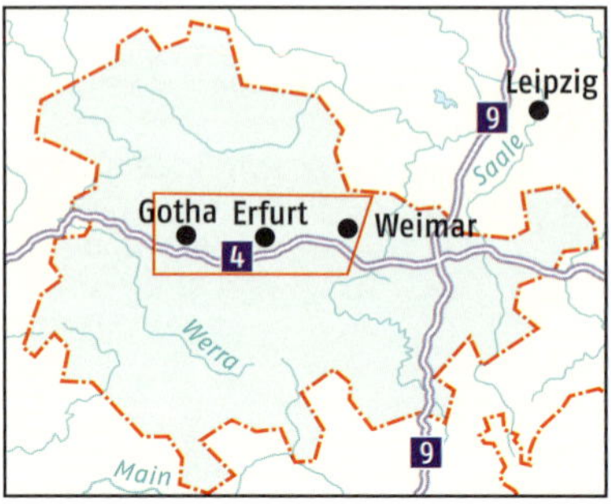

Gotha, Erfurt und Weimar liegen entlang der West-Ost-Handelsroute Via Regia, die sich von Paris bis Nowgorod quer durch Mitteleuropa zog und deren Ursprünge bis ins 8. Jh. zurückreichen. Sie brachte schon früh Wohlstand und kulturellen Austausch ins Thüringer Becken. Als Bühne europäischer Geistesgeschichte präsentiert sich vor allem **Weimar**, das als Klassisches Ensemble seit 1998 UNESCO-Weltkulturerbe ist. Vom Kunstsinn ihrer Herrscher zeugt auch die attraktive Residenzstadt **Gotha** mit Schloss Friedenstein und barockem Ekhoftheater. Als ›Thüringisches Rom‹ mit seinem Kirchenreigen firmiert die Landeshauptstadt **Erfurt**. Etwas abseits der Klassikerstraße locken traditionsreiche Kurorte wie **Bad Berka**, Wanderziele wie das Burgentrio der **Drei Gleichen** oder die – nicht nur für Kinder spannende – einzigartige Miniaturwelt ›Mon Plaisir‹ in **Arnstadt**. Vielerorts zeugen prachtvolle Kaufmannshäuser und Kirchenbauten von der einstigen Blüte dieser Region, die der einträgliche Handel mit Waid, dem ›blauen Gold‹ Thüringens, brachte. Diese Pflanze wurde ab dem 9. Jh. im Thüringer Becken angebaut und in Waidmühlen zu blauem Farbstoff fermentiert, der sich bei Tuchfärbern und Malern großer Beliebtheit erfreute. Im 16. Jh. führte der preiswertere Import von Indigo aus den Kolonien zum Erliegen des Waidhandels.

1 Erfurt

Thüringens Kapitale bezaubert mit Altstadtcharme und imposantem Domberg.

Umflossen von den Flut- und Mühlgräben der Gera erheben sich Erfurts (203 000 Einw.) Wahrzeichen, der Dom St. Marien und St. Severi auf dem Domhügel, über den kunstvoll restaurierten Fachwerkhäusern, schmalen Gassen und beschaulichen Plätzen der Altstadt.

Geschichte Erstmals erwähnt wurde Erfurt 742, als Bonifatius auf seiner Missionsreise durch das Frankenreich die Siedlung *Erphesfurt* zum Bischofssitz erheben ließ. Nach Bonifatius' Tod 754 übernahm das *Erzbistum Mainz* die Herrschaft und bestimmte die Geschicke Erfurts für die folgenden Jahrhunderte. Strategisch günstig an einer Furt gele-

Vom Turm der Ägidienkirche blickt man über die Dächer Erfurts zum Domberg

gen, nahm der Ort als wichtiger Verkehrsknotenpunkt an der *Via Regia* raschen Aufschwung. Erfurt entwickelte sich zum bedeutendsten Zentrum des *Waidhandels* in Europa. 1392 wurde die *Universität* gegründet, an der *Martin Luther* 1501–05 Philosophie studierte. Ab 1530 wurde in den meisten Gotteshäusern nur noch evangelisch gepredigt, lediglich der Dom, St. Severi und sechs weitere Kirchen blieben unter katholischer Führung. Als sich die Stadt 1663 dem Anspruch des kurmainzischen Erzbischofs auf alleinige Religionsgewalt widersetzte, marschierten dessen Truppen auf und unterwarfen die Stadt. Um die Bürger fortan fest im Griff zu haben, ließen die neuen Statthalter die *Zitadelle* auf dem Petersberg zu einer mächtigen Festung ausbauen. Die Stadthalter herrschten bis 1803, als Erfurt im Zuge der Säkularisation und territorialen Neuordnung des Heiligen Römischen Reiches Deutscher Nation durch *Napoleon* an *Preußen* fiel. Nach der Reichsgründung 1871 erlebte die Stadt einen enormen Aufschwung, diesmal als Standort für bedeutende Maschinenbaubetriebe. Erfurt avancierte zum wirtschaftlichen Zentrum Thüringens. Zu *DDR-Zeiten* entstanden an der Peripherie bis zu 16-geschossige Plattenbauten, die das Erfurter Stadtbild nachhaltig veränderten.

Der Petersberg

Das schönste Panorama über Erfurts Altstadt genießt man vom **Petersberg** 1 aus. Die mächtigen Bastionen und Kasernengebäude der **Zitadelle**, welche die Anhöhe einnimmt, entstanden 1664–1707. Obwohl ein großer Teil der ursprünglichen Verteidigungsbauten nach der Reichsgründung 1871 geschleift wurde, um mehr Raum für die sich ausdehnende Stadt zu gewinnen, zählt die erhaltene Anlage heute zu den größten Stadtfestungen Mitteleuropas. Durch das barocke *Peterstor* und das *Kommandantenhaus* (tgl. 10–18 Uhr), das eine Ausstellung zur Geschichte der Zitadelle zeigt, gelangt man ins Innere der Festung. Einen modernen Akzent setzt hier der Glasbetonbau des *Informationszentrums* (Tel. 0361/6015384, April–Okt. tgl. 10–18.30, Nov./Dez. tgl. 11–16 Uhr), in dem Führungen (April Sa/So 11.30 und 17.30, Mai–Okt. tgl. 11.30 und 17.30, Nov./Dez. Sa/So 11.30 und 14.30 Uhr) durch die Zitadelle und die Horchgänge in den Festungsmauern zu buchen sind. Dort lauschten einst Wachmänner, ob sich potenzielle Angreifer der Stadt nähern. Bedeutendste Attraktion des Petersbergs ist die romanische Benediktinerklosterkirche *St. Peter und Paul*. Sie entstand 1103–47 an der Stelle eines abgebrannten Klosters, dessen Gründung – sozusagen als Keimzelle Erfurts – be-

Von der UNESCO geadelt: Erfurts Dom St. Marien und St. Severi zählen zum Weltkulturerbe

reits für das Jahr 706 belegt ist. Die heutige Gestalt der ursprünglich dreischiffigen Pfeilerbasilika resultiert aus einem Teilabbruch und Umbauten zum Militärmagazin. Einen Eindruck von den einst gewaltigen Ausmaßen des Bauwerks vermittelt das Modell im Vorraum der Kirche. Im Untergeschoss beherbergt sie nun das *Erfurter Forum für Konkrete Kunst* (Tel. 03 61/655 16 11, www.forum-konkrete-kunst-erfurt.de, Mi–So 10–18 Uhr), das die mit alten Holzdecken und steinernen Pfeilern mit Säulen ausgestatteten Räume für Wechselausstellungen zur zeitgenössischen Kunst nutzt.

Zeugnisse einer anderen Art von Kreativität bewahrt wenige Schritte weiter nördlich das *Informations- und Dokumentationszentrum Erfurt* (Petersberg Haus 19, Tel. 03 61/551 90, www.bstu.bund.de, tgl. 9–18 Uhr). Tausende Weckgläser mit konservierten Körpergerüchen, ausgeklügelte Einbruchswerkzeuge oder Gießkannen mit eingebauter Kamera dokumentieren die Überwachungsmethoden der Stasi.

Der Domberg

Gegenüber vom Petersberg erhebt sich der imposante Domberg, auf dem in trauter Zweisamkeit die Kirche St. Severi und der **Dom St. Marien** 2 (Tel. 03 61/57 69 60, 03 61/646 12 65 www.dom-erfurt.de, Mai–Okt. Mo–Sa 9.30–18, So/Fei 13–18, Nov.–April Mo–Sa 9.30–17, So/Fei 13–17 Uhr) vereint sind. Der Dom ist der größte Sakralbau Thüringens. Seine heutige Gestalt ist das Ergebnis von 311 Jahren Bautätigkeit. Sie begann 1154 mit der Errichtung einer dreischiffigen romanischen Basilika mit Querschiff und zwei Türmen auf den Trümmern eines eingestürzten Vorgängerbaus, der wohl bereits zur Bistumsgründung 742 durch Bonifatius existiert hatte. In die Zeit um 1330 fällt die Entstehung des Triangel genannten Vorbaus mit seinen beiden prachtvollen Portalen an der Nordseite des Doms und der großartigen Freitreppe, die zum Domplatz hinabführt. Ihre 70 Stufen bilden die fantastische Kulisse für die alljährlichen Erfurter Domstufenfestspiele (s. S. 134). Ab 1349 entstand in reifer gotischer Formensprache der Chor, für den eine Verlängerung des Dombergs nötig wurde und gewaltige Unterbauten, sogenannte Kavaten, geschaffen wurden. Sie gelten als technische Meisterleistung ihrer Zeit. 1455–65 wurde das Langhaus schließlich zur spätgotischen Halle umgestaltet. Grandioser Auftakt der Dombesichtigung sind die von virtuos gemeißelten Steinfiguren flankierten *Triangelportale*: Maria und die zwölf Apostel mit der Kreuzigungsszene im Tympanon empfangen Besucher an der Nordostsei-

TOP TIPP

te am oberen Ende der Freitreppe, das nach Nordwesten gerichtete Portal zeigt die klugen und törichten Jungfrauen, Figuren von imponierend expressivem Ausdruck. Das *Innere* des Doms erhellen hohe Fenster mit farbigen *Glasmalereien*, die großteils aus dem 14. Jh. stammen. Zu den bedeutendsten *Ausstattungsstücken* zählen die romanische, aus Stuck gefertigte Erfurter Madonna (um 1160) im offenen Seitenraum des Chorhalses sowie der zeitgleich entstandene, beinahe lebensgroße Bronzeleuchter ›Wolfram‹, der als Mönch mit Kerzen in den Händen geformt ist. Im nördlichen Querhausarm fasziniert das mit kraftvollem Kolorit gemalte Triptychon ›Einhornjagd‹ mit einer Interpretation der Verkündigung, die als Symbol der Menschwerdung Christi im Schoß Mariä verstanden wird: Den Kopf des weißen Fabeltiers auf den Knien thront die Muttergottes in einem Blumenhain, den Heilige, Musikanten und Gelehrte bevölkern. Zu ihrer Rechten erkennt man den ins Signalhorn blasenden Erzengel Gabriel als Jäger, der das Einhorn mit seinen Hunden zu Maria hin treibt. Weitere Pretiosen des Doms sind das ausdrucksvoll geschnitzte Chorgestühl (um 1370), Lucas Cranachs ›Verlobung der heiligen Katharina‹ (1522) sowie das Taufbecken (1587) von Hans Friedemann mit einem 18 m hohen Baldachin von Hieronymus Preußler. Hoch oben im mittleren Domturm hängt die 1497 gegossene ›Gloriosa‹, die größte frei schwingende mittelalterliche Glocke der Welt.

Dicht neben St. Marien ragt die gotische Kirche **St. Severi** 3 (Öffnungszeiten wie Dom St. Marien) mit ihrer markanten Dreiturmfassade auf. Sie entstand 1275–1350 als fünfschiffige Hallenkirche auf den Fundamenten romanischer Vorgängerbauten. Ihr bedeutendster Schatz ist der um 1365 geschaffene *Sandsteinsarkophag* für die Reliquien des hl. Severus, dessen Werdegang vom Tuchmacher zum Bischof von Ravenna auf den kunstvoll gemeißelten Wangen des Sarkophags erzählt wird. Als sich während der Bischofswahl im Jahr 284 eine Taube auf den Kopf des Tuchmachers Severus setzte, der sich als Zuschauer unter das Volk gemischt hatte, sahen die Kirchenoberen dies als Zeichen seiner Auserwähltheit durch Gott und votierten für ihn. Der Abguss der Deckplatte des Sarkophags zeigt Relieffiguren des Heiligen, seiner Frau und seiner Tochter. Das Original ist in den Severialtar an der Südwand der Kirche integriert.

Die Altstadt

Am Fuße des Dombergs öffnet sich der weite **Domplatz** 4. Mit seinem geschwungenen Renaissancegiebel und prachtvollem Portal fällt besonders das *Gasthaus Zur Hohen Lilie* (Nr. 31) von 1341 an der Südseite des Platzes ins Auge, das auf eine lange Tradition als noble Herberge zurückblicken kann. Zu seinen Gästen zählte es im Mittelalter Bischöfe und Könige sowie die Kirchenreformer Martin Luther und Philipp Melanchthon.

Bündelpfeiler aus hellem Sandstein tragen das Kreuzgratgewölbe vom Dom St. Marien

Einen Seitenarm der Gera, den Breitstrom, quert die Krämerbrücke mit ihren Fachwerkhäusern

An der Ecke zur Mettengasse bietet ein **Waidspeicher** 5 dem *Puppentheater Waidspeicher* (Tel. 03 61/598 29 12, www.waidspeicher.de) sowie dem *Kabarett ›Die Arche‹* (Tel. 03 61/598 29 24, www.kabarett-diearche.de) eine Bühne für ihre unterhaltsamen Darbietungen. Wenige Schritte entfernt widmet sich das **Naturkundemuseum Erfurt** 6 (Große Arche 14, Tel. 03 61/655 56 80, www.naturkundemuseum-erfurt.de, Di–So 10–18 Uhr) dem Naturraum Thüringen. Die Ausstellung dokumentiert die Bemühungen um den Erhalt von Fauna und Flora und gibt beeindruckende Einblicke in die Welt der Mineralien.

Eine ungewöhnliche Gestalt besitzt die Ende des 14. Jh. fertiggestellte gotische **Allerheiligenkirche** 7, deren Baukörper ihrem trapezförmigen Grundriss zwischen zwei Straßen angepasst ist. Ihr 1487 erneuerter Turm ist mit 53 m der höchste der Altstadt. Er ist markanter Blickpunkt der *Allerheiligenstraße* und der sie kreuzenden *Waagegasse*, die mit ihren alten Waidspeichern und Handelshäusern einen besonders idyllischen Winkel bilden.

Ein Denkmal jüdischen Lebens, das an das mittelalterliche Erfurt erinnert, ist die **Alte Synagoge Erfurt** 8 (Waagegasse 8, Tel. 03 61/655 15 20, www.alte-synagoge.erfurt.de, Di–So 10–18 Uhr), deren Ursprünge ins späte 11. Jh. datieren. Das Museum gibt Einblicke in Geschichte und Gebräuche der hiesigen jüdischen Gemeinde. Ein Glanzstück der Ausstellung ist der einzigartige Silberschatz, der kurz vor dem Pogrom 1349 in der Nähe der Synagoge vergraben und 1998 wieder entdeckt wurde.

Die angrenzende **Michaelisstraße** 9 gilt als ›Steinerne Chronik‹ der Stadt. Hier liegt die Gründungsstätte der Erfurter Universität, dessen einstiges Hauptgebäude, das *Collegium Maius* (Haus Nr. 39) bei einem Bombenangriff 1945 zerstört wurde. Erhalten blieb das spätgotische Kielbogenportal (1513), das den Eingang des originalgetreu rekonstruierten Collegiums ziert. Das angrenzende *Haus zur großen Arche Noah und Engelsburg* (Nr. 38) aus dem 16. Jh. bewohnte ursprünglich der Druckermeister Melchior Sachse, der Luthers erste Bibelausgaben veröffentlichte. Im aus dem 12. Jh. stammenden Gotteshaus *St. Michaelis*, das zwischen 1392 und 1816 als Universitätskirche diente, lauschte Luther 1501–05 mancher Predigt. Im *Haus Zum Schwarzen Horn* (Nr. 48) erschienen ab 1518 Rechenbücher von Adam Ries, dessen Name noch heute sprichwörtlich mathematische Korrektheit verbürgt. Von der Bedeutung der Michaelisstraße als mittelalterliche Handelsmagistrale kündet der *Kulturhof Zum Güldenen Krönbacken* (Haus Nr. 10, Tel. 03 61/655 19 60, www.kroenbacken.de, Di–So 11–18 Uhr), der seit dem späten 12. Jh. existiert. Prächtiges Fachwerk und Reliefschmuck zeugen vom Wohlstand der einstigen Eigentümer, die 1468 im Innenhof einen Waidspeicher errichten ließen. Dort finden Kulturevents und Ausstellungen zeitgenössischer Kunst statt.

Über den Benediktsplatz gelangt man zur 120 m langen **Krämerbrücke** 10, die 1325 an der Stelle einer Furt errichtet und 1472 auf 18 m verbreitert wurde. Sie ist die einzige bebaute und bewohnte Brücke nördlich der Alpen. In den 32 Fachwerkhäusern, in deren winzigen Krambuden einst Händler ihre Waren anboten, reizen heute Galerien und Kunstgewerbeläden mit Thüringer Blaudruckstoffen, Lauschaer Glas, Keramik, Schmuck und Holzschnitzereien die Kauflust der Passanten. Das Innenleben eines Brückenhauses von 1578 sowie eine Dauerausstellung zur Baugeschichte der Brücke sind im *Haus der Stiftungen* (Nr. 31, Tel. 03 61/654 83 81, www.kraemerbruecke.erfurt.de, tgl. 10–18 Uhr) zu besichtigen. Von den einst an beiden Enden der Brücke errichteten Kirchen ist nur *St. Ägidien* erhalten, deren Turm (Di–So 11–17 Uhr) eine herrliche Aussicht bietet.

Zu Füßen von St. Ägidien erstreckt sich der von eleganten Bürgerhäusern des 19. Jh. gerahmte und begrünte **Wenigemarkt** 11. Er ist einer der schönsten Plätze Erfurts und mit seinen Straßencafés und Restaurants ein beliebter Treffpunkt. An seiner nordöstlichen Ecke beginnt die *Futterstraße*, deren Häuser mit auffällig hohen, für die Durchfahrt von Kutschen geeigneten Portalen an die früher hier ansässigen Pferdefütterer erinnern. Vier kolossale Säulen markieren den Eingang des klassizistischen **Kaisersaals** 12 (Futterstr. 15/16, www.kaisersaalerfurt.de, Führungen unter Tel. 03 61/568 81 21), der 1715 als Universitätsballhaus diente. Seine größte Stunde erlebte der Kaisersaal wohl im Jahr 1808, als der Franzosenkaiser Napoleon die Fürsten der mit ihm verbündeten deutschen Staaten sowie Zar Alexander zum Erfurter Fürstenkongress lud. Heute dient der prachtvolle Saal als feierliche Kulisse für Kulturevents, darunter die zweimal jährlich stattfindenden Kaisersaal-Bälle.

Weiter nördlich des Wenigemarkts liegt das 1277 gegründete **Augustinerkloster** 13 (Augustinerstr. 10, Tel. 03 61/ 57 66 00, www.augustinerkloster.de, Führungen April–Okt. Mo–Sa 9.30, 11, 12.30, So/ Fei 11 und 12 Uhr, Nov.–März Mo–Fr 9.30, 11, 12.30, 14, 15.30, Sa 9.30, 11, 12.30, 14.00 Uhr, So /Fei 11 Uhr), in dem Martin Luther 1505–11 als Mönch in einer kargen Klosterzelle weilte. Dem Reformator ist eine informative Ausstellung gewidmet. Beeindruckend ist der kreuzrippengewölbte Kapitelsaal des 16. Jh., die Klosterbibliothek birgt Dokumente aus der Zeit der Reformation. Die *Klosterkirche* (tgl. 10–18 Uhr) zieren gotische Glasfenster mit Szenen aus dem Leben des hl. Augustinus.

Ein Abstecher führt zum **Museum für Thüringer Volkskunde Erfurt** 14 (Juri-Gagarin-Ring 140 a, Tel. 03 61/655 56 07, www.volkskundemuseum-erfurt.de, Di–So 10–18 Uhr), das im Herrenhaus eines Hospitals des 16. Jh. am Ostrand der Altstadt eingerichtet ist. Viele Exponate zur ländlichen Sachkultur und religiösen Volkskunst sind vor allem dem Dorfleben des 19. Jh. gewidmet.

1260 Jahre Stadtgeschichte von den ersten vorgeschichtlichen Siedlungsfunden bis zur deutschen Wiedervereinigung 1990 beleuchtet das **Stadtmuseum Haus zum Stockfisch** 15 (Johannesstr. 169, Tel. 03 61/655 56 51, www.stadtmuse

Im einstigen Schlafsaal der Mönche befindet sich die Bibliothek des Augustinerklosters

um-erfurt.de, Di–So 10–18 Uhr) in einem aufwendig dekorierten Spätrenaissancebau, dessen Fassade mit ihrer schachbrettartig gemusterten Erdgeschosszone eine wahre Augenweide ist.

Der Johannesstraße folgend, in der die wohlhabendsten Waidhändler ihre Anwesen hatten, erreicht man die frühgotische **Kaufmannskirche** 16. Ihre Gründung geht vermutlich auf friesische Händler zurück, die sich im 11. Jh. in Erfurt niederließen. Nach Zerstörung des romanischen Ursprungsbaus beim Stadtbrand 1291 erhielt die Kirche beim Wiederaufbau 1368 ihr heutiges Erscheinungsbild als dreischiffige Basilika.

Südlich der Kirche öffnet sich der von modernen Kaufhäusern beherrschte **Anger** 17 als breiter, geschäftiger Platz. Im Mittelalter war er exklusiver Knotenpunkt für den Handel mit Waidballen, von denen hier täglich etwa 300 Fuhrwerkladungen den Besitzer wechselten. Aus dieser Zeit stammt das gotische *Ursulinenkloster* (um 1136) an der Südostseite des Platzes. Markanter Blickfang gegenüber ist die historistische *Hauptpost* (1882–85), deren orientalisch anmutende Innenräume edler Rahmen für die Deutsche Post und zahlreiche Geschäfte sind.

An der Ecke zur Bahnhofstraße prunkt der 1706–12 nach Plänen von Maximilian von Welsch errichtete Pack- und Waagehof mit reich verzierter Fassade. Er beherbergt das **Angermuseum** 18 (Anger 18, Tel. 0361/6551651, www.angermuseum.de, Di–So 10–18 Uhr), das Kunstmuseum der Landeshauptstadt Erfurt. Gezeigt werden mittelalterliche Skulpturen und Altargemälde bis hin zum Expressionisten wie Erich Heckel, dessen monumentale Wandmalereien ›Lebensstufen‹ (1922/24) jeden Besucher beeindrucken.

Nach Westen verjüngt sich der Anger zunächst auf Straßenbreite zu einer Flaniermeile mit attraktiven Geschäften, um sich 200 m weiter erneut als Platz zu öffnen. Dort zieht das **Haus Dacheröden** 19 (Anger 37, Tel. 0361/6551630, Di–So 10–18 Uhr) mit einem üppig dekorierten Renaissanceportal die Aufmerksamkeit auf sich. In dem weitgehend original erhaltenen Bürgerpalais aus dem 16. Jh. gingen Geistesgrößen wie Goethe, Schiller und Wilhelm von Humboldt als Gäste der Familie Dacheröden ein und aus. Inzwischen präsentiert eine Galerie Wechselausstellungen zeitgenössischer Kunst.

Die Abzweigung zur Regierungsstraße markiert die ab 1233 errichtete, hell verputzte Kirche **St. Wigberti** 20. Die Innenausstattung wurde barock erneuert, das spätgotische Sterngewölbe blieb erhalten. Vor dem Hauptportal steht ein monumentaler *Figurenbrunnen* (1890) von Karl Stockhardt, der von Personifikationen der Erfurter Zünfte bevölkert wird.

Barocke Pracht präsentiert der Komplex der **Thüringer Staatskanzlei** 21 (Regierungsstr. 73, Tel. 0361/37900, www.thueringen.de), die 1711–20 nach Plänen von Maximilian von Welsch als Kurmainzische Statthalterei entstand. Sie war am 2. Oktober 1808 Schauplatz für das berühmte Zusammentreffen von Napoleon und Goethe, der später gestand, ihm sei in seinem »Leben nichts Höheres und Erfreulicheres« begegnet. Der schlichte *Bürgersaal* ist im Rahmen von Ausstellungen öffentlich zugänglich. Der nach Plänen von Johann Peter Castelli stuckierte Festsaal sowie die angrenzenden prunkvollen Salons sind nur im Rahmen einer Führung nach schriftlicher Anfrage zu besichtigen.

Die **Barfüßerkirche** 22 (Tel. 0361/655 1651, während der Sanierung am Hohen Chor muss die Ausstellung geschlossen bleiben) weiter nordöstlich wurde im frühen 14. Jh. errichtet. Nach den Zerstörungen im Zweiten Weltkrieg blieb das Langhaus eine Ruine, einzig der hohe Chorbau mit seinen fein gearbeiteten *Glasfenstern*, die Szenen der Passion Christi und Ereignisse aus dem Leben des hl. Franziskus zeigen, ist noch heute intakt. Seit der umfangreichen Restaurierung 1982 fungiert der Sakralbau als Außenstelle des *Angermuseums* und zeigt mittelalterliche Sakralkunst. Bedeutende Werke sind der goldgefasste gotische *Schnitzaltar* mit der Darstellung der Marienkrönung und Szenen aus dem Leben Christi, den Hans von Schmalkalden und Jacob von Leipzig 1445/46 schufen sowie das nach der Zunft seiner Stifter auch Färberaltar genannte *Kreuzigungstriptychon* von 1460 und die von einem Erfurter Bildhauer 1370 gefertigte *Grabplatte der Cinna von Vargula*.

Richtung Rathaus den Breitstrom querend passiert man ein interessantes technisches Denkmal: die letzte funktionstüchtige Wassermühle in Erfurts Innenstadt. Als **Museum Neue Mühle** 23 (Schlösserstr. 25a, Tel. 0361/6461059, Führungen Di–So stdl. 10–18 Uhr) erläutert sie die Funktionsweise des Mahlwerks und dokumentiert die Geschichte der Wassermühlen, von denen es einst Hunderte entlang der Gera gab.

Rottöne prägen die Fassade des Hauses Zum Breiten Herd, dessen Anbau im 19. Jh. hinzukam

Die Schlösserstraße mündet in den **Fischmarkt** 24, das Herz der mittelalterlichen Stadt. Als höchstes Gebäude am Platz beeindruckt das 1870–75 im neogotischen Stil errichtete *Rathaus* (Mo, Di, Do 8–18, Mi 8–16, Fr 8–14, Sa/So 10–17 Uhr) mit seinen drei markanten Spitzbogenarkaden. Eine nähere Betrachtung lohnen die Wandgemälde im Treppenhaus (Eduard Kämpfer, 1878) und im Festsaal (Peter Janssen, 1878–82) mit Szenen aus Thüringens Geschichte und Sagenwelt. Dem Rathaus zugewandt überblickt vom hohen Pfeilerpodest die *Sandsteinfigur* eines römischen Kriegers den Platz. Diesen schuf der Niederländer Israel von der Milla 1591 als Symbol städtischer Kampfbereitschaft. Ein Pendant des Kriegers krönt den Treppengiebel am Renaissancehaus *›Zum Roten Ochsen‹*, dessen reich geschmückte Fassade mit Skulpturen und Figurenfries vom Wohlstand des Waidhändlers und Ratsherrn zeugen, der den Bau 1591 errichten ließ. Im modernisierten Inneren zeigt die *Kunsthalle Erfurt* (Tel. 0361/6555660, www.kunsthalle-erfurt.de, Di, Mi, Fr–So 11–18, Do 11–22 Uhr) Wechselausstellungen moderner und zeitgenössischer Kunst. Die Nordseite des Platzes nimmt die ebenfalls opulent gestaltete Front des Hauses *›Zum Breiten Herd‹* ein. Während der linke Teil des Gebäudes mit farbiger Fassade bereits 1584 entstand, gehört die Sandsteinfassade rechts zu einem Anbau des Architekten Carl Frühling von 1883. Den ›Altersunterschied‹ von 300 Jahren überspielte er durch die einheitliche formale Gestaltung über die gesamte Breite des Hauses.

Südlich des Fischmarkts erhebt sich die frühgotische **Predigerkirche** 25 (Tel. 0361/6464310, Mai–Sept. Di–Sa 11–16, So 12–16 Uhr, Führungen auf Anfrage). Sie entstand 1270–1450 im schlichten und klar gegliederten Stil der Bettelordenskirchen und gehörte zum Dominikanerkloster. Der kreuzrippengewölbte *Innenraum* beeindruckt vor allem durch seine Höhe und enorme Längsausdehnung. Ein steinerner Lettner mit Verkündigungsgruppe (um 1375) trennt seit 1410 das Langhaus vom Chor, in dem die alten Chorschranken aus der Zeit um 1275 erhalten sind und mit zwei bemerkenswerten Ausstattungsstücken aufwarten: Die graziöse ›Schmedestedtsche Madonna‹ (um 1350) rechts ist ein Werk aus der Zeit des Weichen Stils, etwa zur selben Zeit entstand das Tafelbild ›Kalvarienberg‹.

Zum Abschluss des Innenstadtrundgangs lohnt ein Abstecher in die ›Neuzeit‹ zum Theaterplatz, wo das Opern-

Eine federleicht schwebende Wendeltreppe verbindet die Stockwerke in Erfurts Theater

haus **Theater Erfurt** 26 (Theaterplatz 1, Tel. 03 61/223 31 55, www.theater-erfurt.de) einen avantgardistischen Akzent in die Stadtlandschaft setzt. Der Architekt Jörg Friedrich schuf einen klar geschnittenen Kubus mit transparenter Fassadenfront. Dahinter öffnet sich das dreigeschossige Foyer, durch das sich eine futuristisch anmutende Wendeltreppe in die Höhe schraubt.

Rund um die Altstadt

Erfurt hat eine lange Tradition als Blumen- und Gartenstadt. Die grüne Oase des **Egaparks** 27 (Gothaer Str. 38, Tel. 03 61/564 37 37, www.egapark-erfurt.de, Mai–Mitte Sept. tgl. 9–18.30, Mitte Sept.–Okt., März/April tgl. 9–18, Nov.–Febr. tgl. 10–16 Uhr) etwa 1 km westlich des Erfurter Theaters war 1959 Schauplatz der *Internationalen Gartenausstellung sozialistischer Länder* und steht nun als Dauer-Gartenschau unter Denkmalschutz. Auf einer Fläche von 36 ha laden heute u.a. das größte ornamental gestaltete Blumenbeet Europas, ein Tropen- und Schmetterlingshaus, ein Kinderbauernhof, ein japanischer Fels- und Wassergarten, Wasserspiele und Ausflugslokale zum Verweilen ein. Im Zentrum dieser Attraktionen erhebt sich die 1480 errichtete imposante *Cyriaksburg*, in der das **Deutsche Gartenbaumuseum Erfurt** (Gothaer Str. 50, Tel. 03 61/22 39 90, www.gartenbaumuseum.de, März–Okt. Di–So 10–18, Juli–Sept. tgl. 10–18 Uhr, Nov.–Febr. nur für Gruppen nach Vereinbarung) interessante Einblicke in die Kunst und Geschichte der Grünanlagengestaltung gibt.

Im Norden Erfurts, auf dem Roten Berg, erstreckt sich der weitläufige **Thüringer Zoopark** 28 (Am Zoopark 1, Tel. 03 61/75 18 80, www.zoopark-erfurt.de, März–Okt. tgl. 9–18, Nov.–Febr. tgl. 9–16 Uhr). Neben den ›klassischen‹ Bewohnern eines Tiergartens faszinieren die hier geborenen Nashornkinder sowie die Bennettkänguruhs, zu welchen die Besucher direkt ins Gehege dürfen.

Eine der artenreichsten Sammlungen von Süßwasserfischen aus aller Welt sowie ein Riffaquarium mit rund 200 Meeresbewohnern gibt es im 3 km südlich am Geraufer gelegenen, zum Zoopark gehörenden **Aquarium** 29 (Am Nettelbeckufer 28 a, Tel. 03 61/731 37 10, tgl. 10–18 Uhr) zu bestaunen.

Ausflug

Das spätbarocke **Schloss Molsdorf** 30 (Schlossplatz 6, Tel. 03 62 02/905 05, Di–So 10–18 Uhr, Führungen stdl. 10–17 Uhr) mit seinem schönen Landschaftspark liegt

Begehrt seit Adam und Eva: dem Apfel widmet das Gartenbaumuseum einen eigenen Raum

Eine ansprechende Parklandschaft umgibt das spätbarocke Schloss Molsdorf bei Erfurt

10 km südlich von Erfurt. Sein heutiges Erscheinungsbild verdankt das Anwesen den Baumaßnahmen der Jahre 1734–48. Damals ließ Reichsgraf Gustav Adolf von Gotter die Wasserburg des 16. Jh. in ein Lustschloss verwandeln. Dessen Motto ›Es lebe die Freude‹ übertrug der Baumeister Gottfried Heinrich Krohne in eine üppig verspielte Ausgestaltung der Prunk- und Festräume mit Stuckmarmor, Spiegeln und noblen Porträts. In verschiedenen Ausstellungen werden im Schloss Werke des Thüringer Malers Otto Knöpfer (1911–1993) sowie eine Dokumentation zur Geschichte des Schlossparks präsentiert. Die kleine, hier verwahrte Sammlung von *Erotica* ist nur gelegentlich zu sehen. Einladend ist auch das Café (ab 12 Uhr) mit seiner breiten Sonnenterrasse zur Parkseite.

Praktische Hinweise

Information

Erfurt Tourist Information, Benediktsplatz 1, 99084 Erfurt, Tel. 03 61/664 00, www.erfurt-tourismus.de. Die Erfurt Card gilt 48 Stunden und ermöglicht die freie Nutzung öffentlicher Verkehrsmittel, eine Stadtführung, freie Eintritte in die städtischen Museen sowie Ermäßigungen bei Theatertickets, Eintrittskarten zum Egapark und Thüringer Zoopark sowie zu weiteren zahlreichen Veranstaltungen.

Hotels

****__IBB Hotel Erfurt__, Gotthardtstr. 27, Erfurt, Tel. 03 61/674 00, www.ibbhotel erfurt.com. Von Designern gestaltete Zimmer im historischen Haus *Alter Schwan* sowie in einem Altbau direkt auf der Krämerbrücke.

****__Zumnorde am Anger__, Anger 50/51, Erfurt, Tel. 03 61/568 00, www.hotel-zumnorde.de. Kleines elegantes Altstadthotel, exzellentem Restaurant, Biergarten, Dachgarten und Sauna.

***__Nikolai__, Augustinerstr. 30, Erfurt, Tel. 03 61/59 81 70, www.gaestehaus-nikolai.de. Romantischer Gasthof des evangelischen Augustinerklosters am Ufer der Gera mit hübscher Gartenterrasse.

Altstadtpension am Dom, Pergamentergasse 42, Erfurt, Tel. 03 61/602 01 97, www.altstadtpension-erfurt.de. Heitere moderne Atmosphäre in kleinem Haus mit reizendem Garten.

Evangelisches Augustinerkloster, Augustinerstr. 10, Erfurt, Tel. 03 61/57 66 00, www.augustinerkloster.de. Im Gästehaus des Klosters wohnen die Gäste ruhig, beschaulich und deutlich komfortabler als noch zu Luthers Zeiten.

Villa am Park, Tettaustraße 5, Erfurt, Tel. 0361/789 48 60, www.villa-am-park-erfurt.de. Schlichte Eleganz bietet diese zweckmäßige, günstige Pension in einer sanierten Jugendstilvilla am Egapark.

Restaurants

Faustus, Wenigemarkt 5, Erfurt, Tel. 03 61/540 09 54, www.restaurant-faustus.de. Modernes Café, Bistro und Cocktailbar – je nach Tageszeit. Große Terrasse auf einem der schönsten Plätze Erfurts.

Wirtshaus Christoffel, Michaelisstr. 41, Erfurt, Tel. 03 61/262 69 43, www.wirtshaus-christoffel-erfurt.de. Mittelalterliche Erlebnisgastronomie nahe der Krämerbrücke.

TOP TIPP **Russischer Hof,** Krämpferstr. 11–15, Erfurt, Tel. 03 61/654 68 14, www.russischer-hof-erfurt.de. Eine kulinarische Entdeckungsreise durch die Weiten Russlands.

Steinhaus, Allerheiligenstr. 20/21, Erfurt, Tel. 03 61/24 47 71 12. Das rustikale Ambiente in romanischem Haus ist bei Studenten beliebt, die Karte umfasst Thüringer Küche und Vegetarisches.

Zum Naumburgischen Keller, Michaelisstr. 49, Erfurt, Tel 03 61/540 24 50, www.haus-zum-naumburgischen-keller.de. Regionale Spezialitäten im gemütlichen Ambiente eines historischen Gewölbes.

Zum Wenigemarkt 13, Wenigemarkt 13, Erfurt, Tel. 03 61/642 23 79, www.wenigemarkt-13.de. Das sympathische Lokal mit Kaminzimmer und Straßencafé serviert Thüringer und Internationale Küche.

Cafés

Café Bauer am Hirschgarten, Regierungsstr. 4, Erfurt, Tel. 03 61/643 03 62, www.cafe-bauer-erfurt.de. Kuchen, Snacks und Salate im Wintergarten oder auf der Sommerterrasse (So geschl.).

2 Weimar

TOP TIPP *Weltberühmte Kultstätte der Deutschen Klassik und Geburtsort des Bauhauses.*

»Glücklich Weimar! Von den Städten allen bist du, kleine, wunderbar bedacht«, dichtete Johann Peter Eckermann, Freund und Sekretär Goethes, 1838. Tatsächlich hat Weimar (ca. 65 000 Einw.) als Wiege der deutschen Klassik und als Gründungsstätte des Bauhauses die Kulturgeschichte Deutschlands in unvergleichlicher Weise geprägt. Museen und Schlösser, gemütliche Straßencafés und anmutige Parkanlagen sorgen für ein Ambiente, das einen Besuch in Weimar zu einem anregenden Erlebnis macht.

Geschichte Die ältesten Aufzeichnungen über eine Siedlung am Ufer der Ilm datieren ins Jahr 899, doch rückt Weimar erst 1552 mit der Erhebung zur Hauptstadt des Herzogtums Sachsen-Weimar (bis 1918) ins Blickfeld historischer Betrachtung. Während es politisch belanglos blieb, schwang es sich im 18. und 19. Jh. zum geistigen Zentrum Deutschlands auf. Nachdem schon 1708–17 *Johann Sebastian Bach* (1685–1750) als Organist und Konzertmeister am Weimarer Hof wirkte, war es besonders *Herzog Carl August* (1757–1828), der Geistesgrößen wie Goethe und Schiller [s. S. 30] an seinen Hof holte. Auch im 20. Jh. blieb Weimar kulturell tonangebend. Aus der 1907 von Henry van de Velde (1863–1957) gegründeten Kunstgewerbeschule ging 1919 das *Staatliche Bauhaus* [s. S. 37] hervor, an dem Walter Gropius (1883–1969) und Lyonel Feininger (1871–1956) ihre bis heute wirksamen Design- und Architekturideen entwickelten. Im gleichen Jahr tagten in Weimar die Mitglieder der deutschen Nationalversammlung, um die erste demokratische Verfassung des Landes zu formulieren – Grundstein der Weimarer Republik (1919–33). Seit 1996 stehen die Bauhaus-Stätten auf der Weltkulturerbeliste der UNESCO, das ›Ensemble klassisches Weimar‹ folgte 1998.

Vom Theaterplatz zum Frauenplan

Erfüllt vom Bewusstsein ihrer geistigen Erhabenheit posieren Johann Wolfgang von Goethe (1749–1832) und Friedrich Schiller (1759–1805) auf gemeinsamem Podest im Zentrum des *Theaterplatzes*. Das 1857 von Ernst Rietschel geschaffene **Goethe- und Schiller-Denkmal** vor dem Deutschen Nationaltheater ist längst zum Wahrzeichen der Stadt avanciert. Tatsächlich gemeinsam wirkten die Dichterfürsten 1799–1805 am Weimarer Hoftheater, das 1907 durch einen Neubau von Max Littmann ersetzt und 1919 in **Deutsches Nationaltheater** 1 (Tel. 036 43/75 53 34, www.nationaltheater-weimar.de) umbenannt wurde. Von diesem Haus ist lediglich die neoklassizistische Fassade erhalten, der Kern des Gebäudes wurde nach Zerstörungen im Zweiten Weltkrieg 1948 neu errichtet. Die traditionsreiche Bühne erlebte Uraufführungen so berühmter Werke wie Goethes ›Iphigenie auf Tauris‹ (1779) und Schillers ›Maria Stuart‹ (1800). Das Nationaltheater war 1919 zudem Schauplatz für die Verabschiedung der Verfassung der Weimarer Republik.

Allem Irdischen entrückt blicken die Statuen Goethes und Schillers über Weimars Theaterplatz

Das **Bauhaus-Museum** 2 (Theaterplatz 1, Tel. 036 43/54 54 00, www.klassik-stiftung.de, April–Okt. Mi–Mo 10–18, Nov.–März Mi–Mo 10–16 Uhr) ist seit 1995 provisorisch in der Kunsthalle am Theaterplatz untergebracht, deren Eingangsbereich das klassizistische Kulissenhaus von Clemens Wenzeslaus Coudray einbezieht. Es informiert mit mehr als 200 Exponaten über das von Walter Gropius gegründete *Staatliche Bauhaus Weimar* (1919–25) sowie über dessen Vorläuferinstitution, die *Großherzogliche Sächsische Kunstgewerbeschule* (1907–15) von Henry van de Velde. Für die Zukunft ist ein kompletter Museumsneubau in Planung.

Das spätbarocke **Wittumspalais** 3 (Tel. 036 43/54 54 00, www.klassik-stiftung.de, April–Okt. Mi–Mo 10–18, Nov.–März Mi–Mo 10–16 Uhr) war der Witwensitz der Herzogin Anna Amalia. Sie lebte hier nach dem Schlossbrand 1774 bis zu ihrem Tod 1807. Ihre Wohn- und Gesellschaftsräume sowie die Salons und der Festsaal, in dem sie ihre berühmte ›Tafelrunde‹ mit den geistigen Größen ihrer Zeit abhielt, sind heute Museum.

An der hier vom Theaterplatz abzweigenden Schillerstraße lädt das **Weimar Haus** 4 (Schillerstr. 16, Tel. 036 43/90 18 90, www.weimarhaus.de, April–Sept. tgl. 9.30–18.30, Okt.–März tgl. 9.30–17.30 Uhr) ein zu einer unterhaltsamen Zeitreise durch die Geschichte Thüringens und der Stadt. Moderne Theatertechniken, Showeffekte und multimediale Animationen machen den halbstündigen Rundgang zu einem eindrucksvollen Historienspektakel.

Wenige Schritte vom Weimar Haus entfernt steht **Schillers Wohnhaus** 5 (Schillerstr. 12, Tel. 036 43/54 54 00, www.klassik-stiftung.de, April–Okt. Di–So 9.30–18, Nov.–März Di–So 9.30–16 Uhr), in dem der Dichter die drei letzten Jahre bis zu seinem Tod 1805 verbrachte. Mit Einzelstücken aus Schillers Nachlass und Mobiliar aus seiner Zeit wurde eine authentische Wohnatmosphäre rekonstruiert. Nahezu originalgetreu ist im Mansardengeschoss Schillers Arbeitszimmer, in welchem die ›Jungfrau von Orleans‹ und ›Wilhelm Tell‹ entstanden. In einem modernen Anbau dokumentiert das **Schiller-Museum** Leben und Werk des Schriftstellers, es werden aber auch Wechselausstellungen zu anderen Themen gezeigt.

Sein Freund Goethe residierte am *Frauenplan*, heute der meistbesuchte Platz der Stadt. Die große Attraktion ist das 1709 erbaute barocke **Goethehaus**, in dem der Dichter von 1782 bis zu seinem Tod 1832 weilte. Es bildet zusammen mit wechselnden Ausstellungen in einem

TOP TIPP

modernen Anbau zur Seifengasse das **Goethe-Nationalmuseum** 6 (Frauenplan 1, Tel. 036 43/54 54 00, www.klassik-stiftung.de, April–Ende Okt. Di–So 9.30–18, Ende Okt.–März Di–So 9.30–16 Uhr). Die stilistisch nach den Regeln seiner Farbenlehre selbst gestalteten Räume lassen den Alltag des Schriftstellers und Kunstsammlers lebendig werden. Besonders eindrucksvoll sind das Junozimmer mit der Kolossalbüste einer römischen Kaiserin und die bescheidene Schlafkammer mit dem berühmten Lehnstuhl, in dem Goethe geschwächt von einer Lungenentzündung starb.

Klassik in Weimar

Größer hätten die Gegensätze kaum sein können, als Johann Wolfgang Goethe im November 1775 nach Weimar kam. Er war der gefeierte Jungstar der deutschen Literatur, hatte mit den *Leiden des jungen Werther* gerade einen europaweiten Bestseller zu Papier gebracht. Weimar dagegen war eine kleine, von bescheidenen Ackerbürgerhäusern geprägte Residenzstadt, in der es noch nicht einmal gepflasterte Straßen gab. Und doch: Weimar hatte Goethe einiges zu bieten.

Zunächst war da die Verehrung, die der gerade volljährig gewordene Herzog Carl August ihm entgegenbrachte. Ihr verdankte Goethe den rasanten Aufstieg in die höchsten Ämter des Kleinstaates. Hinzu kam das von intellektueller Offenheit geprägte Klima am Hof. Dafür hatte schon Herzogin Anna Amalia, 1758–1775 Regentin in Vormundschaft für Carl August, gesorgt. Sie ließ ihre Söhne vom Aufklärer *Christoph Martin Wieland* (1733–1813) erziehen, sie veranlasste den Ausbau der seit 1991 nach ihr benannten Bibliothek.

So bildete sich um Goethe, mäzenatisch gefördert von Herzog Carl August, ein erlesener Kreis brillanter Denker. Schon 1776 kam der Pfarrer und Philosoph *Johann Gottfried Herder* (1744–1803) nach Weimar. Er, Wieland und Goethe trafen sich regelmäßig zum Gedankenaustausch. Mit der Freundschaft zwischen *Friedrich Schiller* und Goethe seit 1794 begann die eigentliche *Weimarer Klassik*, jene Verbindung aus Antike und Renaissance, Aufklärung und Naturwissenschaft, die den Ruhm der Stadt verewigen sollte.

Schon in den 1820er-Jahren, noch zu Lebzeiten Goethes, begann der Klassikertourismus – und sorgte oft für Enttäuschung. Das bescheidene Weimar entsprach kaum den weit verbreiteten Vorstellungen vom grandiosen *Ilm-Athen*. Erst nach und nach begannen die Weimarer Herzöge, ihre Stadt den hohen Erwartungen anzupassen. Und wer heute durch die perfekt herausgeputzten Straßen Weimars wandelt, der wird zugeben: Es ist ihnen (und der *Klassik Stiftung Weimar*) gelungen!

Das Büstenzimmer im Goethehaus versinnbildlicht das Interesse des Dichters an der Antike

Der Marktplatz mit dem neogotischen Rathaus ist die gute Stube Weimars

Markt und Herderplatz

Vorbei an Weimars traditionsreichem **Gasthaus Zum Weißen Schwan** 7 [s. Praktische Hinweise], in dem Goethe gerne mit Freunden zusammensaß und in dem noble Gäste wie 1936 Samuel Beckett oder 1993 das Japanische Kaiserpaar logierten, führt die Frauentorstraße zum großen quadratischen **Markt** 8, dem Mittelpunkt der Altstadt. Heute erinnert nur wenig an die Zerstörungen im Zweiten Weltkrieg: Das *Stadthaus* mit seinem schönen Giebelmaßwerk, das heute die Touristinformation und den Ratskeller beherbergt, sowie die Gebäude an der Nordseite des Platzes entstanden erst in den 1970er- und 1980er-Jahren auf der Basis historischer Vorlagen. Im Original erhalten ist das 1547–49 mit farbenfrohem Fassadenschmuck errichtete *Cranachhaus*, in dem Lucas Cranach d.Ä. ab 1553 und anschließend sein Sohn ihre Malerwerkstatt führten. Heute nutzt das ›Theater im Gewölbe‹ die Räumlichkeiten. Gegenüber zieht das 1841 erbaute neogotische *Rathaus* mit seinem Glockenspiel (22. März–Dez. tgl. 10, 12, 15 und 18 Uhr) aus Meißner Porzellan im Turm die Blicke auf sich. Die Südseite des Platzes nehmen das *Hotel Schwarzer Bär*, seit 1540 urkundlich belegt und damit ältestes Gasthaus Weimars, sowie das 1696 gegründete *Hotel Elephant* ein, welches Thomas Mann in seinem Roman ›Lotte in Weimar‹ (1939) verewigte.

Über die Kaufstraße nordwärts erreicht man den Herderplatz, den die um

TOP TIPP

1500 geweihte spätgotische **Stadtkirche St. Peter und Paul** 9 (Tel. 036 43/90 31 82, www.ek-weimar.de, April–Okt. Mo–Fr 10–18, Sa 10–12, 14–16, So 11–12 und 14–15, Nov.–März Mo–So 11–12 und 15–16 Uhr) dominiert. Im Volksmund trägt sie den Namen **Herderkirche**, im Gedenken an den großen Literaten und Theologen Johann Gottfried Herder, der 1776–1803 in dem Gotteshaus als Superintendent und Pastor wirkte. Sein *Grabstein* mit der Darstellung einer sich in den Schwanz beißenden Schlange befindet sich im Mittelschiff. Bedeutendstes Schmuckstück der Hallenkirche ist der meisterhafte *Flügelaltar*, der von Lucas Cranach d.Ä. 1552 begonnen und nach dessen Tod von seinem Sohn fertiggestellt wurde. Hervorzuheben sind die expressive Bildsprache und reformatorische Programmatik, die vor allem in der Kreuzigungsszene deutlich wird: Links vom Kreuz weist Johannes der Täufer mit erhobener Hand auf den Erlöser, während sein Blick auf Martin Luther gerichtet ist, der mit seiner Rechten auf den Text seiner geöffneten Bibel zeigt. Zwischen

Das Hotel Elephant am Markt von Weimar zählt seit 1696 zu den ersten Adressen der Stadt

dem Apostel und dem Reformator steht als Sinnbild des gläubigen Menschen der ältere Cranach selbst, der vom Blutstrahl aus der Wunde Jesu getroffen und damit von allen Sünden gereinigt wird. Sehenswert ist auch der *Lutherschrein* in der Taufkapelle, ein 1572 von Veit Thim geschaffenes Triptychon mit Porträts des Reformators als Magister, als Mönch und als Junker Jörg.

Unweit der Kirche befindet sich das **Kirms-Krackow-Haus** 10 (Jakobstr. 10, www.thueringerschloesser.de, April–Ende Okt. Fr 13.30–17, Sa/So 10–17 Uhr). Es ist benannt nach seinen einstigen Besitzern, deren originales Mobiliar die bürgerliche Wohnkultur um 1825 dokumentiert. Persönliche Erinnerungsstücke an illustre Gäste des Hauses beleuchten das kulturelle Leben dieser Zeit. Im Hinterhaus gibt es ein idyllisches Café.

Weimarplatz

Am Nordrand der Innenstadt erstreckt sich der Weimarplatz, wo der elegante Neorenaissancebau des **Neuen Museums Weimar** 11 (Weimarplatz 4, Tel. 036 43/54 54 00, www.klassik-stiftung.de, April–Mitte Nov. Mi–Mo 10–18, Mitte Nov.–März Mi–Mo 10–16 Uhr) mit spannenden Wechselausstellungen zeitgenössischer Kunst aufwartet. Es folgt damit der Tradition des großherzoglichen Museums, das 1863–69 speziell für die Landschaftsmalerei Friedrich Prellers d.Ä. hier errichtet worden war und aus dessen Ruine das heutige Gebäude neu erstanden ist. Höhepunkte sind das von Daniel Buren modern gestaltete Treppenhaus (1999), die Installation ›Das Zimmer‹ (1998) mit feuerrotem überdimensionalem Sofa und Sessel der Schweizer Künstlerin Pipilotti Rist im Foyer, eine Sammlung internationaler Avantgarde seit 1960 mit Werken von Joseph Kossuth, Sandro Chia und Anselm Kiefer sowie der 16-teilige Freskenzyklus ›Odyssee‹ (1834–36) von Preller.

Was heute Weimarplatz heißt, entstand ursprünglich als **Gauforum** 12. 1936 gab Adolf Hitler dieses Versammlungs- und Verwaltungszentrum in Auftrag. Dem Projekt fielen knapp 150 historische Bauten zum Opfer, in die drei realisierten Häuser des Gauforums ist mittlerweile das Thüringer Landesverwaltungsamt eingezogen. Von der für rund 15 000 Personen geplanten ›Halle des Volkes‹ wurden nur die Stahlträger errichtet, mittlerweile hat man sie als Einkaufszentrum *Weimar Atrium* gewissermaßen zur Halle der Konsumenten umfunktioniert.

Das Schloss

Das höfische Weimar präsentiert sich am Ostrand der Altstadt. Hier sind das Stadtschloss, das Gelbe und das Rote Schloss, die als herzögliche Witwensitze entstanden, und das Grüne Schloss, in dem die Herzogin Anna Amalia Bibliothek ihre Schätze bewahrt, auf engem Raum versammelt. Das auf eine Wasserburg zurückgehende imposante **Stadtschloss** 13 erhielt seine heutige Gestalt als barocke Vierflügelanlage nach einem Brand von 1774. Nur der mittelalterliche Hausmannsturm sowie die Bastille, ein Torbau der Renaissance, blieben vom Feuer verschont. Die prunkvollen klassizistisch gestalteten Innenräume beherbergen heute neben Büros der Klassik Stiftung Weimar das hochkarätige **Schlossmuseum** (Burgplatz 4, Tel. 036 43/54 54 00, www.klassik-stiftung.de, April–März Di–So 9.30–16 Uhr). Zu den schönsten Raumschöpfungen zählen der Festsaal, die Große Galerie, das von Heinrich Gentz gestaltete Treppenhaus sowie die Dichterzimmer, die dem Schaffen von Goethe, Wieland und Schiller gewidmet sind. Die große Gemäldesammlung umfasst europäische Kunst vom Mittelalter und der Reformationszeit mit der sehenswerten Lucas-Cranach-Galerie bis hin zu Werken der Bauhaus-Meister vom Beginn des 20. Jh.

Südlich vom Stadtschloss öffnet sich der Platz der Demokratie mit dem 1875 hier aufgestellten *Reiterstandbild des Herzogs Carl August*. Die Nordseite des Platzes dominiert das entgegen seiner Namengebung in grauen Tönen gehaltene **Rote Schloss** 14, hinter dessen prachtvoller Renaissancefassade 1781–1807 die Freie Zeichenschule Goethes untergebracht war und heute die Stadtverwaltung ihren Sitz hat. Gegenüber steht das barocke **Fürstenhaus** 15, in dem 1774–1803 die herzogliche Familie residierte und nun die *Musikhochschule Franz Liszt* beheimatet ist. Im weißen Bau des *Grünen Schlosses* befindet sich seit dem 18. Jh. die **Herzogin Anna Amalia Bibliothek** 16 (telefonische Voranmeldung erforder-

lich, Tel. 036 43/54 54 00, www.klassik-stiftung.de, Restkarten ab 9.30 Uhr an der Kasse der Bibliothek, Di–So 9.30–14.30 Uhr). Ihr Rokokosaal, ein zweigeschossiger Tempel für das Buch, ist weltberühmt. Zwei Räume, die während der Restaurierung nach dem verheerenden Brand im Jahr 2004 angefügt wurden, dokumentieren die Geschichte der Bibliothek. Im frei zugänglichen Renaissancesaal finden wechselnde Ausstellungen statt.

Weiter südlich steht das **Haus der Frau Von Stein** 17 (Ackerwand 25/27), in dessen Obergeschoss Goethes Muse Charlotte von Stein (1742–1827) 50 Jahre lang lebte. Ein spanischer Investor will dort nach umfassender Sanierung in den nächsten Jahren ein Salvador-Dalí-Museum einrichten.

TOP TIPP Park an der Ilm

Weimars grüne Lunge und klassische Flaniermeile ist der Park an der Ilm, der sich südlich des Stadtschlosses bis zum Vorort Oberweimar erstreckt. Die wunderschöne Anlage nach Art eines englischen Parks entstand 1778–1828, ihre Gestaltung mit künstlicher Ruine, Denkmälern von Shakespeare und Franz Liszt sowie dem als Theaterkulisse errichteten Borkenhäuschen ist maßgeblich der planerischen Einflussnahme Goethes zu verdanken. Am linken Steilufer der Ilm steht inmitten des Parkes das **Römische Haus** 18 (Tel. 036 43/54 54 00, www.klassik-stiftung.de, April–Okt. Mi–Mo 10–18 Uhr), eine 1792–97 mit antiken Bauzitaten errichtete Villa, die Herzog Carl August als Sommerresidenz diente. Zu besichtigen sind das Vestibül, der Blaue Salon sowie das herzögliche Arbeitszimmer, die vor allem durch ihre Wandgestaltung mit farbigem Kunstmarmor beeindrucken. Im Untergeschoss informiert eine Ausstellung über die Historie des Parks.

Eine Wallfahrtsstätte für Verehrer des Universalgenies ist **Goethes Gartenhaus** 19 (Tel. 036 43/54 54 00, www.klassik-stiftung.de, April–Okt. Di–So 10–18, Nov.–März Di–So 10–16 Uhr) jenseits der Ilm. Goethe bewohnte es ab 1776 sechs Jahre

Schöner als im Rokokosaal der Anna Amalia Bibliothek kann man Bücher nicht präsentieren

Ob auch Goethe sich zum Picknick auf der Wiese vor seinem Gartenhaus an der Ilm niederließ?

lang und zog sich auch später in Phasen intensiven Schaffens gerne hierher zurück. Heute dient das ehemalige Weinberghäuschen als Museum. Porträts von Freunden, eigenhändige Zeichnungen und authentisches Mobiliar wie das Stehpult mit Sitzbock im Arbeitszimmer oder das Klappbett, welches der Dichterfürst auch auf Reisen mitnahm, illustrieren das Leben und Wirken Goethes in seinen ersten Jahren in Weimar.

Ein Pilgerziel für Architekturinteressierte ist das **Haus Am Horn** 20 (Am Horn 61, Tel. 036 43/90 40 54, www.uni-weimar.de/freundeskreis, nur während Ausstellungen geöffnet: Mi, Sa, So 11–17 Uhr) am Ostrand des Parks. Es entstand 1923 anlässlich der ersten großen Bauhausausstellung als Prototyp für eine hier geplante Wohnsiedlung. Das Haus am Horn blieb jedoch das einzige in Weimar verwirklichte Bauhausgebäude. Basierend auf dem von Walter Gropius entwickelten Wabensystem schuf Georg Muche einen zentralen quadratischen Raum, um den sich kleinere, miteinander verbundene Zimmer gruppieren. Ein Interieur mit Einbaumöbeln und raumtrennenden Elementen sowie Gegenständen, die dem Leitgedanken der seriellen Herstellbarkeit folgen, entwickelten Studenten und Lehrer der Bauhaus-Werkstatt als Gemeinschaftsprojekt.

Der Weg zu einem Vorläufer der Bauhaus-Architektur führt durch den Park an der Ilm rund 1 km südwärts in den Ortsteil Ehringsdorf. Hier steht das **Haus Hohe Pappeln** 21 (Belvederer Allee 58, Tel. 036 43/54 59 65, www.klassik-stiftung.de, April–Okt. Di–So 11–17 Uhr), das der belgische Jugendstilarchitekt und Designer Henry van de Velde (1863–1957) entwarf und 1908–17 mit seiner Familie bewohnte. Wie das Bauhaus einige Jahre später strebte er eine Verschmelzung von Ästhetik und Funktion zu einer harmonischen Einheit an. Diesem Prinzip des Gesamtkunstwerks folgte er bis ins Detail, etwa bei den Belüftungssieben der Wandverkleidung, die er ornamental gestaltete. Ein Museum in der Beletage zeigt den mit Möbeln von Henry van de Velde bestückten, repräsentativen Wohnbereich des Hauses mit Treppenhalle, Salon, Speise- und Arbeitszimmer.

Einen weiteren Kilometer südwärts mündet die Belvederer Allee in den Landschaftspark von **Schloss Belvedere** 22 (Tel. 036 43/54 54 00, www.klassik-stiftung.de, April–Okt. Di–So 10–18 Uhr, Orangerie zusätzlich Jan.–April Mi–So 11–16 Uhr). Die barocke Anlage ließ Herzog Ernst August I. 1724 als Jagdsitz errichten und ab 1728 von dem Baumeister Gottfried Heinrich Krohne zum Lustschloss erweitern. Vorbilder wie den Zwinger von Dresden vor Augen, schuf er eine geometrische Anlage mit Ehrenhof, flankierenden Kavaliershäusern, Stallungen und Orangerie. Ein Barockpark mit strahlenförmigem Wegesystem vervollständigte das Ensemble. Die Prunkräume des Schlosses sind bis heute weitgehend unverändert und beherbergen ein Museum mit Kunsthandwerk, Mobiliar, Gemälden und Porzellan des 17. und 18. Jh.

Die Parklandschaft um das Schloss ist ein Werk Erzherzog Carl Friedrichs, dem

Schloss Belvedere: Einst Jagdsitz für Herzog Ernst August I., heute ein Museum

Sohn von Herzog Carl August. Er wählte das Belvedere um 1811 zu seiner Sommerresidenz und ließ den zwischenzeitlich verwachsenen Barockgarten des 18. Jh. in eine spätklassizistisch-romantische Parklandschaft verwandeln. Bauwerke wie der Rote Turm mit seinem chinoisen Wandschmuck, der Russische Garten oder das Heckentheater setzen seither besondere Akzente. Sehenswert ist zudem die Orangerie, die eine der umfangreichsten Pflanzensammlungen Europas besitzt.

Rund um den Historischen Friedhof

Ein Muss für Verehrer des großen Komponisten und Klaviervirtuosen Franz Liszt (1811–1886), der 1848–61 als Hofkapellmeister am Weimarer Theater tätig war, ist ein Besuch des **Liszt-Haus** 23 (Marienstr. 17, Tel. 036 43/54 53 88, www.klassik-stiftung.de, April–Okt. Mi–Mo 10–18, Nov.–März Mi–Mo 10–16 Uhr. Von April bis Juli finden zweimal im Monat dienstags von 12–13 Uhr Konzerte auf dem Bechsteinflügel mit Studenten der Musikhochschule statt). Es wurde 1887 in dem kleinen Gärtnerhaus eingerichtet, in welchem der Musiker ab 1869 bis zu seinem Tod die Sommer verbrachte, Klavierunterricht erteilte und Sonntagsmatineen hielt. Seine Wohn- und Arbeitsräume samt dem Salon mit Liszts Bechsteinflügel sind im Originalzustand zu besichtigen.

Vis-à-vis der Belvederer Allee steht das Hauptgebäude der **Bauhaus-Universität** 24 (Geschwister-Scholl-Str. 8, Tel. 036 43/58 11 71, www.uni-weimar.de), das Henry van de Velde 1904–11 für die ›Kunstschule in Weimar‹ erbaute und in dem Walter Gropius 1919 durch Fusion mit der Kunstgewerbeschule das ›Staatliche Bauhaus‹ gründete. Gropius Ziel war es, Architektur, Kunst und Technik zu verschmelzen und qualitätvolle Produkte durch industrielle Fertigung breiten Bevölkerungsschichten zugänglich zu machen. Als Lehrer und Meister konnte Gropius Künstler der internationalen Avantgarde gewinnen, unter ihnen Ludwig Mies van der Rohe, Lyonel Feininger, Paul Klee, Wassily Kandinsky und Oskar Schlemmer. Nach massiver Kürzung der Fördermittel Anfang der 1920er-Jahre durch die reaktionäre Thüringer Landesregierung folgte Gropius dem Angebot des liberaler regierten Dessau und verlegte das Bauhaus 1925 dorthin. Blickfang an der strengen Jugendstilfassade der Universität sind die großen Atelierfenster, das sachlich und klar konzipierte Innere dominiert eine ovale Treppenspirale. Den Leitgedanken von Gropius und seinen Kollegen kann man auf einem **Bauhaus-Spaziergang** (April–Nov. Di, Fr–So 14 Uhr ab Info-Shop Bauhaus.Atelier, Dez.–März Fr/Sa 14 Uhr) durch die Universität und zum Haus Am Horn [s. S. 35] nachspüren.

Erinnerungen an bedeutende Weimarer Persönlichkeiten weckt der nahe **Historische Friedhof** 25 (Am Poseckschen Garten, 15. Okt.–März tgl. 10–16, April–14. Okt. bis 18 Uhr). Charlotte von Stein, der

Schriftsteller Christian August Vulpius, der Baumeister Clemens Wenzeslaus Coudray, der Maler Johann Joseph Schmeller, die Musiker Karl Eberwein und Johann Nepomuk Hummel liegen hier begraben. Die berühmtesten Gebeine birgt die **Fürstengruft** (15. Okt.–März tgl. 10–16, April–14. Okt. bis 18 Uhr), die Herzog Carl August 1826–27 leicht erhöht, am Ende des von Linden gesäumten Hauptweges als klassizistischen Bau mit oktogonaler Kuppel errichten ließ. Unter massivem Gewölbe bewahrt sie 40, zum Teil kunstvoll bemalte und mit Reliefs geschmückte Sarkophage mit den sterblichen Überresten der herzoglichen Familie sowie an einem Ehrenplatz die schlichten Eichensärge von Goethe und Schiller. Einen eigenen Grabbau besitzt die Großherzogin Maria Pawlowna, die 1862 als Reminiszenz an ihre Heimat die **russisch-orthodoxe Kapelle** mit ihren fünf vergoldeten Kuppeln an die Fürstengruft anbauen und durch einen Wanddurchbruch mit dieser verbinden ließ.

Gegenüber dem Friedhofseingang lohnt das **Museum für Ur- und Frühgeschichte Thüringens** 26 (Humboldtstr. 11, Tel. 036 43/81 83 31, Di 9–18, Mi–Fr 9–17, Sa/So 10–17 Uhr) im Palais Poseck einen Besuch. Mit einer Inszenierung archäologischer Funde, Bildtafeln und Modellen werden 400 000 Jahre Landesgeschichte von altsteinzeitlichen Lebensformen bis hin zur angehenden Zivilisierung des Menschen seit dem Mittelalter veranschaulicht.

Das Bauhaus – Verwirklichung einer Utopie

Wer kennt nicht die berühmte Tischlampe Wilhelm Wagenfelds (1900–1990) oder den vielfach imitierten Stahlrohrsessel Marcel Breuers (1902–1981)? Beide Künstler begannen ihre Karriere als Studenten am Staatlichen Bauhaus Weimar. Dessen Gründer, Walter Gropius (1883–1969), legte seine Ziele im Bauhausmanifest vom April 1919 dar. Darin prangerte er die historistische Architektur seiner Zeit als ›selbstgenügsames Nebeneinander der bildenden Künste‹ an. Stattdessen forderte er ein »bewusstes Mit- und Ineinanderwirken aller Werkleute untereinander. Architekten, Maler und Bildhauer müssen die vielgliedrige Gestalt des Baues in seiner Gesamtheit und in seinen Teilen wieder kennen und begreifen lernen«. Den pädagogischen Weg zu diesem Ziel sah Gropius in einer Ausbildung, die das Handwerk als Voraussetzung für die Kunst anerkannte.

Rasch scharte Gropius Gleichgesinnte – er nannte sie ›Meister‹, ihre Studenten ›Lehrlinge‹, – um sich. Zu ersteren gehörten der Farbtheoretiker Johannes Itten (1888–1967), der Maler und Grafiker Lyonel Feininger (1871–1956), der Bildhauer Gerhard Marcks (1889–1981), der Maler Paul Klee (1879–1940) und der vielseitige Oskar Schlemmer (1888–1943). Wesentliche Impulse lieferten auch Wassily Kandinsky (1881–1955) oder László Moholy-Nagy (1895–1946). Ihre Maximen waren Ornamentlosigkeit, Einsatz zeitgenössischer Materialien und eine Formensprache, die sich am industriellen Fortschritt und den Möglichkeiten der Massenproduktion orientierte. In ihren Werkstätten entstanden Entwürfe für funktional und ästhetisch gestaltete Gebrauchsgüter vom Löffel bis hin zum kompletten Wohnhaus.

Angesichts der egalitären Grundzüge des Bauhaus-Programms wurde es rasch als politisch links diffamiert, nach der thüringischen Landtagswahl 1924 erzwang die rechtsgerichtete DVP-Regierung die Schließung der Hochschule. Das Angebot zum Umzug ins sozialdemokratisch regierte Dessau war da willkommen. Das Bauhaus schwang sich dort zu neuen Höhen auf. Mit der Machtergreifung der Nazis kam das endgültige Ende auf deutschem Boden. Die Gedanken des Bauhauses jedoch lebten fort, im New Bauhaus in Chicago, in den Bauten der Bauhaus-Meister – und natürlich auf Millionen von Schreibtischen, in Gestalt der Tischlampe von Wilhelm Wagenfeld.

Ein grandioses Jugendstilinterieur bewahrt nur wenige Schritte entfernt das **Nietzsche-Archiv** 27 (Humboldtstr. 36, Tel. 036 43/54 54 00, www.klassik-stiftung.de, April–Okt. Di–So 11–17 Uhr). Elisabeth Förster-Nietzsche zog 1897 mit ihrem geistig umnachteten Bruder Friedrich (1844–1900) nach Weimar, und obwohl Nietzsche längst nicht mehr fähig war einen klaren Gedanken zu fassen, richtete sie ihm ein Arbeitszimmer samt Bibliothek ein. Erlesenen Gästen wie Walter Benjamin ermöglichte sie gar gespenstische Begegnungen mit dem vor sich hin dämmernden Bruder. Drei Jahre nach seinem Tod beauftragte sie Henry van de Velde mit der Umgestaltung und Einrichtung des Hauses, das künftig als Nietzsche-Archiv das Gedenken an den Schriftsteller pflegen sollte. Weil seine Schriften mittlerweile ins Goethe- und Schiller-Archiv und seine Büchersammlung in die Herzogin Anna Amalia Bibliothek integriert sind, ist es heute der Jugendstil-Raumeindruck, der einen Besuch lohnend macht. Zudem nutzt das *Kolleg Friedrich Nietzsche* das Haus für Symposien.

Schlösserfahrt aufs Land

Ein beliebter Treffpunkt für die Protagonisten der Weimarer Klassik war das rund 3 km östlich vom Zentrum gelegene **Schloss Tiefurt** 28 (Hauptstraße 14, Tel. 036 43/54 54 00, www.klassik-stiftung.de, April–Ende Okt. Di–So 10–18 Uhr). Herzogin Anna Amalia hatte 1776 ein Pächterhaus des fürstlichen Kammerguts zu einem schlichten Prinzensitz für ihren jüngeren Sohn umbauen lassen, nutzte es dann aber 1781–84 selbst als Sommerresidenz. Heute geben die authentisch wiederhergestellten Räume einen lebendigen Eindruck von der höfischen Wohnkultur des späten 18. Jh. Lohnend ist ein Spaziergang durch den rund 20 ha großen *Schlosspark* (ganzjährig zugänglich), der von der Herzogin und ihrem Sohn im Stil eines englischen Landschaftsgartens mit einem Teesalon in Fachwerkmanier, Naturtheater, Felsengrotte sowie zahlreichen Denkmälern angelegt wurde.

Von Tiefurt aus folgt der knapp 2 km lange Maria-Pawlowna-Promenadenweg den Windungen der Ilm flussabwärts zum Park von **Schloss Kromsdorf** 29. Die quadratische Gartenanlage (frei zugänglich) entstand 1660 und stellt mit ihrer kuriosen Sammlung von 64 Büsten berühmter Personen aus aller Welt, die in den Nischen der Parkmauern aufgestellt sind, eine Rarität dar. In dem 1580 errichteten Schloss gibt es auch eine kleine Gaststätte (Tel. 036 43/41 47 44, http://zum-schlosswirt-weimar.de).

Rund 5 km östlich von Kromsdorf ebenfalls am Ilmufer liegt das barocke **Wielandgut Oßmannstedt** 30 (Tel. 036 43/54 54 00, www.klassik-stiftung.de, April–Okt. Mi–Mo 10–18 Uhr), das Christoph Martin Wieland (1733–1813) im Jahr 1797 erwarb und sechs Jahre mit seiner Familie bewohnte. Nach seinem Tod in Weimar wurde der Literat der Spätaufklärung neben seiner Gattin und der mit ihm innig befreundeten Sophie Brentano direkt

Ein prächtiger Rahmen für das Werk des Philosophen: Das Nietzsche-Archiv residiert in der Villa Silberblick

Der Musentempel im Schlosspark von Tiefurt ist Kalliope, der Göttin der Dichtkunst gewidmet

am Ilmufer im Gutspark beigesetzt. Detaillierte Informationen zum Leben und Wirken des Schriftstellers bietet das **Wieland-Museum** im Gutsgebäude.

Praktische Hinweise

Information

Tourist-Information Weimar, Markt 10 und im Welcome-Center, Friedensstr. 1, 99423 Weimar, Tel. 036 43/74 50, www.weimar.de

Klassik Stiftung Weimar, Frauentorstr. 4, Informationsstand in der Tourist-Information Weimar: Markt 10, Weimar, Tel. 036 43/54 54 00, www.klassik-stiftung.de

Hotels

TOP TIPP *****Grand Hotel Russischer Hof**, Goetheplatz 2, Weimar, Tel. 036 43/77 40, www.russischerhof.com. Klassiker eines traditionsreichen Grandhotels – ausgestattet mit modernstem Komfort, Wellnessbereich und Gourmetrestaurant.

***Amalienhof,** Amalienstr. 2, Weimar, Tel. 036 43/54 90, www.amalienhof-weimar.de. Clemens Wenzeslaus Coudray, der Baumeister des klassischen Weimar, errichtete das Hotel in der Nachbarschaft des Goethehauses. Die Zimmer sind antik-gediegen möbliert.

Am Stadtpark, Amalienstr. 19, Weimar, Tel. 036 43/248 30, www.stadtpark-hotel-weimar.de. Familiengeführtes, nettes kleines Haus in zentraler Lage.

Pension 18 über'm Goethepark, Jenaer Str. 18, Weimar, Tel. 036 43/80 19 01, www.18-ueber-dem-goethepark.pensionen-weimar.de. Stilvolle Zimmer in einer kleinen Pension am Ilm-Hochufer.

Villa Hentzel, Bauhausstr. 12, Weimar, Tel. 036 43/865 80, www.hotel-villa-hentzel.de. Klassizistische Villa mit gepflegten Zimmern und freundlichem Service.

Restaurants

Alt-Weimar, Prellerstr. 2, Weimar, Tel. 036 43/861 90, www.alt-weimar.de. Das gepflegte Hotelrestaurant mit Jugendstil-Weinstube von 1909 ist mit 13 Gault-Millau-Hauben ausgezeichnet.

TOP TIPP **Anna Amalia**, Markt 19, Weimar, Tel. 036 43/80 20, www.restaurant-anna-amalia.com. Das Michelin-Stern gekrönte Gourmetrestaurant im Hotel Elephant verwöhnt mit italienisch geprägter Kochkunst (März–Dez. Di–Sa geöffnet).

Felsenkeller, Humboldtstr. 37, Weimar, Tel. 036 43/41 47 41, www.felsenkeller-weimar.de. Der Braugasthof bietet Thüringer Spezialitäten in urigem Ambiente zwischen Braukesseln und im gemütlichen Wintergarten (Mo geschl.).

Gasthaus zum Weißen Schwan, Frauentorstr. 23, Weimar, Tel. 036 43/90 87 51, www.weisserschwan.de. Diese Institution wusste schon Goethe zu schätzen, heute genießt man in historischem Ambiente internationale Gerichte und Thüringer Küche (So, Mo geschl.).

Köstritzer Schwarzbierhaus, Scherfgasse 4, Weimar, Tel. 036 43/77 93 37, www.koestritzer-schwarzbierhaus-weimar.de. Thüringer Speisen wie Mutzbraten und Köstritzer Bierfleisch in bodenständigem Interieur in altem Fachwerkbau.

Residenz, Grüner Markt 4, Weimar, Tel. 036 43/594 08, www.residenz-cafe.de. Das stilvolle Café-Restaurant in Schlossnähe ist Weimars ältestes Kaffeehaus.

3 Buchenwald

Menschenverachtendes Konzentrationslager – zur Verständigung mahnend.

Auf dem Ettersberg, nur 10 km nordwestlich von Weimar, legten die Nationalsozialisten am 15. Juli 1937 den Grundstein für eines der größten deutschen Konzentrationslager. Um die Nähe zur Stadt der deutschen Klassik zu verbergen und ihren guten Ruf zu bewahren, bestand die NS-Kulturgemeinde Weimar auf dem unbestimmten Namen ›Buchenwald‹ anstelle des ursprünglichen Titels ›K.L. Ettersberg‹. Bis zur Befreiung des Lagers am 11. April 1945 wurden über 250 000 Menschen aus mehr als 50 Ländern interniert und hinter der zynischen Inschrift am Gittertor ›Jedem das Seine‹ grausamst misshandelt. Unter unvorstellbaren Bedingungen der Unterernährung und Folter verrichteten die Gefangenen Zwangsarbeit in Steinbrüchen und in der Rüstungsindustrie. 56 000 überlebten diese mörderische Behandlung nicht. Ab August 1945 bis 1950 nutzte die sowjetische Besatzungsmacht die Anlagen als ›Speziallager Nr. 2‹ zur Inhaftierung von 28 000 Deutschen – vor allem NS-Verbrechern und Gegnern der nun herrschenden Kommunisten. Von diesen starben 7000.

1958 wurde schließlich ein großer Teil des Areals zusammen mit einem von Fritz Cremer geschaffenen monumentalen Mahnmal mit Stelenweg, Gräbern und Glockenturm als **Nationale Mahn- und Gedenkstätte Buchenwald** (Gebäude April–Okt. Di–So 10–18, Nov.–März Di–So 10–16 Uhr, Außenanlagen tgl. bis Sonnenuntergang, Führungen Di–So 10.30–13.30 Uhr) für Besucher geöffnet. Zu sehen sind u.a. das Häftlingslager mit Torgebäude, der Arrestzellenbau und das Krematorium mitsamt dem Leichenkeller sowie die Genickschussanlage, ein Steinbruch, in dem die Häftlinge arbeiteten, und Friedhöfe. Drei Ausstellungen illustrieren die Geschichte des Konzentrationslagers, die Zeit des sowjetischen Speziallagers und die Entstehung der Gedenkstätte. Im Desinfektionsgebäude werden Werke von Häftlingen und Überlebenden gezeigt, mit denen sie ihre Erinnerungen künstlerisch zu verarbeiten versuchten.

Den Mord an Juden, Roma und Sinti dokumentiert eine Ausstellung im KZ Buchenwald

Seit 1722 gießt man in Apolda Glocken aller Art – ein Glockenmuseum darf daher nicht fehlen

i Praktische Hinweise

Information

Besucherinformation, Gedenkstätte Buchenwald, 99427 Weimar-Buchenwald, Parkplatz, Tel. 036 43/43 02 00, www.buchenwald.de, April–Okt. Di–So 9–18.20, Nov.–März Di–So 9–16.20 Uhr

4 Apolda

Glockengeläut im Schatten Weimars.

Im grünen hügeligen Ilmtal liegt Apolda (22 000 Einw.), das auf eine rund 200-jährige Tradition als Glockengießerstadt zurückblicken kann. 1988 ging der letzte Meister dieser Zunft in Ruhestand, aus seiner Werkstatt stammt u.a. die Glocke des Buchenwald-Mahnmals. Berühmtes Erzeugnis Apoldas ist auch der 24 t schwere ›dicke Petter‹, der als größte frei schwingende Glocke der Welt seit 1923 im Kölner Dom hängt. Einen aufschlussreichen Überblick über das Handwerk des Glockengießens und die Entwicklung der europäischen Kirchenglocke gibt das **Glockenmuseum** (Bahnhofstr. 41, Tel. 036 44/515 25 70, www.glockenmuseum-apolda.de, Di–So 10–18 Uhr). Hier können Besucher auch eigenhändig ausprobieren, wie sich die präsentierten Tier-, Schiffs-, Uhr-, Hand- und Turmglocken anfühlen und wie sie klingen. Über ein weiteres traditionsreiches Gewerbe Apoldas, die Wirkerei und Strickerei, die rund 400 Jahre wichtigste Einkommensquelle des Ortes war, informiert das **Stadtmuseum** (geöffnet wie Glockenmuseum) im gleichen Gebäude. Maschinen, Webmuster und Bekleidungsstücke aus einem stillgelegten Betrieb erzählen vom Auf und Ab dieser Industrie.

TOP TIPP

Der Moderne widmet sich wenige Schritte entfernt das **Kunsthaus Avantgarde** (Bahnhofstr. 42, Tel. 036 44/51 53 64, www.kunsthausapolda.de, Di–So 10–18 Uhr), das in den Räumen einer klassizistischen Villa sehenswerte Wechselausstellungen präsentiert. Vertreten sind hier vor allem Künstler des Expressionismus, der Bauhauswerkstätten sowie der Gegenwart.

i Praktische Hinweise

Information

Tourismus-Information Apolda, Markt 1, 99510 Apolda, Tel. 036 44/65 01 00, www.apolda.de

Hotel

2 Länder, Erfurter Str. 31, Apolda, Tel. 036 44/502 20, www.hotel-2-laender-apolda.de. Familiäre Atmosphäre in einer Villa im Grünen mit großzügigen Zimmern und Biergarten.

Restaurants

Zum Ledererbräu, Teichgasse 5, Apolda, Tel. 036 44/56 32 80. Gute Hausmannskost in gediegenem Ambiente (nur Mittagstisch von Di–So).

Zum Schlachthof, Buttstädter Str. 28, Apolda, Tel. 036 44/56 35 75, www.schlacht hof-apolda.de. In farbenfroh gestaltetem Interieur oder auf der Terrasse werden regionale Küche serviert. Mit Gästezimmern (Do abends geschl.).

5 Bad Berka

Heilbad mit Goethebrunnen – nichts geht ohne den Geheimrat!

Mitten im hügelig waldreichen *Landschaftsschutzgebiet Mittleres Ilmtal*, das sich auf einer Fläche von 150 km² südlich von Weimar erstreckt, liegt Bad Berka (7640 Einw.). Seinen Status als Kurort verdankt das Städtchen den 1807 von Ludwig Geist, einem früheren Sekretär Goethes, entdeckten Quellen – vor allem der eisenhaltigen *Stahlquelle*, die 1813 gefasst wurde und aus welcher der Goethebrunnen gespeist wird.

Herzog Carl August ließ den Ort zum Kurbad ausbauen, ein verheerender Stadtbrand zerstörte 1816 jedoch zwei Drittel des Ortes. Auf Anraten Goethes wurde Clemens Wenzeslaus Coudray mit dem Wiederaufbau betraut. Dessen klassizistischer Architekturstil prägt bis heute den Marktplatz mit dem 1817 eingeweihten **Rathaus**, das eine Monduhr als Giebelschmuck hat. 1825 öffnete das von Coudray im Kurpark errichtete Bade- und Gesellschaftshaus seine Pforten und avancierte bald zum Mittelpunkt des Berkaer Kulturlebens. Heute präsentiert es als **Haus des Gastes** (Mo–Fr 10–12, 14–17 Uhr) die Ausstellung ›Das Goethe-Bad im Grünen‹, welche die Entwicklung des Kurortes und die Beziehungen zu Goethe dokumentiert.

Am Südrand des Kurparks ist das Ensemble des einstigen Sand-, Stahl- und des Moorbadehauses sowie der Trinkhalle erhalten, die ab 1835 rund um den Goethebrunnen entstanden. Heute werden die Gebäude u.a. als Sitz der *Kurverwaltung* sowie als *Hotel* [s.u.] genutzt. Den **Goethebrunnen** selbst ziert ein eleganter Pavillon (1909). Das calciumsulfathaltige Heilwasser, das hier entspringt, wird für Trinkkuren bei Stoffwechsel-, Herz- und Kreislauferkrankungen eingesetzt.

Ein schöner Spaziergang (ca. 45 min., 3 km) führt vom Kurpark aus hinauf zum 416 m hohen Adelsberg, auf dem das Wahrzeichen Bad Berkas, der 1884 errichtete 26 m hohe **Paulinenturm** (März–Okt. Mi–So 13–18, Nov.–Jan. Mi–So 12–17 Uhr) thront. Von seiner Aussichtsplattform bietet sich ein herrlicher Rundblick.

i Praktische Hinweise

Information

Kurverwaltung Bad Berka, Goetheallee 3, 99438 Bad Berka, Tel. 03 64 58/57 90, www.bad-berka.de

Hotel

Am Goethebrunnen, Goetheallee 1, Bad Berka, Tel. 03 64 58/57 10, www. hotel-am-goethebrunnen.de. Stilvolles Hotel und Restaurant im einstigen Badehaus.

Restaurants

Altes Brauhaus, Brauhausstr. 3, Bad Berka, Tel. 03 64 58/306 16, www.montag-brauhaus.de. Gutbürgerliche Gaststätte mit Biergarten.

6 Kranichfeld

Raubvögel im Sturzflug über mittelalterlichen Burgmauern.

Weithin sichtbar sind die Wahrzeichen der Zwei-Burgen-Stadt Kranichfeld (3519 Einw.): die imposante Ruine des Oberschlosses, das hoch über dem Ort auf einem Felsvorsprung thront, und die mittelalterliche Niederburg in idyllischer Lage am Ufer der Ilm.

Das aus dem 12. Jh. stammende **Oberschloss** präsentiert sich mit seinen knapp 4 m dicken Mauern, die den romanischen Palas, den großen runden Bergfried sowie die Reste einer Burgkapelle umschließen, als eindrucksvolle kompakte Anlage. Ein Hingucker ist der ›Leckarsch‹ am Südwesterker des Palas. Die Steinfigur stellt den Ritter Wolfer dar, der ankündigte, er werde »sich am Arsch lecken«, sollte sein jüngerer Bruder Lutger jemals eine Burg am heutigen Standort des Oberschlosses erbauen. Der Bruder tat es doch, Wolfer musste seinen Worten Taten folgen lassen – und verstarb beim Versuch, sein Hinterteil zu erreichen.

Unterhalb, im Tal der Ilm, steht die bescheidenere **Niederburg**. Sie entstand

Vom Oberschloss über Kranichfeld aus wachten die Reußer Grafen über das Tal der Ilm

ebenfalls im 12. Jh., wurde jedoch zu Beginn des 20. Jh. stark umgestaltet. Innerhalb der Burgmauern hat der *Falkenhof* (Tel. 03 64 50/441 91, www.falkenhof-kranichfeld.de, Flugvorführungen April–Okt. Di–So 15–16 Uhr) seinen Sitz. Bei dessen Flugschauen erfährt das Publikum Wissenswertes über die Verhaltensweisen der Raubvögel, erlebt den Sturzflug des Adlers, die majestätische Segelkunst des Andenkondor und das Jagdgeschick der Milane. Auf einer Freilichtbühne vor den Toren der Burg finden Theateraufführungen und andere Kulturevents statt. Im Ort selbst erinnert das aus dem 16. Jh. stammende **Baumbachhaus** (Museum und Café, Tel. 03 64 50/396 69, www.baumbachhaus-kranichfeld.de, Di–So 13–17 Uhr) an den Thüringer Heimatdichter *Rudolf Baumbach* (»Hoch auf dem gelben Wagen«), der hier am 28. September 1840 geboren wurde.

Ausflug

Besonders Familien lockt rund 6 km nordwestlich der **Freizeitpark Stausee Hohenfelden** (Tel. 03 64 50/420 81, www.stausee-hohenfelden.de, tgl. 9–21 Uhr) mit Freibad, Erlebnisspielplatz, Wassersportangeboten und Therme. Den ländlichen Alltag vergangener Jahrhunderte lässt nahebei das **Thüringer Freilichtmuseum Hohenfelden** (Tel. 03 64 50/302 85, www.thueringer-freilichtmuseum-hohenfelden.de, Jan.–März Sa–So 11–17, April–Okt. tgl. 10–18, Nov.–Dez. Di–So 11–17 Uhr) lebendig werden. Rund 30 authentisch gestaltete Gebäude, darunter Pfarrhaus, Schmiede, Töpferei, Brauerei, Schusterwerkstatt und eine Dorfschule geben Einblicke in bäuerliche Traditionen.

i Praktische Hinweise

Information

Touristinformation Kranichfeld, Baumbachplatz 1, 99448 Kranichfeld, Tel. 03 64 50/420 21, www.kranichfeld.de

Camping

Freizeitpark Hohenfelden, Hohenfelden, Tel. 03 64 50/420 81, www.stausee-hohenfelden.de. Großer baumbestandener Platz am Badesee, auch Ferienhäuser.

Johann Sebastian Bach höchstpersönlich nahm die Wender-Orgel in Arnstadts Bachkirche ab

7 Arnstadt

Die Bachstadt am Fuße des Thüringer Waldes verspricht ›Plaisir‹.

Das reizvolle Arnstadt (23 500 Einw.), das bereits 704 urkundlich erwähnt wurde und 954 Schauplatz einer Reichsversammlung unter Otto dem Großen war, kam wie Erfurt im Mittelalter durch den Waidhandel zu Reichtum. Stattliche Bürgerhäuser sind aus jener Zeit erhalten. Besonders stolz ist Arnstadt auf seine enge Verbindung zu *Johann Sebastian Bach* (1685–1750), der 1703 als gerade 18-Jähriger hierher kam und bis 1707 als Organist tätig war. Ihm zu Ehren erhielt die 1676 auf gotischen Grundmauern errichtete Bonifatiuskirche den Namen **Bachkirche** (Mo–Sa 10–16, So 11–15.30 Uhr). Sie überrascht im Inneren mit einem feierlich schlichten Holzinterieur und einer zweigeschossigen Galerie. Bedeutendstes Ausstattungsstück ist die doppelte Orgelanlage, welche die gesamte Rückwand einnimmt: oben die 1703 von Bach eingeweihte barocke Wender-Orgel, darunter die 1913 gebaute romantisch gestimmte Steinmeyer-Orgel.

Die Kirche ist Blickfang am Arnstädter Marktplatz, den das prächtige Renaissance-Rathaus (1583–85) und schieferverkleidete Häuser mit Laubengängen rahmen und in dessen Mitte das provokant legere *Bach-Denkmal* (1985) von Bernd Göbel an die Jugend des barocken Klangkünstlers erinnert.

1687 erbte Johann Christoph Bach, der Onkel Johann Sebastians, das heutige **Bachhaus** (Tel. 036 28/750 40, Di 14–17, Do 10–12 Uhr) in der vom Markt abzweigenden Kohlgasse. Besonders während seiner Zeit als Arnstädter Organist von 1703–07 ging der junge Bach in dem Haus, das mittlerweile sein Cousin Ernst bewohnte, ein und aus. Eine kleine Ausstellung im Erdgeschoss ist der Musikerfamilie gewidmet, zudem finden dort Kulturveranstaltungen statt.

Markanter Blickpunkt im Westen der Altstadt ist die 1170–1330 errichtete **Liebfrauenkirche** (Tel. 036 28/74 09 60, Mai–Sept. Mo–Sa 11–15, So 14–16 Uhr oder nach Vereinbarung) mit ihren hoch aufragenden Westwerktürmen. Die imposante dreischiffige Basilika zählt zu den bedeutendsten Sakralbauten Thüringens. Mit ihren massiven kubischen Unterbauten, schlanken Diensten, expressiv gestalteten Kapitellen und dem hohen Kreuzrippengewölbe vereint sie romanisches Raumverständnis und die technischen sowie dekorativen Innovationen der Gotik. Prunkstück der Kirche ist im Chor der filigrane goldgefasste *Schnitzaltar* von 1498, dessen Figuren der typisierenden Mimik und Formensprache der Gotik folgen. Zentrales Thema ist die Marienkrönung, die beiden Seitenflügel schildern Szenen aus dem Leben der Muttergottes. Seitlich vor dem Altar beeindruckt die polychrome Holzskulptur der *Schönen Madonna von Arnstadt* (um 1420) mit ihrer lieblichen Grazie. Ältestes Inventar der

Kirche ist in der nördlichen Chorkapelle die gotische *Tumba des Grafen Günther XXV.* (gest. 1368) und seiner Gemahlin Elisabeth (gest. 1381), die der berühmten Bildhauerwerkstatt der Parler zugeschrieben wird: Angeführt von einem Mönch an einer Schmalseite des Sarkophags geben Ritter und Knappen, welche als Träger der Deckplatte dargestellt sind, den Verstorbenen das letzte Geleit.

Arnstadts größter Besuchermagnet ist das **Schlossmuseum** (Schlossplatz 1, Tel. 036 28/60 29 32, Di–So 9.30–16.30 Uhr) am nordöstlichen Rand der Altstadt mit seiner einzigartigen Ausstellung *Mon Plaisir*. Dabei handelt es sich um eine liebevoll gestaltete Miniaturwelt, die Künstler und Handwerker auf Anweisung der Fürstin Augusta Dorothea von Schwarzburg-Arnstadt als Porträt ihrer Zeit in den 1720/30er-Jahren geschaffen haben. In 82 möblierten Szenen mit 391 Wachspuppen und winzigen Requisiten wie Werkzeug, Geschirr oder mit Namen bestickten Taschentüchern wird hier höfische Lebensweise und einfache Alltagskultur arrangiert. Man ist zu Gast bei einer noblen Damengesellschaft, blickt in die geschäftige Hofküche und in Handwerksstuben und nimmt Teil am kunterbunten Jahrmarkttreiben. Die seit Ende 2009 dauerhaft im Museum eingerichtete *Bach-Ausstellung* gibt vertiefende Einblicke in die Lebensumstände des jungen Musikers und zeigt u.a. den Orgelspieltisch, den Bach einst bediente. Dokumentiert ist auch der Werdegang seiner örtlichen Verwandten, die über vier Generationen in Arnstadt lebten und musizierten. Weitere Ausstellungen des Schlossmuseums zeigen in prächtigen Räumen ein Porzellankabinett (um 1735) sowie eine große Porzellan- und Kristallsammlung.

i Praktische Hinweise

Information

Tourist-Information Arnstadt, Markt 1, 99310 Arnstadt, Tel. 036 28/60 20 49, www.arnstadt.de

Hotels

***Hotelpark Stadtbrauerei**, Brauhausstr. 1–3, Arnstadt, Tel. 036 28/60 74 00, www.hotelpark-arnstadt.de. Neubau im Ensemble der historischen Stadtbrauerei mit Schwimmbad, Sauna, Bowlingbahn.

Goldene Sonne, Ried 3, Arnstadt, Tel. 036 28/60 27 76, www.goldene-sonne.arnstadt.de. Einfaches Altstadthotel, in dem sich schon die Bach-Familie traf.

Restaurant

Riedschenke, Vor dem Riedtor 6, Arnstadt, Tel. 036 28/60 23 74, www.riedschenke.de. Am Altstadtrand mit nettem Biergarten (So geschl.).

All den Angehörigen der Familie Bach begegnet man im Arnstädter Haus zum Palmbau

Wirklich ähnlich sind sich die drei Burgen nicht – und heißen doch die Drei Gleichen

8 Die Drei Gleichen

Wie die Sage vereint, was ursprünglich nicht zusammen gehört.

Fährt man auf der Autobahn A 4 zwischen Erfurt und Gotha, fällt schon von Weitem ein auf drei benachbarten Hügelkuppen positioniertes Burgentrio ins Auge: die Drei Gleichen. Der Name ist jedoch irreführend, bezeichnet er doch Gemäuer – Burg Gleichen, Mühlburg und Wachsenburg –, die, außer ihrer Lage im Vorland des Thüringer Waldes, wenig gemeinsam haben. Der Begriff resultiert der Sage nach aus dem Einschlag eines Kugelblitzes im Jahr 1231, der die Festungen gleichzeitig traf und weithin sichtbare, scheinbar gleich aussehende Feuersilhouetten entzündete.

TOP TIPP

Eine reizvolle Annäherung an das Trio bietet der 21 km lange **Gustav-Freytag-Wanderweg**, der am Bahnhof Wandersleben beginnt (Ausschilderung Burg Gleichen/Freudenthal, dann Kennzeichnung blauer Balken auf weißem Grund, gute Kondition erforderlich). Er verbindet die Burgen auf einer abwechslungsreichen Route von Anhöhe zu Anhöhe bis zur Endstation Bahnhof Haarhausen, von wo man per Zug zum Ausgangspunkt zurückkehren kann.

Erste Station ist die einst imposante **Burgruine Gleichen** (Wandersleben, Tel. 03 62 02/824 40, www.thueringerschloesser.de, April–Okt. tgl. 10–18 Uhr, Nov.–März geschl.), in deren Mauerring der mächtige Bergfried, Reste des romanischen Palas und eines Herrenhauses im Renaissancestil erhalten sind. Ihre Entstehung geht auf das späte 12. Jh. zurück, 1599 wurde sie aufgegeben. Interessante Details zur Geschichte der Burg, seiner Bewohner sowie zur heimischen Flora und Fauna gibt das kleine Turmmuseum.

Nächstes Ziel des Wanderweges ist die über Mühlberg thronende **Mühlburg** (Tel. 3628/61 14 34, Turm und Museum: März–Okt. Mo–Fr 10–17, Sa/So 10–18 Uhr, das Burggelände ist immer frei zugänglich), die 704 erstmals urkundlich belegt und damit die älteste der drei Burgen ist. Vom Bergfried aus dem 13. Jh. bietet sich ein herrlicher Ausblick, in kleinen Museumsräumen wird die Geschichte und Geologie der Region dokumentiert.

Die schönste und längste Etappe der Tour führt auf dem Höhenzug der Schlossleite entlang, dann auf Waldwegen hinab ins Tal und hinauf auf den 421 m hohen Wassenberg, auf dessen Kuppe im 10. Jh. die **Wachsenburg** (Auffahrt von Holzhausen, Tel. 036 28/742 40, www.veste-wachsenburg.de, Juni–Aug. Di–Sa 11–20, So 11–17, Jan.–Mai, Sept.–Dez. Mi–So 11–20, So 11–17 Uhr) entstand. Sie wurde seither mehrfach erweitert, diente als Schutzburg, Verwaltungszentrum, Raubritterveste und Gefängnis. Heute ist sie mit Biergarten, Restaurant und Hotel die meist besuchte Burg der Drei Gleichen. Ihr markanter Bergfried, der eckige *Hohenloheturm* entstand erst 1905. Er ist ebenso wie das *Burgmuseum* nur auf Anfrage zu besichtigen. Doch bietet sich auch über die niedrige Ringmauer hinweg ein grandioses Panorama. Nach Osten blickt man auf Haarhausen und den etwas außerhalb gelegenen Bahnhof, bei dem die Wanderung zu den Drei Gleichen endet.

i Praktische Hinweise

Information

Touristinformation Thüringer Burgenland Drei Gleichen, Thomas-Müntzer-Straße 4, 99869 Mühlberg, Tel. 03 62 56/228 46, www.drei-gleichen.de

Hotels und Restaurants

Drei Burgen, Schulstr. 37, Holzhausen, Tel. 036 28/72 31 61. Das 1688 errichtete Fachwerkgebäude mitten im Ort bietet behaglichen Komfort und deftige Thüringer Küche.

Veste Wachsenburg, Auf dem Burgberg, Holzhausen, Tel. 036 28/742 40, www.veste-wachsenburg.de. Komfortable Zimmer in schlichter Burgeleganz. In der Ritterschänke gibt es regionale und internationale Spezialitäten.

9 Gotha

Die einstige Residenzstadt verdankt ihr vielfältiges Kulturleben kunstsinnigen Herzögen.

Vor der Kulisse einer reizvollen Hügellandschaft bietet Gotha (44 400 Einw.) mit dem auf einer Anhöhe liegenden frühbarocken Schloss Friedenstein und dem mittelalterlichen Stadtkern im Tal ein bezauberndes Bild. Urkunden belegen bereits 775 eine Siedlung, im 12. Jh. erhielt Gotha Stadtrecht und florierte fortan wie Erfurt als Waidmarkt an der Handelsstraße Via Regia. 1640 wählte Herzog Ernst I. der Fromme die Stadt als Residenz und ließ 1643–55 anstelle der 1567 geschleiften Burg Grimmenstein das vierflügelige **Schloss Friedenstein** 1 (Tel. 036 21/823 40, www.stiftungfriedenstein.de, Museen im Schloss: Mai–Okt. Di–So 10–17, Nov.–April Di–So 10–16 Uhr) errichten. Mächtige kubische Baukörper und eine geometrisch klare Gliederung der Architektur sollten nach Willen des Herzogs seinen absolutistischen Führungsanspruch einerseits und aufgeklärtes Fortschrittsbewusstsein andererseits versinnbildlichen. Die Kunstkammer des Herzogs ist die Keimzelle des heutigen *Schlossmuseums*. In den prachtvollen Wohn- und Repräsentationsräumen dokumentiert es die Baugeschichte des Schlosses und zeigt Bestände einer über 350-jährigen Sammlungsgeschichte (der Großteil der Kunstsammlung ist allerdings im *Herzoglichen Museum* zu sehen, s. S. 48). Auch das Münzkabinett zeigt in den Räumlichkeiten des Schlosses seine umfangreiche Sammlung.

Das *Historische Museum* (Tel. 036 21/82 34 11) im Westturm des Schlosses widmet sich der Entwicklung Westthüringens von der Frühzeit bis 1945. Ebenfalls im Westturm befindet sich zur Zeit die erste Abteilung des *Museums der Natur* (Tel. 036 21/823 40) mit der Ausstellung *Tiere im Turm*. Gezeigt werden Tiere in unterschiedlichen Lebensräumen, von den Tropen bis zu heimischen Regionen. In den nächsten Jahren soll das Museum stark erweitert werden und im Westflügel des Schlosses auf 2000 qm Fläche die größte naturkundliche Sammlung Thüringens beherbergen. Als nächste Abtei-

Der Thronsaal von Schloss Friedenstein in Gotha hätte auch dem Sonnenkönig gefallen

lung soll im Laufe des Jahres 2016 der *Thüringer Wald* folgen. Ein besonderes Kleinod – ebenfalls im Westturm – ist das barocke *Ekhof-Theater*, das Herzog Ernst II. 1775 als Hoftheater auch für ein bürgerliches Publikum öffnen ließ und mit einem festen Ensemble ausstattete. Die Leitung legte er in die Hände von Conrad Ekhof (1720–1778), der wegen seines großen darstellerischen Talents als Star gefeiert wurde und schon zu Lebzeiten als ›Vater der deutschen Schauspielkunst‹ galt. Für seine Inszenierungen nutzte er auch die 1687 gefertigte hölzerne Kulissenverwandlungsmaschine, die bis heute alle Teile der Bühnendekoration synchron arrangieren und im Handumdrehen aus einem dramatischen Meeresprospekt ein rustikales Kellergewölbe zaubern kann. Dies lässt sich erleben beim allsommerlichen *Ekhof-Festival* (Tel. 03621/823451, www.ekhof-festival.de), wenn zum Klang historischer Instrumente die Bühnenwelt des Barock aufersteht.

Der weitläufige **Schlosspark**, wie wir ihn heute vorfinden, entstand ab 1769 anstelle der geschleiften Befestigung als erster englischer Landschaftspark auf dem Kontinent. Erhalten blieben die eindrucksvollen unterirdischen **Kasematten**, die im Rahmen von Führungen (Tel. 03621/5078570, April–Okt. Di–So 11, 13, 15, 16, sonst 11, 13, 15 Uhr) zu besichtigen sind. Im hinteren Teil des Parks befindet sich das **Herzogliche Museum** 2 (Parkallee 15, Tel. 03621/82340, geöffnet wie Schloss). Hier sind auch die reichen Schätze der herzoglichen Kunstsammlungen zu sehen: ägyptische Mumien, antike Gefäße, Porzellan aus Meißen und Asien, deutsche Malerei des 15./16. Jh. und niederländische Gemälde des 17. Jh. Besondere Beachtung verdient das um 1484 vom anonym gebliebenen Meister des Hausbuches geschaffene Tafelgemälde *Gothaer Liebespaar*. Es ist das erste großformatige Doppelbildnis der deutschen Malerei. In seiner feinen Zeichnung und der verklärten Anmutung erinnert das zarte Motiv spätmittelalterlicher Minne an Werke von Albrecht Dürer.

Stadt und Schloss sind durch die Brunnenanlage der **Wasserkunst** 3 (1895) miteinander verbunden, die ins Tal hinab gerade auf den **Hauptmarkt** zuläuft. Dieser wird von dem prächtig verzierten Renaissancebau des **Rathauses** 4 (1567–74), das bis zur Fertigstellung von Schloss Friedenstein der Herzogsfamilie als Wohnsitz diente, in einen oberen und einen unteren Hauptmarkt geteilt. Einen schönen Überblick über das denkmalgeschützte Ensemble rund um den Platz

Gothas Hauptmarkt wird vom Rathaus mit seinem schmucken Ziergiebel geprägt

mit Palais des 16.–18. Jh. bietet der *Rathausturm* (Mo–Fr 11–16, im Sommer bis 18 Uhr). Im Osten, am Neumarkt, ist die gotische Silhouette von **St. Margarethen** 5 (Mo–Fr 10–16 Uhr) zu erkennen, die 1494 als dreischiffige Hallenkirche geweiht wurde. Sie diente 1728 als Grablege für Herzog Ernst I. den Frommen, während sich Herzog Ernst II. auf einer Insel im Schlosspark beisetzen ließ.

Im Westen der Altstadt ragt die 1366 als Teil eines Klosters errichtete gotische Kirche **St. Augustin** 6 (Tel. 036 21/30 26 90, Mai–Okt. Mo–Fr 10–12, 14–16, Sa/So 14–16 Uhr, sonst kürzer) auf, deren Inneres 1675–80 frühbarock umgestaltet wurde. Sehenswert sind die üppig verzierte Fürstenloge sowie die Kanzel und der Orgelprospekt. Eine Gedenktafel erinnert an Martin Luther, der hier 1515–21 mehrfach predigte. Über einen Durchgang gelangt man in den schönen gotischen Kreuzgang und den Kapitelsaal des Klosters.

i Praktische Hinweise

Information

Tourist Information, Hauptmarkt 33, 99867 Gotha, Tel. 036 21/50 78 57 12, www.kultourstadt.de

Hotels

******Lindenhof**, Schöne Aussicht 5, Gotha, Tel. 036 21/77 20, www.lindenhof.bestwestern.de. Idyllisch und zentral gelegenes Hotel mit großem Garten, Sonnenterrasse und Biosauna.

*****Landhaus Hotel Romantik**, Salzgitterstr. 76, Gotha, Tel. 036 21/364 90, www.landhaus-hotel-romantik.de. Stilvolle Zimmer und Restaurant mit offenem Kamin in einem umgebauten Bauernhof am südlichen Stadtrand. Schöner Garten.

Restaurants

Bellini im Ratskeller, Hauptmarkt 3, Gotha, Tel. 036 21/51 25 94, www.restaurant-bellini.de. Italienische und thüringische Gerichte im Rittersaal oder auf Terrasse.

Pagenhaus, Schloss Friedenstein, Gotha, Tel. 036 21/40 36 12. Küche der Saison, Kaffee und Kuchen werden serviert in fürstlichem Ambiente (Mo geschl.).

Das Tambacher Liebespaar, nach ihrem Fundort benannte Ursaurier im Museum der Natur

Der Thüringer Wald – Deutschlands grünes Herz

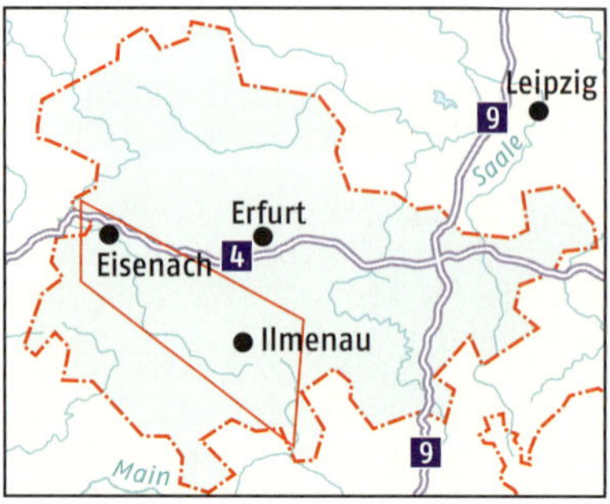

Bei **Eisenach**, dem Tor zum Thüringer Wald, und der **Wartburg**, die seit über einem Jahrtausend diesen Zugang bewacht, beginnt der älteste deutsche Höhenwanderweg, der **Rennsteig**. Er verbindet die Gipfel des Mittelgebirges. Vom **Großen Beerberg** über Oberhof reicht der Blick weit über die grünen Kuppen des größten zusammenhängenden Waldgebietes Deutschlands. Schon Johann Wolfgang von Goethe liebte Wanderungen durch die Thüringer Wälder, an seinem letzten Geburtstag wanderte er hinauf zum **Kickelhahn** bei Ilmenau – ein herrlicher Wanderweg folgt heute seinen Spuren.

Oberhof ist das unangefochtene Wintersportzentrum Thüringens. Ein ausgedehntes Loipennetz spannt sich über die umliegenden Wälder, es gibt eine Abfahrtpiste und eine Biathlonarena, in der hochkarätige Wettkämpfe stattfinden. **Lauscha**, tief im Tal der Steinach gelegen, lockt besonders Liebhaber der Glasbläserkunst, die Weihnachtskugel wurde hier erfunden.

Größere Orte findet man nur am Rand des Mittelgebirges, etwa **Suhl** mit seinem interessanten Waffenmuseum oder **Sonneberg**, wo das Deutsche Spielzeugmuseum an die Blütezeit dieser Industrie im 19. Jh. erinnert.

10 Eisenach und Wartburg

Sängerstreit, Reformation und Burschenherrlichkeit.

Am Nordrand des Thüringer Waldes wacht die Wartburg über Eisenach (42 661 Einw.) im Tal von Werra und Hörsel. Wie schon seit über 1000 Jahren ist es die gute Verkehrsanbindung, die für das Gedeihen der Stadt sorgt.

Geschichte Was heute die mehrspurige West-Ostautobahn A4 ist, war im Mittelalter die Via Regia. Sie verlief quer durch Europa von Paris nach Nowgorod. Um diese ›königliche Straße‹ besser kontrollieren zu können, ließ Ludwig der Springer 1067 die Wartburg auf ihrem Felsplateau errichten. Schon damals dürfte unterhalb der Burg ein Marktflecken existiert haben, doch erst 1180 findet sich die erste urkundliche Erwähnung Eisenachs. Mit dem Erlöschen der auf der

Hoch auf ihrem bewaldeten Bergrücken wacht die Wartburg über Eisenach

Wartburg ansässigen Linie der Thüringer Landgrafen im Jahr 1247 verlor Eisenach rapide an Bedeutung, und in den folgenden Jahrhunderten fiel nur selten das Licht der Geschichte auf die Stadt, etwa als **Martin Luther** 1521 auf der Wartburg in Schutzhaft das Neue Testament ins Deutsche übersetzte.

Als epochemachendes Ereignis sollte sich auch das **Wartburgfest** erweisen. Etwa 500 Burschenschaftler trafen sich im Jahr 1817 zur Feier des 4. Jahrestages der Völkerschlacht von Leipzig und des 300. Reformationsjubiläums auf der Wartburg. Dabei forderten sie eine Vereinigung der vielen Kleinstaaten des Deutschen Bundes zu einem Deutschen Reich. Eine politische Vorreiterrolle nahm Eisenach erneut im Oktober 1989 ein, als sich hier Vertreter der DDR-Regierung und Bürgerrechtler zum ersten ›Grünen Tisch‹ der Wendezeit trafen.

Wirtschaftlich konnte sich Eisenach dank des bereits 1992 eröffneten Opelwerkes und weiterer Industriebetriebe von der schlimmen Krise nach der Wiedervereinigung erholen und ist mittlerweile wieder ein lebendiges Städtchen.

Besichtigung Um 1500, kurz bevor der Geist der Reformation durch die engen Gassen Eisenachs zu wehen begann, muss das noch anders gewesen sein. Damals lebten dort etwa 3000 Menschen, von denen jeder zehnte Mönch oder Priester war, gut 30 Kirchen oder Klöster drängten sich innerhalb der Stadtmauern. So erklärt sich, dass Martin Luther Eisenach, wo er 1498–1501 die Lateinschule St. Georg besuchte, als ›Pfaffennest und geistlichen Stapelort‹ beschimpfte. Während seiner Schulzeit wohnte der Reformator bei der wohlhabenden Ratsfamilie Cotta im heutigen **Lutherhaus** (Lutherplatz 8, Tel. 036 91/298 30, www.lutherhaus-eisenach.de, Di–So 10–17 Uhr. Bis Mitte 2015 befindet sich die Ausstellung des Lutherhauses wegen Sanierungsarbeiten direkt gegenüber im Creutznacher-Haus). Besonders ausführlich geht die Ausstellung im Inneren auf Schulzeit und Bibelübersetzung Luthers ein. Ein besonderes Augenmerk gilt der enormen Bedeutung des evangelischen Pfarrhauses für das deutsche Geistesleben. So waren und sind der Troja-Entdecker Heinrich Schliemann und der Philosoph Friedrich Nietzsche, die RAF-Terroris-tin Gudrun Ensslin und Kanzlerin Angela Merkel Pfarrerskinder.

Vom Lutherhaus sind es nur wenige Schritte zum Marktplatz mit dem Renaissance-Rathaus. Hier steht die Kirche **St. Georgen** (tgl. 10–12 und 14–16 Uhr), in der

Die geschweifte Haube auf dem Turm akzentuiert Eisenachs Rathaus am Marktplatz

die hl. Elisabeth von Thüringen 1221 Landgraf Ludwig IV. heiratete. Seit ihrem Umbau um 1561 zur protestantischen Predigtkirche ist der Kirchenraum ganz auf die Kanzel als Ort der Verkündung ausgerichtet. Das sollte den Besucher allerdings nicht daran hindern, den Blick auch zum Altar zu richten, auf dem sich eine Kreuzigungsgruppe um Christus versammelt, die z. Zt. der Spätgotik entstand. Den Chor rahmen die sog. Landgrafensteine, die 1952 aus Schloss Reinhardsbrunn [s. S. 56] nach Eisenach kamen und die Landesherren von Ludwig dem Springer bis zu Friedrich dem Freidigen zeigen.

Gegenüber der Kirche erstreckt sich das *Stadtschloss*, das Herzog Ernst-August von Sachsen-Weimar-Eisenach ab 1742 errichten ließ. Zusammen mit dem Marstall bietet es Raum für das **Thüringer Museum** (Markt 24, Tel. 036 91/67 04 50, Mi–So 10–17 Uhr). Im Marstall werden Wechselausstellungen präsentiert, im Hauptgebäude ist eine Dauerausstellung zum Thüringer Porzellan zu sehen.

Zum Thüringer Museum gehört auch das **Museum mittelalterlicher Kunst** (Predigerplatz, Tel. 036 91/78 46 78, Fr/Sa 11–17 Uhr) in der anlässlich der Heiligsprechung Elisabeths von Thüringen 1240 erbauten Predigerkirche westlich des Marktplatzes. Ihr einschiffiger Kirchenraum bietet Skulpturen, Altären und Tafelbildern aus dem Thüringer Raum einen würdigen Rahmen.

Neben Elisabeth von Thüringen und Martin Luther ist noch eine dritte Berühmtheit eng mit Eisenach verbunden: Am Frauenplan, den man vom Marktplatz aus über die Lutherstraße erreicht, erblickte 1685 Johann Sebastian Bach das Licht der Welt. Geboren wurde er

TOP TIPP

wohl im **Bachhaus** (Frauenplan 21, Tel. 036 91/793 40, www.bachhaus.de, tgl. 10–18 Uhr). Dort bieten Musiker Interpretationen Bach'scher Kompositionen auf Originalinstrumenten dar, zudem gibt es ausgeklügelte Klanginstallationen, die Bachs Kunst verständlicher machen.

Nicht nur die Wiege Bachs, sondern auch die Wiege der deutschen Sozialdemokratie steht in Eisenach: Auf dem Weg vom Frauenplan zur Wartburg passiert man den einstigen Gasthof **Goldener Löwe** (Marienstr. 57, Tel. 036 91/88 27 23, www.august-bebel-gesellschaft.de, Mo–Fr 10–16 Uhr). Dort trafen sich im August 1869 die Delegierten des Deutschen Sozialdemokratischen Arbeiterkongresses unter Führung von August Bebel und Ernst Liebknecht, um die Sozialdemokratische Arbeiterpartei zu gründen, aus der 1890 die SPD hervorging. Die Ausstellung am historischen Ort zeichnet den Verlauf des Kongresses nach.

Unterhalb der Gedenkstätte, jenseits der Wartburgallee, breitet sich der **Kartausgarten** aus. Vom Kartäuserkloster, dem er seinen Namen verdankt, sind keine Spuren mehr zu sehen. Dafür entzückt das *Teezimmer* im *Hofgärtnerhaus* (Nov.–Feb. geschl., Anmeldung unter Tel. 036 91/74 32 93), einem Pavillon von 1825. Seine Wände zieren kostbare französische Tapeten, auf denen mythologische Motive (Amor und Psyche) zu bewundern sind.

Vom Kartausgarten aus ein Stück weiter bergan führt die von der Auffahrt zur Wartburg abzweigende Reuterstraße in ein gründerzeitliches Villenviertel. Dort versteckt sich der Alterssitz des Mecklenburger Dichters Fritz Reuter in einem Park. In der im römischen Landhausstil 1866–68 erbauten **Reuter-Villa** (Reuterweg 2, Tel. 036 91/74 32 93, Fr–So 11–17 Uhr) ist das *Reuter-Wagner-Museum* eingerichtet, das auf die Sammlung des Wiener Wagner-Verehrers Nicolaus Oesterlein zurückgeht.

Dass aus Eisenach nicht nur Schöngeistiges, sondern auch ganz Handfestes kam, erweist sich am anderen Ende der Stadt an der Hörsel. Dort dokumentiert die **Automobile Welt Eisenach** (Friedrich-Naumann-Str. 10, Halle O2, Tel. 036 91/772 12, Di–So 11–17 Uhr) die Automobilbau-Geschichte der Stadt seit ihren Anfängen im Jahr 1896. Zu den auf Hochglanz polierten Schaustücken gehören ein Rennwagen aus DDR-Produktion, ein Dixi 3/15 oder der Wartburg 311.

Hoch oben auf der Göpelskuppe, jenseits der Wartburg, steht das **Burschenschaftsdenkmal** (www.burschenschafts denkmal.de, tgl. 10–18 Uhr). Die deutschen Burschenschaften stifteten den 33 m hohen Rundtempel 1902 zum Gedenken an ihre in den Befreiungskriegen gegen Napoleon gefallenen Kameraden. Das Deckengemälde des von Wilhelm Kreis entworfenen Baus zeigt Szenen aus deutschen Märchen, von seinen Balkonen bietet sich ein weiter Blick hinüber zur Wartburg auf der anderen Seite des Helltales, über die Wipfel des Thüringer Waldes und bis zum Hainich.

Top Tipp

Die Wartburg

Von Eisenachs Innenstadt aus führt die Wartburgallee direkt zum Besucherparkplatz unterhalb der Wartburg (Tel. 036 91/25 00, www.wartburg-eisenach.de, April–Okt. tgl. 8.30–17, Nov.–März tgl. 9–15.30 Uhr, Tickets für Führungen durch die gesamte Anlage und/oder für das Wartburg-Museum einschl. Lutherstube in der Vorburg). Der Gründungslegende zufolge soll Ludwig der Springer im Jahr 1067 den Gipfel über dem Tal der Werra erklommen, dort sein Schwert in den Boden gerammt und ausgerufen haben: »Wart, Berg, Du sollst mir eine Burg sein«. Gesagt, getan, 1080 erwähnt eine Urkunde erstmals die Wartburg. Die Nachfahren Ludwigs, die sog. Ludowinger, stiegen in den folgenden Jahren zu Landgrafen Thüringens auf. Von der unter Ludwig II. (reg. 1140–72) entstandenen romanischen Burg sind der Palas, ein Torhaus und eine Ringmauer erhalten. Landgraf Hermann I. (reg. 1190–1217) führte die ritterlich-höfische Kultur auf ihren Höhepunkt. Er veranstaltete prachtvolle Turniere, die talentiertesten Minnesänger seiner Zeit, darunter Walther von der Vogelweide und Wolfram von Eschenbach, gingen auf der Wartburg ein und aus. Ein Echo jener Zeit findet sich im hochmittelalterlichen Gedichtzyklus über den *Wartburger Sängerkrieg*: Darin streiten sich mehrere Minnesänger und Gestalten aus Rittersagen wie Parzival um die Gunst des Landgrafen und seiner Gemahlin.

Mit dem Aussterben der Ludowinger 1247 verlor die Wartburg ihre herausragende Stellung. Lediglich nach einem Brand 1317 wurden noch größere Umbauten vorgenommen. Die Ergänzungen aus jener hochmittelalterlichen Zeit – u.a.

Der Rennsportwagen R3 aus Eisenacher Produktion feierte in den 1950er-Jahren Erfolge

Den lang gestreckten Burghof der Wartburg flankieren Palas (rechts) und Bergfried

das umgebaute Torhaus, Wehrgänge und die Vogtei – bestehen weitgehend aus Fachwerk. In den folgenden Jahrhunderten dämmerte die Burg vor sich hin – und bot so ein unauffälliges Versteck für Martin Luther, den der sächsische Kurfürst Friedrich der Weise 1521 als Junker Jörg getarnt vor kaiserlicher Acht versteckt hielt.

1777 verbrachte Johann Wolfgang von Goethe einige Wochen auf der Veste, und vielleicht waren es auch seine schwärmerischen Schilderungen, die 1817 die Jenaer Studentenschaft dazu bewogen, das Wartburgfest [s. S. 51] in Eisenach zu feiern. Daraufhin avancierte die Burg zum Symbol der deutschen Nationalstaatsbewegung. Großherzog Carl Alexander von Sachsen-Weimar-Eisenach erlöste es 1838 auch baulich aus seinem Dornröschenschlaf. Er ließ die Wartburg im historisierenden Gewand der Zeit durch den Gießener Architekten Hugo von Ritgen renovieren.

Der Eingangsbereich vor der Zugbrücke, die sog. **Schanze**, markiert den ältesten Burgabschnitt. Durch das **Torhaus** gelangt man in die schmale, aus dem Mittelalter stammende Vorburg, die durch Gebäude auf Steinfundamenten und Fachwerkaufbauten gekennzeichnet ist. Rechter Hand grenzt das **Ritterhaus** an das Torhaus, daran schließt sich die **Vogtei** an. In ihr befindet sich die *Lutherstube*, in der der Reformator 1521 das Neue Testament vom Griechischen ins Deutsche übersetzte. Mit seiner bildhaften und zugleich präzisen Sprache legte er damit den Grundstein für das moderne Schriftdeutsch. An der West- und der Ostseite säumt der Elisabethengang, ein Teil der Ringmauer, der im 15. Jh. mit überdachten Fachwerk-Wehrgängen versehen wurde, den Hof.

Den Übergang von der Vorburg zur **Hauptburg** bildet die Torhalle, eine neoromanische Ergänzung von 1865. Über einen Treppenaufgang in ihrem Inneren kommt man in das **Wartburgmuseum** (Öffnungszeiten s. Wartburg). Es erstreckt sich über die Räume der Neuen Kemenate, die einstigen Wohnräume der herzoglichen Familie auf der einen und die Dirnitz auf der anderen Seite der Torhalle. Gemälde von Cranach und Dürer sowie höfische Kult- und Gebrauchsgegenstände zählen zur wertvollen Sammlung. Auch in die Lutherstube in der Vogtei gelangt man übers Museum. Vom Tintenfleck, der entstand, als Luther den Teufel mit seinem Tintenfass bewarf, ist allerdings nichts mehr zu sehen – die tastenden Hände vieler Besucher haben ihn verschwinden lassen.

An die Neue Kemenate schließt sich der **Palas** (nur im Rahmen der Führung zu besichtigen) an. Der dreigeschossige Bau öffnet sich in Arkaden zum Hof. Er wurde um 1180 im spätromanischen Stil als landgräflicher Wohn- und Repräsentationsbau errichtet. Dekorative, mit meisterhaft geformten Kapitellen abschließende Säulen stützen Fenster und Gewölbe. Während die erste Etage mit Rüstkammer, Speisezimmer und Wohngemächern weitgehend im klaren Stil der Romanik gehalten ist, präsentieren sich die Räume der zweiten Etage im romantisierenden Antlitz des 19. Jh. Sowohl das in Rottönen gehaltene Landgrafenzimmer als auch den Sängersaal schmücken Friese Moritz von Schwinds. In ersterem sind Szenen aus sieben Thüringer Sagen zu sehen, den Sängersaal illustrierte Schwind mit Motiven aus dem Sängerkrieg. In der Burgkapelle haben sich Teile der ursprünglichen Fresken erhalten. Im dritten Stock befindet sich der große Festsaal mit einer prächtigen eichenen Kassettendecke. Erst 1906 wurde ein mittelalterliches Gewölbe im Palas als Geschenk Kaiser Wilhelms II. neu gestaltet und hieß fortan **Elisabeth-Kemenate**. Der Raum wurde vollständig mit Glasmosaiksteinchen besetzt, die Szenen aus dem Leben der hl. Elisabeth darstellen.

Krönenden Abschluss eines Besuchs auf der Wartburg bildet der Aufstieg zur Aussichtsplattform des Bergfriedes, von dem sich ein weiter Blick über den Thüringer Wald bietet.

In der Lutherstube übersetzte der Reformator das Neue Testament ins Deutsche

Rosen statt Brot – die heilige Elisabeth

Die ungarische Königstochter Elisabeth war 1211 im Alter von vier Jahren auf die Wartburg gekommen, um später mit dem sieben Jahre älteren Thronfolger Ludwig IV. vermählt zu werden. Als sie 14 Jahre alt war, wurden sie getraut. Die junge Frau stand ganz unter dem Einfluss der ersten Franziskanermönche, die in dieser Zeit die Lehren des Franz von Assisi verbreiteten. Ihre Demut und Barmherzigkeit gegenüber den Armen wurde bei Hof nicht gern gesehen. Als sie einmal heimlich Brot und Speisen ins Armenhospital am Fuß des Burgberges bringen wollte, wurde sie von Hofangehörigen gefragt, was sie mit sich trage. ›Rosen‹ antwortete sie als Ausrede, und siehe da, als sie die Körbe öffnete, so berichtet die Legende, sollen diese wirklich Rosen enthalten haben. Nach dem frühen Tod ihres Gemahls auf einem Kreuzzug wurde sie 20-jährig von den Erben mit ihren drei Kindern aus der Burg vertrieben und verbrachte erst einige Zeit in Armut in Eisenach. 1227 zog sie nach Marburg, wo sie 1231 verstarb. Ihre asketische Lebensweise und ihr Bemühen um Kranke und Notleidende sowie die Überlieferung des ›Rosenwunders‹ führten zu einer baldigen Heiligsprechung Elisabeths bereits vier Jahre nach ihrem Tod durch Papst Gregor IX.

Durch die Drachenschlucht zur Wartburg

Südlich von Eisenach schuf der Steinbach die teils nur 70 cm schmale **Drachenschlucht** (Zugang vom Wanderparkplatz Mariental an der B 19, ca. 1 km südlich von Eisenach). Bis zu 10 m hoch türmen sich die Felsen über dem Wanderer, während unter den Holzplanken, auf denen der Weg durch die Klamm verläuft, der Steinbach gluckert. Wer mag, kann nach der Durchquerung der Schlucht in 1,5 Stunden durch Laub- und Nadelwälder zur Wartburg weiterwandern. Auf halbem Weg lädt der *Waldgasthof Sängerwiese* (Tel. 036 91/20 32 72, www.wiesenhuette.de) zur Rast ein.

TOP TIPP

i Praktische Hinweise

Information

Tourist-Information Eisenach, Markt 24, 99817 Eisenach, Tel. 036 91/792 30, www.eisenach.info

Hotels

*******Steigenberger Thüringer Hof**, Karlsplatz 11, Eisenach, Tel. 036 91/280, www.steigenberger.com. Selbst äußerst anspruchsvolle Gäste sind hier zufrieden.

*******Hotel auf der Wartburg**, Eisenach, Tel. 036 91/79 70, www.wartburghotel.de. Elegantes Hotel auf dem Burgberg.

******Glockenhof**, Grimmelgasse 4, Eisenach, Tel. 036 91/23 40, www.glockenhof.de. Komfortable Zimmer am Kartausgarten.

*****Haus Hainstein**, Am Hainstein 16, Eisenach, Tel. 036 91/24 20, www.haushainstein.de. Wohnen in einer Gründerzeitvilla. Ein stilvolles Restaurant ergänzt das Angebot.

Restaurants

Lutherstuben, Katharinenstr. 11–13, Eisenach, Tel. 036 91/293 90, www.eisenacherhof.de. Ein mittelalterliches Erlebnisrestaurant im Hotel Eisenacher Hof mit Deftigem und Hausgemachtem, Met im Horn und Bier aus dem Sturzbecher.

Konditorei & Café Brüheim, Marienstraße 1, Eisenach, Tel. 036 91/20 35 09, www.cafe-brueheim.de. Traditionscafé am Fuße der Wartburg.

Turmschänke, Karlsplatz 28, Eisenach, Tel. 036 91/21 35 33, www.turmschaenke-eisenach.de. In historischem Ambiente lässt sich gediegen tafeln (So geschl.).

11 Waltershausen und Friedrichroda

Aus der Wiege Thüringens wurde die Sommerfrische für Gothas High Society.

Seit 1929 verbindet die Thüringerwaldbahn, eine verlängerte Straßenbahn, die beiden Erholungsorte Waltershausen und Friedrichroda am Nordrand des Thüringer Waldes mit Gotha.

Zunächst erreicht die Tram **Waltershausen**. Der Ort drängt sich in einen bewaldeten Taleinschnitt zwischen Ziegenberg und Burgberg mit *Schloss Tenneberg* (Tel. 036 22/691 70, April–Okt. Mi–So 10–17, Nov.–März Mi–So 10–16 Uhr). Die in der Renaissance ausgebaute mittelalterliche Burganlage mit reich dekorierten Barocksälen beherbergt heute ein Schlossmuseum, das neben der Stadtgeschichte die regionale Tradition der Puppenherstellung dokumentiert.

Sehenswert ist auch die Waltershausener Stadtkirche *Zur Gotteshilfe*, die der Gothaer Hofbaumeister 1719–23 errichtete. Nahebei steht das repräsentative *Fachwerk-Rathaus* von 1441.

Nächster Halt der Thüringerwaldbahn ist Friedrichroda-Reinhardsbrunn. Dort, wo der Thüringer Landgraf Ludwig der Springer im Jahr 1085 ein Kloster gründete, steht seit 1828 das neogotische **Schloss Reinhardsbrunn** (nicht zugänglich, Parkführung April–Okt. Mi/Sa 14 Uhr, beim Kur- und Tourismusamt anmelden, Tel. 036 23/ 31 08 81, www.schloss-rein

hardsbrunn.de), ehemals Jagdschloss der Herzöge von Coburg und Gotha.

Als ›Wiege Thüringens‹ gilt Friedrichroda, weil sich über dem Ort die **Schauenburg** (ab Wandertreff im Kurpark, ca. 4 km, 1,5 Stunden, Markierung grüner Punkt) befand. Sie war Stammsitz der Ludowinger, der ersten Thüringer Landgrafen, und bewachte den Pass über die Höhen des Thüringer Waldes nach Schmalkalden. Bereits im 13. Jh. zerstört, sind heute nur Mauerreste von ihr geblieben.

TOP TIPP Die Thüringerwaldbahn hält auch an der **Marienglashöhle** (an der B 88 zwischen Friedrichroda und Tabarz, Tel. 036 23/31 16 67, www.marienglashoehle-friedrichroda.de, April–Okt. tgl. 10–17, Nov.–März tgl. 10–16 Uhr). 1778 stießen Bergleute beim Gipsabbau auf eine Druse, also einen gänzlich von Kristallen bewachsenen Hohlraum in den Tiefen des Berges. Da die Kristalle vornehmlich zur Verkleidung von Marienbildern verwendet wurden, bürgerte sich der Name *Marienglas* ein. Noch heute bedecken sie die Wände des Hohlraums, den man bei einem Besuch der Marienglashöhle bestaunen kann.

Praktische Hinweise

Information

Kur- und Tourismusamt, Hauptstraße 55, 99894 Friedrichroda, Tel. 036 23/332 00, www.friedrichroda.de

Hotels

*****Musikhotel am Rennsteig**, Im Grund 5, Friedrichroda, Tel. 036 23/334 30, www.musikhotel-am-rennsteig.de. Familiäre Atmosphäre mit moderner Ausstattung. Musikal. Abende mit Bauernbuffet und dem ›Singenden Wirt vom Rennsteig‹.

*****Tanzbuche**, Auf dem Höhenberg, Friedrichroda, Tel. 036 23/36 99 00, www.tanzbuche.de. Ruhiges Wellnesshotel mit eigenem Hallenbad. Urlaub pur!

Restaurants

Brauhaus Friedrichroda, Bachstr. 14, Friedrichroda, Tel. 036 23/30 42 59, www.brauhaus-friedrichroda.de. Urig gibt sich der denkmalgeschützte Gastraum.

Zur Quelle, Schweizer Str. 30, Friedrichroda, Tel. 036 23/30 46 81, www.zurquelle.de. Gemütliches Fischrestaurant am Kurpark.

12 Brotterode

Um den Großen Inselsberg – ein Dorado für Aktivurlauber.

Dicht drängen sich die Häuser von Brotterode, einem kleinen Erholungsort inmitten der Weiten des Thüringer Waldes um die neugotische Pfarrkirche auf ihrer kleinen Anhöhe. Die Rodungsinsel von Brotterode entstand wohl bereits im 11. Jh. Für Abwechslung ist hier gesorgt: Das **Inselbergbad** (Am Bad 1, Tel. 03 68 40/37 30, tgl. 10–21 Uhr) garantiert mit Hallenbad und Freibad winters wie sommers Badespaß. Rasante Abfahrten bietet die **Sommerrodelbahn** (an der L 1024, 2,5 km ab Brotterode Richtung Tabarz, www.sommerrodelbahn-inselsberg.de, April–Okt. tgl. 10–17 Uhr). An ihrem Parkplatz gibt es auch ein Bungee-Trampolin, mit dem man sich, von Seilen gesichert, durch die Lüfte schleudern lassen kann.

Darüber hinaus kann man die Schönheiten der umliegenden Wälder erkunden – im Winter auf Langlaufskiern, im Sommer mit dem Mountainbike (geführte Touren unter Tel. 03 68 40/310 80, auch Verleih) oder auf Schusters Rappen.

Praktische Hinweise

Information

Gästeinformation Brotterode, Bad Vilbeler Platz 4, 98596 Brotterode-Trusetal, Tel. 03 68 40/33 33, www.brotterode-trusetal.de

Hotels

*****Zur guten Quelle,** Schmalkalder Str. 27, Brotterode, Tel. 03 68 40/340, www.hotel-quelle.de. Aktivhotel mit reichem Freizeitprogramm.

Puppen aller Länder, vereinigt im Museum auf Schloss Tenneberg in Waltershausen

Waldschlösschen, Gehegsweg 12, Brotterode, Tel. 03 68 40/322 63, www.gehege.com. Die Stille der Wälder umgibt den Gast in dem grundsoliden Hotel.

Restaurants

Berggasthof Stöhr, Großer Inselsberg, Brotterode, Tel. 03 68 40/324 25, www.berggasthof-stoehr.de. Original Thüringer Küche mit Panoramablick.

Haus am Reitstein, Kleiner Inselsberg 2, Brotterode, Tel. 03 68 40/324 94, www.haus-am-reitstein.de. Einfaches, freundliches Familienrestaurant, Gästezimmer.

13 Ohrdruf

Wo Mühle und Hammerwerk am rauschenden Bach klappern.

Die Landschaft um Ohrdruf (5466 Einw.) präsentiert sich ganz anders als die angrenzenden Naturräume, ist sie doch relativ flach – und trägt daher zu Recht den Namen *Ohrdrufer Platte*. 2 km südlich der Stadt geht es dann aber umso steiler hinauf in den Thüringer Wald. Ohrdruf entwickelte sich seit dem 8. Jh. um das erste, noch vom Germanenapostel Bonifatius gegründete Kloster Thüringens – auf seinen Grundmauern steht heute der **Michaeliskirchturm** (geöffnet auf Anfrage im Schloss). Als den Grafen von Gleichen, die das Schultheisenamt über Ohrdruf versahen, ihre Burgen im 16. Jh. zu zugig wurden, ließen sie sich in Ohrdruf **Schloss Ehrenstein** (Tel. 036 24/31 14 38, Di–Fr, So 10–12 und 13–16, Sa 10–12 und 13–18 Uhr) erbauen, eine geschlossene vierflügelige Renaissanceanlage mit hohem Turm am Ufer der Ohra. Das *Museum* im Westflügel macht mit der Ohrdrufer Bach-Familie vertraut. Bei seinem Bruder, dem Organisten von Ohrdruf, lebte der früh verwaiste Johann Sebastian vom zehnten bis zum fünfzehnten Lebensjahr.

Das eindrucksvollste technische Denkmal der Region ist der **Tobiashammer** (Suhler Str. 34, Tel. 036 24/40 27 92, www.tobiashammer.de, Mai–Okt. Mi–Mo 10–18 Uhr, Nov.–April Mi–So 10–17 Uhr), ein bereits 1482 gegründetes Hammerwerk, das

Auf den Inselsberg und zum Trusetaler Wasserfall

In Brotterode starten zwei besonders schöne **Rundwanderwege**, beide am Haus des Gastes am Vilbeler Platz.

Der erste Weg führt auf den **Inselsberg** (916,5 m, 4 Std., ca. 10 km, 350 Höhenmeter). Da die Markierungen variieren – teilweise folgt der Weg auch dem legendären Rennsteig – sollte man sich vor Wanderungsbeginn im Haus des Gastes mit der kostenlosen Tourenkarte des Tourismusvereins ausrüsten. Unterwegs hat man die Wahl, sich bereits vor dem letzten, etwa 1 km langen, aber recht steilen Anstieg zum Gipfel im Gasthof *Kleiner Inselsberg* (Grenzwiese 1, Tel. 03 68 40/324 53) zu stärken oder in einem Zug zum Gipfel aufzusteigen, wo der Gasthof Stöhr (Tel. 03 68 40/324 25) seine Gäste mit regionaler Küche versorgt. Auf dem Gipfel eröffnete Anfang 2015 ein 21 m hoher Aussichtsturm (tgl. 10–16 Uhr).

Die zweite Rundwanderung erschließt den **Trusetaler Wasserfall** (Grüner Punkt, 4.5 Std., 14,5 km, 250 Höhenmeter, mit dem Auto Parkplatz am Wasserfall an der L 1024 zwischen Trusetal und Brotterode). 1865 schuf man ihn, indem man Wasser der am Großen Inselsberg entspringenden Truse zu einer 56 m hohen Klippe umleitete. Ausdauernde Wanderer können vom Wasserfall aus auch einen Abstecher zum *Wallenburger Turm* (3 km einfach) machen, dem einzigen Überrest einer 1247 entstandenen Burganlage. Die Aussicht von seiner Plattform reicht weit über die umliegenden Wälder. Am Fuß des Turms lädt die Turmbaude zur Rast (Tel. 03 68 40/40 91 10, www.gastroservice-ullrich.de, April–Dez. Fr–So ab 10 Uhr).

Der Sessellift am Fallbachhang erschließt das Alpinskigebiet über Oberhof

noch immer funktionsfähig ist. Bis 1974 wurden dort Metallgefäße hergestellt. Die riesige, 12000 PS starke Dampfmaschine in der Fachwerkscheune produzierte seit den 1920er-Jahren Bleche in der Maxhütte im thüringischen Unterwellenborn.

i Praktische Hinweise

Information

Naturpark- und Touristinformation Ohrdruf, Suhler Str. 5c, 99885 Ohrdruf, Tel. 036 24/3179 49, www.ohrdruf.de

Hotel

Gästehaus Tobias, Arnstädter Str. 8–10, Ohrdruf, Tel. 036 24/31 47 82, www.schlossgartenpassage.de. Freundliches Haus in Schlossnähe mit familiärer Betreuung und Wellnessbereich.

14 Oberhof

Wintersportparadies und Kaderschmiede für Olympiasieger.

Zwischen Greifenberg (900 m), Großem Beerberg (983 m) und Schneekopf (978 m) liegt Oberhof (1666 Einw.). Kein anderer Ort ist so eng mit den Erfolgen deutscher Langläufer, Rodler und Biathleten verbunden.

Lange Jahrhunderte war Oberhof ein abgelegener Weiler inmitten des Thüringer Waldes, den die Herzöge von Weimar nur gelegentlich zum Jagen besuchten. Erst mit dem Bau des Brandleitetunnels 1884, der die Bahnverbindung nach Erfurt herstellte, begann der Aufstieg zum vielbesuchten Kurort.

Weithin sichtbar sind die hoch aufragenden Hotelbauten aus der DDR-Zeit. In ihrer Form orientieren sie sich an **Sprungschanzen**, von denen es in Oberhof allein sechs Stück gibt, darunter die größte Mattenschanze der Welt.

In der **DKB Ski-Arena** an der Jägerstraße finden während des Winters regelmäßig hochkarätige Wettkämpfe statt. Dort hat auch das *Thüringer Wintersportzentrum Oberhof* (www.twz-oberhof.de) seinen Sitz, das all die erfolgreichen Athleten ausbildet.

Von der Ski-Arena ist es nicht weit zum dritten großen Wintersportschauplatz von Oberhof, der 1354 m langen **Rodelbahn** (ca. 2 km außerhalb, Tambacher Straße, www.twz-oberhof.de, Anmeldung zum Gastrodeln Tel. 036 85/2 51 27, Mobil 01 51/53 80 45 27, www.bob-iceraf ting.de). Sofern nicht gerade Wettkämpfe stattfinden oder die Profis trainieren, dürfen sich wagemutige Gäste – natürlich in Begleitung eines erfahrenen Rennrodlers – die Piste hinabstürzen.

Unmittelbar neben dem Start der Rodelbahn entstand die künstlich gekühlte **DKB-Skisport-Halle** (Tel. 03 68 42/539 90, www.oberhof-skisporthalle.de, März–Aug. Mo–Fr 11–14, Di/Do 17–20, Sa 12–18, So 11–16, Sept.–Feb. Mo–Fr 11–14 und 17–20, Sa 12–18, So 11–16 Uhr), eine Langlaufhalle, in der Profis wie auch Freizeitsportler im Sommer und während milder Winter im Schnee trainieren können. Über Sinn und Unsinn einer solch energiehungrigen

Anlage in den Thüringer Höhenlagen lässt sich freilich trefflich streiten.

Schwindelfrei sollte sein, wer sich den Herausforderungen des Hochseilgartens **Woodjump** (Crawinkler Str. 2a, Tel. 03 68 42/522 57, www.woodjump.de) stellen will. An Seilen gesichert, kann man hier in Höhen von bis zu 14 m über dem Abgrund balancieren.

In unmittelbarer Nähe bietet die **Thüringer Wintersportausstellung** (Crawinkler Str. 1, Tel. 03 68 42/522 37, Di–Fr 11–17, Sa/So 12–18 Uhr) einen Überblick über die örtliche Wintersportgeschichte. An die ersten Rodelmeisterschaften in Oberhof Anfang des 20. Jh. erinnert ein Fünferbob von 1904, man kann der Evolution des Langlaufskis vom Holzbrett zum High-Tech-Gerät aus Karbon folgen und mit einem echten Biathlongewehr anlegen.

Im Untergeschoss desselben Hauses geht es tierisch zu: Im **Exotarium Oberhof** (Crawinkler Str. 1, Tel. 03 68 42/214 04, www.exotarium-oberhof.de, tgl. 10–18 Uhr) leben Echsen und Schlangen in artgerecht gestalteten Terrarien.

Etwas außerhalb von Oberhof, auf dem Pfanntalskopf (868 m), gedeihen im

TOP TIPP **Rennsteiggarten** (Am Pfanntalskopf 3, Tel. 03 68 42/222 45, www.rennsteiggartenoberhof.de, Mitte April–Sept. tgl. 9–18, Okt. tgl. 9–17 Uhr) Pflanzen aus allen Gebirgen der Erde. Die rauen Witterungsbedingungen lassen selbst seltene Blumenarten wie die Blauröhre sprießen, die im Himalaya erst ab 3000 Höhenmetern wächst.

Von Oberhofs Hochmoor über den Rennsteig zum Beerberg

Vom Parkplatz am Rennsteiggarten führt ein Wanderweg (2 km einfach) zum **Schützenberg-Hochmoor**, einem der wenigen verbliebenen Moore des Thüringer Waldes. Ein Holzpfad quert das empfindliche Feuchtbiotop mit all seinen schützenswerten Pflanzen.

Auch der **Rennsteig** passiert Oberhof an diesem Parkplatz. Besonders empfohlen sei der Weg in Richtung Schmücke, erreicht man so doch den *Großen Beerberg* (983 m, einfach ca. 2 Std. und 5 km, 170 Höhenmeter). Weil sich auf seinem Gipfel ein geschütztes Hochmoor ausbreitet, verläuft der Rennsteig etwas unterhalb der Bergkuppe. Als kleine Entschädigung bietet sich aber von der nahen *Plänckners Aussicht* ein weiter Blick gen Süden.

Auch Hobbyrodler dürfen – im Sommer auf Rollen – die Oberhofer Rodelbahn hinunterrasen

Praktische Hinweise

Information

Tourist-Information Oberhof, Crawinkler Str. 2, 98559 Oberhof, Tel. 03 68 42/26 90, www.oberhof.de

Schneetelefon: 03 68 42/269 21

Sport Luck, Crawinkler Str. 1, Oberhof, Tel. 03 68 42/222 12, www.sportluck.de. Skikurse und Verleih von Wintersportausrüstung, auch Mountainbikes können gemietet werden.

Hotels

*****Schlossberg Hotel Oberhof**, Am Park 1, Oberhof, Tel. 03 68 42/529 90, www.schlossberghotel-oberhof.de. Individuell möblierte Zimmer und abwechslungsreiche Küche.

*****Vergissmeinnicht**, Crawinkler Str. 10, Tel. 03 68 42/223 46, www.haus-vergissmeinnicht.de. Die gepflegte Pension ist bekannt für ihr gutes Restaurant, das Wild- und Fischgerichte vorzüglich zubereitet.

Domiziel Oberhof, Crawinkler Str. 18, Oberhof, Tel. 036842/27 80, www.domiziel-oberhof.de. Ferienwohnungen aller Größen in gepflegter Anlage.

Waldschlösschen, Tambacher Str. 24, Oberhof, Tel. 03 68 42/209 92, www.waldschloesschen-oberhof.de. Komfortable Pension am Rennsteig.

Restaurants

Luisensitz, Dr.-Theodor-Neubauer-Str. 25, Oberhof, Tel. 03 68 42/221 96, www.luisensitz-oberhof.de. Restaurant in einem stimmungsvollen Holzhaus.

Obere Schweizer Hütte, Alte Ohrdrufer Str. 8, Oberhof, Tel. 03 68 42/53 13 21, www.obereschweizerhütte.de. Gemütliche Gaststätte, von Wald umgeben.

15 Suhl

Stadt der Büchsenmacher – jahrhundertelang Rüstkammer der Nation.

Die Flüsse Steina, Hasel und Lauter schufen die Täler, an deren Hänge sich die Häuser von Suhl (36 000 Einw.) am Südrand des Thüringer Waldes drängen.

Geschichte Die Geschichte Suhls ist eng mit den reichen Erzvorkommen in den umliegenden Bergen verknüpft. Schon um Christi Geburt ergruben Bergleute dort Roteisenerz. Die von den Höhen des Thüringer Waldes herabströmenden Flüsse lieferten Wasserkraft für die im Mittelalter aufkommenden Hammerwerke, in denen das Eisen geschmiedet wurde. Auf die Produktion von Handfeuerwaffen, für die die Stadt bis heute berühmt ist, spezialisierten sich die Suhler seit der Mitte des 16. Jh. Während des Dreißigjährigen Krieges im 17. Jh. lieferten an die 200 Waffenschmiede Kriegsmaterial an jeden, der es bezahlen konnte. Die Stadt galt als Rüst- und Waffenkammer Deutschlands und Europas – und büßte dafür mit völliger Zerstörung im Jahr 1634 durch kaiserliche Truppen unter dem kroatischen General Graf Isolani.

Auch in den folgenden Jahrhunderten blieben Suhler Handfeuerwaffen gefragt – ob als reich verzierte Jagdgewehre an den Höfen Europas oder als schmucklose Tötungswerkzeuge während der Weltkriege des 20. Jh. Zu DDR-Zeiten war Suhl ein bedeutender Rüstungsstandort, und auch über die Wende hinweg hat sich die Suhler Büchsenproduktion, vornehmlich für die Jagd, einen vorzüglichen Ruf bewahrt. Ab 1948 erlebte die Motorradproduktion einen rasanten Aufschwung. Für die Arbeiter in diesen Fabriken entstanden in den 1970er-Jahren die vielgeschossigen Plattenbauten, die heute den Ausblick auf die reizvolle Berglandschaft hinter den Stadtgrenzen beeinträchtigen.

Besichtigung Weil die Motorradproduktion in Suhl mit der Insolvenz der Simsonwerke im Jahr 2002 ein abruptes Ende nahm, haben viele Motorräder des **Fahrzeugmuseums Suhl** (Friedrich-König-Str. 7, Tel. 036 81/70 50 04, www.fahrzeug-museum-suhl.de, tgl. 10–18 Uhr) im Atrium des Kongresszentrums eher nostalgischen Charakter. Zu sehen ist etwa das DDR-Kultmoped *Schwalbe*.

Wie aus der Zeit gefallen wirkt das lang gezogene ehem. Malzhaus, ein Fachwerkbau aus dem 17. Jh., zwischen dem schmucklos-modernen Kongresszentrum und dem funktionalen Lauterbogen-Shoppingcenter. In seinem Inneren beweist das **Waffenmuseum Suhl** (Friedrich-König-Str. 19, Tel. 036 81/74 22 18, www.waffenmuseumsuhl.de, Di–So 10–18 Uhr), dass Schießgeräte durchaus Schmuckstücke sein können. In der Abteilung für Prunkwaffen dürften selbst eingeschworene Pazifisten ins Schwärmen geraten. Einen Einblick in die Produktion von Handfeuerwaffen ermöglichen Lehrlinge aus einem der örtlichen Büchsenmacher-Handwerksbetriebe im Erdgeschoss.

Über den begrünten Platz der Deutschen Einheit gegenüber des Waffenmuseums gelangt man zum Steinweg, der

Bunte Vielfalt: das Fahrzeugmuseum Suhl zeigt seinen Besuchern die verschiedensten Modelle

Diana, der Göttin der Jagd, ist dieser Brunnen in Suhls Steinweg gewidmet

Flaniermeile Suhls. Ihren Auftakt bildet die 1739 geweihte **Kreuzkirche**. Von ihrer kostbaren Stuckdecke hängt eine Uhr herab, die den Gottesdienstbesuchern noch heute das Vergehen der Zeit verdeutlicht. Vorbei an schmucken Fachwerkhäusern und dem *Diana-Brunnen*, auf dem die Göttin der Jagd ganz traditionell mit Pfeil und Bogen auf Wildschweine schießt, führt der Steinweg von ihr zum **Marktplatz**. Auf dem Brunnen in dessen Mitte geht das steinerne Abbild eines Suhler Waffenschmieds seiner Arbeit nach. Auffälligstes Gebäude am Platz ist das ganz in rot gehaltene **Rathaus**. Ihm gegenüber steht die **Marienkirche**. Vom Vorgängerbau aus dem 17. Jh. überstanden nur die Außenmauern einen Stadtbrand, das Innere wurde 1757 im Stil des Rokoko gestaltet.

Ausflug

Nur 5 km nördlich von Suhl, allerdings getrennt durch die Bergmassive von Großem Beerberg und Schwarzem Kopf liegt der Doppelort **Zella-Mehlis** mit der barocken Blasiuskirche (1768–73) und der Magdalenenkirche (1734). Das *Stadtmuseum in der Beschussanstalt* (Anspelstr. 25, Tel. 036 82/46 46 98, www.beschussanstalt.de, Mo–Fr 10–17, Sa/So 10–16 Uhr) widmet sich der Waffen- und Textilherstellung sowie regionalen Themen. Unerwartet an diesem Ort ist der *Erlebnispark Meeresaquarium* (Beethovenstr. 16, Tel. 036 82/410 78, www.meeresaquarium-zella-mehlis.de, tgl. 10–18 Uhr). Die Haifischfütterung sollte man sich nicht entgehen lassen!

i Praktische Hinweise

Information

Tourist-Information Suhl, Friedrich-König-Str. 7, 98527 Suhl, Tel. 036 81/ 78 84 05, www.suhl-tourismus.de

Bürgerhaus Zella-Mehlis, Louis-Anschütz-Str. 28, 98544 Zella-Mehlis, Tel. 036 82/48 28 40, www.tourismus.zella-mehlis.de

Hotels

*****Hotel Waldmühle**, Lubenbachstr. 2, Zella-Mehlis, Tel. 036 82/898 90, www.hotel-waldmuehle.de. Ideal für Wanderer, die Gaststätte im Haus bietet Thüringer Hausmannskost.

Erbprinz, Bahnhofstr. 14, Zella-Mehlis, Tel. 036 82/48 79 79, www.hotel-erbprinz.info. Das Schieferhaus in zentraler Lage bietet saubere Zimmer, noch besser ist die Küche des hauseigenen Gasthofes.

Pension am Markt, Pfarrstr. 20, Suhl, Tel. 036 81/397 50, www.pension-am-markt-suhl.de. Kleines privat geführtes Haus, bequeme Zimmer; Sauna, Biergarten.

Restaurant

Goldener Hirsch, An der Hasel 91, Suhl, Tel. 036 81/795 90, www.goldener-hirsch-suhl.de. Stilvolles Restaurant in einem altem Fachwerkbau von 1519. Spezialitäten sind frische Forellen und Wild.

16 Ilmenau

Schon Goethe durchstreifte die Wälder um Ilmenau.

In Ilmenau (26 005 Einw.) verlässt die Ilm, die der Stadt ihren Namen gab, die Berge des Thüringer Waldes und sucht sich fortan ihren Weg durch das vorgelagerte Hügelland in Richtung Saale. Dichte, von vielen Wanderwegen durchzogene Fichtenwälder umgeben die Stadt.

Geschichte Die erste urkundliche Erwähnung verdankt Ilmenau dem Bergbau: 1237 bekam die Stadt das Recht verliehen, das aus dem Berg Sturmheide westlich des Ortskerns geförderte Metall zu Münzen zu prägen. Bis ins 18. Jh. sorgte die Erzförderung für das Auskommen der Ilmenauer, dann begann angesichts schwindender Ressourcen und Misswirtschaft der Niedergang. So entsandte Herzog Carl August von Sachsen-Weimar 1776 seinen Minister Johann Wolfgang von Goethe nach Ilmenau. Er sollte sich um die Wiederbelebung der Wirtschaft bemühen – viel Erfolg hatte er damit jedoch nicht. Dafür verliebte Goethe sich in die Thüringer Wälder und verbrachte fortan immer wieder Zeit in Ilmenau.

Im Zuge der industriellen Revolution erlebte der Ort seinen größten Aufschwung. Um die Nachfrage nach Ingenieuren zu decken, gründete 1894 Eduard Jentzen gemeinsam mit dem Ilmenauer Stadtrat das Thüringische Technikum, aus dem sich die Technische Universität entwickelte. Nur wenige örtliche Betriebe überlebten das Ende der DDR, und so bemühen sich heute die Stadtväter Ilmenaus – durchaus mit Erfolg – um die Ansiedlung zukunftsträchtiger Hochtechnologieunternehmen.

Besichtigung Das Zentrum Ilmenaus bildet der lebendige Marktplatz. Dort steht auch das Amtshaus, in dem Goethe während seiner Aufenthalte in Ilmenau übernachtete. Mittlerweile beherbergt es das **GoetheStadtMuseum** (Am Markt 1, Tel. 036 77/60 02 10, Di–So 10–17 Uhr).

Am anderen Ende der Marktstraße befindet sich die Kirche **St. Jakobus**, äußerlich der Gotik verpflichtet, im Inneren aber barock gestaltet. Der in strahlendem Weiß gehaltene Innenraum schließt die rot marmorierte Altarkanzel ein, wie der Name schon sagt eine Kombination aus Altar und Kanzel.

Nördlich der Innenstadt lockt das **Spielzeugmuseum Ilmenau** (Rottenbachstraße 27, Tel. 01 70/348 16 95, www.spielzeugmuseum-ilmenau.de, Jan.–März Fr–So 14–18, April Mi–So 14–18, Mai–Sept. Mi–So 11–17, Okt.–Dez. Mi–So 14–18 Uhr) kleine und große ›Spielkinder‹ an. Die etwa 4500 Ausstellungsstücke zeigen die gesamte Bandbreite von Spielzeug aus DDR-Zeiten. Per Knopfdruck können viele der Spielzeuge in Bewegung gesetzt werden.

Etwas außerhalb der Innenstadt, am Hang des Berges Sturmheide, stößt man auf Spuren der Ilmenauer Bergbaugeschichte. Hier steht die **Bergmannskapelle** (Besichtigung auf Anmeldung bei Stadtmuseum) – die allerdings nie zum Gebet, sondern für ein Wasserrad genutzt wurde, das Wasser vom Grund der Grube Gottes Gabe abpumpte.

Wie zu Goethes Lebzeiten sind die Räume des GoetheStadtMuseums in Ilmenau gestaltet

Auf Goethes Spuren von Ilmenau nach Stützerbach

TOP TIPP Von Ilmenau aus folgt der anspruchsvolle **Goethewanderweg** (Markierung geschwungenes G, 20 km, ca. 6–8 Std., Rückfahrt mit dem Bus bis ca. 18 Uhr ab Stützerbach, oder mit dem Taxi, Tel. 036 77/66 66 66) den Spuren des Dichterfürsten. Vom Startpunkt am Amtshaus geht es zum Schwalbenstein, wo Goethe den vierten Akt der ›Iphigenie auf Tauris‹ verfasste. Nahe dem idyllisch im Tal der Ilm gelegenen Weiler Manebach beginnt der Aufstieg zum TOP TIPP **Kickelhahn** (861 m, auch 45-minütige Wanderung ab Parkplatz vor Gabelbach an der K56, 3,5 km ab Ilmenau). Der Blick vom Aussichtsturm auf dem Gipfel geht weit über die bewaldeten Hügel bis zum Horizont, in der *Gaststätte Kickelhahn* (Tel. 036 77/20 20 34, tgl. 10–18 Uhr, im Nov. Mo geschl.) kann man sich stärken. In die hölzerne Wand der Schutzhütte auf dem Kickelhahn soll Goethe jene Verse geritzt haben, die jedes deutsche Schulkind kennt: ›Über allen Gipfeln ist Ruh …‹. Die Zeilen sind noch heute zu sehen.

Der Abstieg vom Kickelhahn führt zum **Jagdhaus Gabelbach** (Waldstr. 24, Tel. 03677/20 26 26, April–Okt. Di–So 10–17, Nov.–März Di–So 10–16 Uhr), das im Jahr 1783 für Herzog Carl August erbaut wurde. Auch Goethe suchte das Jagdhaus immer wieder auf, die Räume, in denen er wohnte, sind zu besichtigen. Auch gibt es eine Ausstellung zum Thema ›Der Kickelhahn – Goethes Wald im Wandel‹. Über die Hirtenwiese und den Knöpfelstaler Teich kommt man nach **Stützerbach**. Das Haus des Glashüttenbesitzers, bei dem Goethe Quartier nahm, ist mittlerweile ein **Goethe-Museum** (Sebastian-Kneipp-Str. 18, Tel. 03 67 84/508 60, Sa/So 10–17 Uhr).

i Praktische Hinweise

Information

Ilmenau-Information, Am Markt 1, 98693 Ilmenau, Tel. 036 77/60 03 00, www.ilmenau.de

Hotels

TOP TIPP ******Berg- und Jagdhotel Gabelbach**, Am Gabelbach 1, Ilmenau, Tel. 036 77/86 00, www.hotel-gabelbach.de. Idyllisch gelegenes Romantikhotel am Fuße des Kickelhahn. Mit feinem Restaurant und großem Spa-Bereich.

******Hotel Lindenhof**, Lindenstr. 3–11, Ilmenau, Tel. 036 77/680 00, www.hotel-lindenhof.de. Bestes Haus am Platz.

Restaurant

Zur Post, Mühltor 6, Ilmenau, Tel. 036 77/67 10 27, www.nasse-post.de. Rustikales Wirtshaus, bodenständige Küche

17 Paulinzella

TOP TIPP *Romantische Romanik lädt zur stillen Einkehr ein.*

Eine schmale Landstraße verbindet Paulinzella mit der Außenwelt, und auch die Eisenbahn schnauft gelegentlich am Ort vorbei. Doch braucht es nur wenig Fantasie, um sich bei der Anfahrt entlang des waldgesäumten Rottenbachtals die Abgeschiedenheit vorzustellen, in der Benediktinermönche um das Jahr 1102 das **Kloster Paulinzella** (Ruine immer zugänglich) gründeten.

Der Legende zufolge verirrte sich Gräfin Paulina mit ihrem Gefolge im Wald. Tief in der Nacht erschien ihr Maria und führte sie tiefer in den dunklen Tann. Dort verwandelten sich vor den Augen der Gräfin die hohen Bäume in die Säulen einer Kirche – ein deutliches Zeichen, an dieser Stelle ein Kloster zu gründen.

1124 konnte die Klosterkirche geweiht werden. Der romanische Bau wurde nach den Prinzipien des Hirsauer Reformklosters konzipiert: schlicht, und ganz auf die Verkündigung des Gotteswortes ausgerichtet.

Da die Grafen von Schwarzburg das Kloster nach der Reformation aufhoben, verfielen seine Bauten, allen voran die Kirche. So stehen nur noch die Außenmauern des einst mächtigen Baus, die mit Halbkreisen verzierten Kapitelle der Säulen tragen kein Dach mehr. Das Fresko auf dem Tympanon des Westportals, das in Stufen zurücktretende Säulen rahmen, ist längst verblasst. Und doch: Dem Zauber, der von dieser imposanten Ruine ausgeht, kann sich kaum ein Besucher entziehen. Während der Sommermonate bietet die Klosterkirche den stimmungsvollen Rahmen für Konzerte und Theateraufführungen beim *Kulturfestival* (www.kulturfestival-paulinzella.de, Infos auch bei der Tourist-Information, s.r.)

An den Turmstumpf der Klosterkirche grenzt das **Forstamt** (Paulinzella 2, derzeit wg. Umbau geschl.), ein Fachwerkbau im Stil der Renaissance. Die Schwarzburger Grafen erbauten es 1542, um ihre neu erworbenen Ländereien zu verwalten. Die kleine Ausstellung im Obergeschoss zur Entwicklung der Motorsägentechnik in der Forstwirtschaft ist derzeit im Museum zur Kloster-, Forst- und Jagdgeschichte (s.u.) zu besichtigen.

Um bei ihren Jagdpartien in den Wäldern um Paulinzella eine angemessene Unterkunft zu haben, ließen die Schwarzburger ab 1620 anstelle des alten Abtshauses ein Jagdschloss erbauen. Heute beherbergt es das **Museum zur Kloster-, Forst- und Jagdgeschichte** (Paulinzella 3, Tel. 03 67 39/311 43, Ende Mai–Okt. Mi–So 10–17 Uhr, Nov.–März variabel) sowie ein Restaurant.

i Praktische Hinweise

Information

Tourist-Information, Paulinzella 3, 07426 Königsee-Rottenbach , Tel. 03 67 39/311 43, www.gemeinderottenbach.de

18 Oberweißbach

Mit der Bergbahn in den Heimatort des Kindergartenerfinders.

Wiesen und Weiden umgeben Oberweißbach (1887 Einw.) auf seiner Hochebene im Süden des Thüringer Waldes. Die Hügel entlang des Weißbaches, der

Auch als Ruine ist die Klosterkirche von Paulinzella ein würdevoller, andächtig stimmender Ort

Nach Schweizer Vorbild wurde die Oberweißbacher Bergbahn in den 1920er-Jahren erbaut

den Ort durchfließt, sind nicht allzu steil und laden zu gemächlichen Wanderungen ein.

Die spektakulärste Anreise ermöglicht die **Oberweißbacher Bergbahn** (www.oberweissbacher-bergbahn.com, Tel. 03 67 05/201 34), eine seilgezogene Breitspurbahn. 1923 erbaut, überwindet sie zwischen dem Talort Obstfelderschmiede und Lichtenhain auf der Hochebene von Oberweißbach 322 Höhenmeter bei Steigungen von bis zu 25 %. Die auf dieser Fahrt ohnehin schon grandiose Aussicht wird im Sommer, wenn Cabriowaggons (bei schönem Wetter Mai–Okt. So–Mi) verkehren, noch einmal übertroffen. Kaum im Ort, wird man auch schon der großen, 1779 geweihten **Hoffnungskirche** am Hang über dem Markt gewahr.

Berühmtester Sohn des beschaulichen Weilers ist Friedrich Fröbel (1782–1852). Er erkannte, dass Kinder vor allem beim Spiel ihre Welt erkunden und versuchte, sie entsprechend spielerisch zu fördern. 1839 gründete er in Bad Blankenburg den ersten Kindergarten – sogar der Name stammt von Fröbel. Zur Welt kam er in einem stattlichen Fachwerkbau, das nun als **Fröbelhaus** (Markt 10, Mai–Okt. Mo–Fr 10–12, 13–17, Sa/So 13–17, Nov.–April Mo–Fr 10–12, 13–17, So 13–16 Uhr) an den Pädagogen erinnert. Eine kleine Schau informiert zudem über den Olitätenhandel, also den Verkauf von Kräuterölen und Heilmitteln, mit dem die Oberweißbacher vom 17.–18. Jh. ihr Geld verdienten.

Dieser Erwerbszweig ist auch Thema des Kräuterlehrpfades, der vom Fröbelhaus auf den **Kirchberg** (785 m) führt. Auf dessen Gipfel bietet der 1890 errichtete, 26 m hohe Fröbelturm (Mi–Fr 11–17, Sa/So 10–18 Uhr) eine weite Aussicht ins Weißbachtal.

i Praktische Hinweise

Information

Fröbelstadt Marketing, Markt 10, 98744 Oberweißbach, Tel. 03 67 05/621 23, www.oberweissbach.de

Hotels

*****Burghof**, Sonneberger Str. 67, Oberweißbach, Tel. 03 67 05/68 70, www.hotelburghof.de. Allseits beliebt für freundlichen Service und gute Küche.

*****Waldfrieden**, Meuselbach-Schwarzmühle, Tel. 03 67 05/610 00, www.thueringenhotels.de. Flair-Hotel in parkartiger Umgebung westlich von Oberweißbach.

Restaurant

Berggasthaus Fröbelturm, Auf dem Kirchberg, Oberweißbach, Tel. 03 67 05/620 74, www.fröbelturm.com. Thüringer Spezialitäten und leckere Kuchen.

19 Lauscha

TOP TIPP *Wo das Handwerk auf gläsernen Füßen steht.*

Im schmalen Steinachtal, das teils nur Platz für Straße und Bahnlinie bietet, liegt Lauscha (3654 Einw.). Früher lebten die

Menschen hier vom Wald, von der Köhlerei, aber mehr noch von den kargen Schätzen, die der Berg hervorbrachte: Schiefer, Erz und vor allem Quarz, das seit 1597 der örtlichen Glashütte zur Glasherstellung diente. Bald war Lauscha die Hochburg der Glasherstellung im Thüringer Wald.

Rund um den Hüttenplatz, das alte Ortszentrum, besteht der Ort aus vollständig mit Schiefer verkleideten Häusern. Er schützt die Gebäude bis heute vor der Erosion durch das raue Mittelgebirgsklimas. Einen besonders schönen Blick auf dieses Ensemble hat man von der **Stadtkirche** (Di u. Do 10–12 Uhr, sonst auf Anfrage im Pfarramt, Tel. 03 67 02/ 202 80) am Berghang. Das aus grob behauenen Felssteinen gefügte Gotteshaus erlebte seine Weihe im Jahr 1911. Im *Inneren* zeugen der farbig gefasste Altar und die Ornamente an der Empore davon, dass der Jugendstil auch im Thüringer Wald seine Anhänger fand.

Ein Besuchermagnet ist das neugestaltete, moderne **Museum für Glaskunst** (Straße des Friedens 46, Tel. 03 67 02/207 24, www.glasmuseum-lauscha.de, Di–Sa 12–17, So 11–17 Uhr), das die Geschichte Lauschas, die ja aufs Engste mit der Glasproduktion verknüpft ist, Revue passieren lässt. Es verfolgt die Entwicklung vom einfachen Waldglas, das man im Mittelalter als Butzenscheiben oder Apothekerfläschchen verwandte, bis zum Prunkbecher für die Fürstenhöfe. Zudem erfährt man, wie Ludwig Müller-Uri 1835 das erste Glasauge schuf und warum die Christbaumkugel in Lauscha erfunden wurde.

Wer Glas erwerben oder einem Glasbläser bei der Arbeit zusehen will, der findet an der Straße des Friedens, der Hauptstraße von Lauscha, mehrere Schaubläsereien und Glasgeschäfte.

Schmiedefeld

Über Ernstthal mit seiner Alpinskipiste und einer *Sommerrodelbahn* (www.sommerrodelbahn-ernstthal.de, Mai–Okt. tgl. 10–17 Uhr) kommt man in den 8 km entfernten einstigen Bergarbeiterort Schmiedefeld. Seit 1683 wurde hier aus dem **Schaubergwerk Morassina** (Schwefelloch 1, Tel. 03 67 01/615 77, www.morassina.de, April–Okt. tgl. 10–16, Nov.–März tgl. 11–15 Uhr) Alaunschiefer gefördert, aus dem man bis zum 19. Jh. Vitriol, den Grundstoff von Gerbstoffen, Tinte oder Pflanzenschutzmitteln gewann. Nach der Stilllegung des Stollens 1863 bildeten sich in den verlassenen Gängen Tropfsteine und Salzverfärbungen an den Wänden.

Ins enge Tal der Steinach drängen sich die schiefergedeckten Häuser von Lauscha

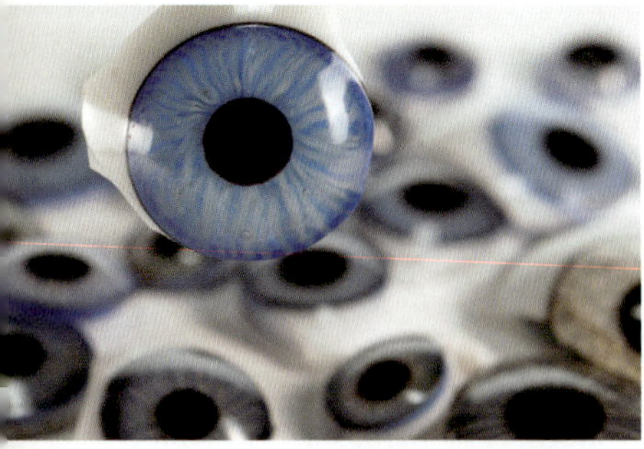

Kaum vom Original zu unterscheiden sind die Augen aus Lauschas Glashütten

Im Haus des letzten Olitätenhändlers des Thüringer Waldes Oswald Unger richtete die Gemeinde das Museum **Beim Giftmischer** (Saalfelder Str. 75, www.beim-giftmischer.de, Tel 03 67 01/202 58, Mi–So 13–17 Uhr) ein. Es erinnert mit Destille, Kräuterfläschchen und Glasballons an Ungers mit ihm ausgestorbenen Berufszweig.

Steinach

Im Neuen Schloss von Steinach, erbaut im 18. Jh. vom Besitzer eines Eisenhammers, ist neben der Touristeninformation auch das **Deutsche Schiefermuseum** (Dr.-Max-Volk-Str. 21, Tel. 03 67 62/306 19, Di–Sa 13–17 Uhr, So 14–17 Uhr) untergebracht. Es zeigt die unterschiedlichen Schieferarten und den Abbau des vielseitig verwendbaren Materials. So wird manchen überraschen, dass Schüler weltweit bis ins 20. Jh. ihre Notizen mit Schiefergriffeln aus dem Thüringer Schiefergebirge niederschrieben.

i Praktische Hinweise

Information

Tourist-Information Lauscha, Straße des Friedens 46 (im Museum für Glaskunst), 98724 Lauscha, Tel. 03 67 02/229 44, www.lauscha.de

Hotels

*****Beck**, Bahnhofstr. 30, Lauscha, Tel. 03 67 02/208 00, www.hotel-beck.com. Freundliches Hotel garni in typischem schieferverkleideten Fachwerkhaus.

Restaurants

Gasthof Gollo, Mittelstr. 2, Lauscha, Tel. 03 67 02/216 14, www.gasthof-gollo.de. Gemütliches Traditionslokal, das u.a. Forellen aus eigener Zucht zubereitet.

Restaurant & Café im Glaszentrum, Straße des Friedens 22a, Lauscha, Tel. 03 67 02/208 06. In diesem Restaurant können Sie während einer Glasbläserschauvorführung die Thüringer Küche genießen.

20 Sonneberg

Spielzeugstadt mit eigener Rennbahn.

Sonnebergs Stadtbild – besonders um den Bahnhofsplatz und in den angrenzenden Straßen – bietet eine willkommene Abwechslung zu den kleinen Orten auf den Höhen des Thüringer Waldes. Stattliche Bauten wie das **Neue Rathaus** von 1927 mit seinem markanten Uhrturm zeugen von der Blütezeit Sonnebergs im 19. und frühen 20. Jh., als die örtlichen Fabrikanten den europäischen Markt für

Die Werkstatt eines Griffelmachers ist im Deutschen Schiefermuseum in Steinach zu sehen

Spielwaren beherrschten. Besonders in der **Cuno-Hoffmeister-Straße**, in die man am Rathaus vorbei durch die Bahnhofsstraße gelangt, finden sich einige repräsentative einstige Spielwarengeschäfte. Leider ist die Glanzzeit Sonnebergs vorbei: Hatten deutsche Teilung und Verstaatlichung zu DDR-Zeiten der Sonneberger Spielwarenproduktion schon schweren Schaden zugefügt, kam mit der Wende 1989 der Zusammenbruch. So gibt es heute nur noch wenige Nischenhersteller am Ort, etwa für hochwertige *Teddybären* (Martin Teddy, Bahnhofstr. 29, Tel. 03675/702008, www.martinbaeren.de), *Plüschtiere* (Plüti, Juttastr. 8, Tel. 03675/89290, www.plueti-nova.de) oder *Modellbahnen* (PIKO, Lutherstr. 30, Ortsteil Oberlind, Tel. 03675/897242, www.piko.de). Ebenfalls im Ortsteil Oberlind kann man auf dem **Dickie-Tamiya Raceway Sonneberg** (Mittlere Motschstr. 9, Tel. 03675/73330, Mai–Sept. 9–18 Uhr) Modellautos über eine Piste sausen lassen.

Die Anfänge der Spielwarenherstellung freilich waren bescheiden: Im Thüringer Wald trugen Frauen und Kinder durch Heimarbeit zum kargen Einkommen bei, und oft halfen die Männer mit Schnitzen und Holzarbeiten. Über diese Zeiten ebenso wie über die Boomphase im 19. Jh. informiert das **Deutsche Spielzeugmuseum** (Beethovenstr. 10, Tel. 03675/4226340, www.deutschesspielzeugmuseum.de, Di–So 10–17 Uhr) in der einstigen, in neobarocken Formen erbauten Industrieschule für Spielzeugmacher von 1901. Attraktion des Museums sind nachgestellte Märchen- und Volksszenen wie die ›Thüringer Kirmes‹, die mit beinahe lebensgroßen Figuren das Jahrmarktgeschehen des 19. Jh. darstellt.

Nun geht es weiter nach Norden, in den ›historischen‹ Ortskern Sonnebergs um den Markt. Hier steht das nach dem Stadtbrand von 1840 errichtete, sich betont mittelalterlich gebende neogotische **Alte Rathaus**. Links davon bevölkern die unterschiedlichsten Meeresbewohner das **Schauaquarium Nautiland** (Marktplatz 2, Tel. 03675/427888, www.schauaquarium-nautiland.de, Di–So 11–17 Uhr).

Gut 200 m über Sonneberg, auf dem Erbisbühl im Ortsteil Neufang, kann man in der **Sternwarte** (Sternwartstr. 32, Tel. 03675/421369, www.astronomiemuseum-sternwarte-sonneberg.de, Di–Fr/So 13–17 Uhr) mit ihrem Astronomiemuseum einen Blick ins Weltall werfen und sich über

Begeisterungsstürme lösen die Kasperlepuppen in Sonnebergs Spielzeugmuseum aus

den Astronomen Cuno Hoffmeister und seine Entdeckungen informieren.

i Praktische Hinweise

Information

Touristinformation und Naturparkcenter Sonneberg, Bahnhofsplatz 3, 96515 Sonneberg, Tel. 03675/702711, www.sonneberg.de

Hotels

Hüttensteinach, Steinacher Str. 118, Sonneberg, Tel. 03675/40800, www.hotel-huettensteinach.de. Liebevoll eingerichtete Zimmer, mit Brauereigasthof und Biergarten.

Berggasthof Blockhütte, Waldstr. 60, Sonneberg, Tel. 03675/702840, www.berggasthof-blockhuette.de. Mitten im Wald, mit tollem Blick über die Stadt. Gemütliche Zimmer.

Restaurant

Alter Fritz, Erholungsstr. 2, Sonneberg, Tel. 03675/743264, www.alterfritzsonneberg.de. Gemütliche Altstadtkneipe (Mo geschl.).

Das Werratal – beschauliche Dörfer und alte Residenzstädte

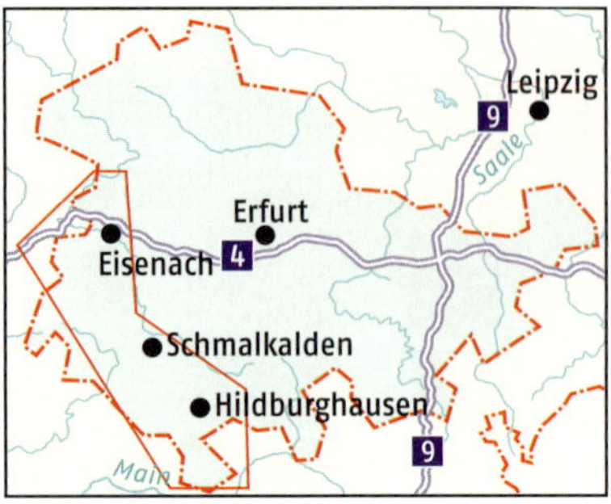

Die Städte im Tal der Werra zeugen bis heute von all den Kleinstaaten, in die Thüringen seit dem 17. Jh. zerfiel. Ob bei **Hildburghausen**, in **Schleusingen** oder **Meiningen**, überall gilt es die Burgen und Schlösser der dort einst ansässigen Adelshäuser zu entdecken.

Mit der **Veste Heldburg** bei Hildburghausen etwa verwirklichte sich Theaterherzog Georg II. von Sachsen-Meiningen den Traum von einer mittelalterlichen Burg. Ganz im Zeichen des Mittelalters steht auch **Schmalkalden**, dessen Fachwerkhäuser von der uralten Verbindung der Stadt hinüber ins Fränkische zeugen.

Dieser alten Beziehung ist auch das **Hennebergische Museum** rund um das Kloster Veßra bei Themar gewidmet, in dem typische Bauernhöfe und Wassermühlen der Region versammelt sind. Ganz auf Kurgäste sind die beiden Solebäder Bad Salzungen und Bad Liebenstein ausgerichtet, und wer die Werra per Kanu oder Fahrrad erkunden will, dem sei eine Fahrt von **Gerstungen** nach **Treffurt** empfohlen.

21 Hildburghausen

Kleinstadtgeschichten vor denkmalgeschützter Kulisse.

Hildburghausen (11784 Einw.) hat sich seit der Wende herausgeputzt. Um den gepflasterten Marktplatz reihen sich stattliche Bürgerhäuser, es gibt das große **Werra Sport- und Freizeitbad** (Oberes Kleinodsfeld 16, Tel. 036 85/40 43 33, www.sprung-frei.de, Mo 14–20, Di–Sa 10–21, So 10–20 Uhr, im Sommer ggf. abweichende Öffnungszeiten) und zahlreiche Wandermöglichkeiten in der Umgebung.

Geschichte Seit seiner Ersterwähnung 1234 teilte Hildburghausen die Geschichte vergleichbarer Städte im Henneberger Land. Im Frühmittelalter erhielt es Stadtrecht, durfte also Märkte abhalten. In den 1520er-Jahren führte der Rat die Reformation ein und der Dreißigjährige Krieg brachte schlimme Verheerungen.

Als 1680 Herzog Ernst der Fromme von Sachsen-Gotha starb, teilten seine sieben Söhne das Herzogtum untereinander auf. So entstand der Kleinststaat Sachsen-Hildburghausen. Die Herzöge erwiesen sich als beflissene Kunstförderer, so verdankt Hildburghausen ihnen sein 1755 eröffnetes **Theater** (Helenenstr., Tel. 036 85/405 83). Die hiesige Herzogstochter Therese begründete 1810 indirekt gar das Münchner Oktoberfest, wurde dessen Vorläufer doch anlässlich ihrer Hochzeit mit dem bayerischen Kronprinzen Ludwig I. erstmals gefeiert. 1826 ging das kleine Herzogtum schließlich in Sachsen-Meiningen auf. Auch unter Meininger Herrschaft erhielt sich das rege Geistesleben. So verlegte 1828 Joseph Meyer sein Bibliographisches Institut von Gotha nach Hildburghausen. Zu DDR-Zeiten war Hildburghausen Grenzstadt, zeitweilig befand sich auf dem Stadtgebiet sogar ein Schlagbaum.

Besichtigung Das **Rathaus** (1595) am Markt ist ein repräsentativer Renaissancebau mit Treppenturm. Auf Anfrage (Tel. 036 85/40 36 89) kann man eine Ausstellung über seine Baugeschichte besuchen, die bis zu einem frühmittelalterlichen Burgmannenhaus zurückreicht. Bei dieser Gelegenheit darf man auch einen Blick in die Wohnung des letzten Hildburghausener Türmers werfen, der bis 1919 seinen Dienst im Rathausturm versah.

Die meisten anderen Häuser um den Markt stammen aus dem 18. Jh. und ersetzten die beim Stadtbrand von 1779 ver-

Die Bilderbuchburg Herzog Georgs II., Veste Heldburg bei Hildburghausen

nichteten Gebäude. Auch an dieses Ereignis erinnert das **Stadtmuseum** (Apothekergasse 11, Tel. 036 85/40 36 89, www.museum-hildburghausen.de, Di–So 10–17 Uhr) in der *Alten Post* nahe dem Markt. Es verfolgt die Entwicklung Hildburghausens vom kleinen Ackerbürgerstädtchen zur Residenzstadt. Ein eigener Raum ist Joseph Meyer gewidmet. In Vitrinen ist die erste Ausgabe von *Meyers Konversationslexikon* (1840–55), dem umfangreichsten Lexikon des 19. Jh. ausgestellt.

Hildburghausens Residenzschloss befand sich bis zu seiner Zerstörung am Ende des Zweiten Weltkrieges im Süden der Altstadt. Immerhin sein sehenswerter, nach englischem Vorbild gestalteter **Park** blieb erhalten.

Ausflug

Im 19. Jh. war es unter den Fürsten des Deutschen Reiches en vogue, mittelalterliche Burgen zu restaurieren und wieder bewohnbar zu machen. In dieser Tradition begann Herzog Georg II. von Sachsen-Meiningen im Jahr 1874, die **Veste Heldburg** (20 km südlich, Tel. 03 68 71/303 30, www.deutschesburgenmuseum.de, April–Okt. Di–So 10–17, Nov.–März Di–So 10–16 Uhr) zu sanieren. Der studierte Kunsthistoriker orientierte sich dabei am Stil der Neorenaissance, ganz im Einklang mit den bestehenden Bauten, die großteils aus dem 16. Jh. stammten. An die außergewöhnliche Lebensgeschichte des Herzogs erinnert die Ausstellung *Gebaute Bilderwelten*. Der leidenschaftliche Theaterliebhaber führte als Mäzen und Regisseur das Meininger Theater zu europäischem Ruhm, war mit den Komponisten Max Reger und Richard Wagner befreundet und heiratete mit Ellen Franz – später von ihm selbst zur Freifrau von Heldburg erhoben – eine bürgerliche Schauspielerin. Bis 2016 soll das Deutsche Burgenmuseum in der Veste eingerichtet werden, eine Pilotausstellung ist bereits zu besichtigen.

Praktische Hinweise

Information

Touristinformation Hildburghausen, Markt 25, 98646 Hildburghausen, Tel. 036 85/405 83, www.hildburghausen.de

Hotels

*****Hildburghausen Grüner Baum**, Ebenhardser Dorfstr. 2, Hildburghausen, Tel. 036 85/40 97 93, www.hotel-hildburg hausen.de. Besonders Radler schätzen das unmittelbar am Werratalradweg gelegene Haus. Mit gemütlichem Restaurant (nur für Hotelgäste), im Sommer lockt der schattige Biergarten.

Von der Keltenburg auf dem Kleinen Gleichberg blickt man hinüber zum Großen Gleichberg

Auf dem Keltenweg nach Römhild

Von Reurieth (8,5 km nordwestlich von Hildburghausen, an der B 89) im Werratal führt ein Teilstück des **Keltenweges** (einfach 11 km, 300 Höhenmeter, ca. 3 Std., Rückfahrt mit Taxi, Tel. 0170/816 09 20) nach Römhild. Durch baumreiche Wälder geht es, mal bergauf, mal bergab, zunächst nach Dingsleben, wo man im Brauereigasthof *Zur Schwarzen Henne* (Dorfstraße 27, Tel. 03 68 73/686 59) einkehren kann, um anschließend zum Kleinen Gleichberg (642 m) aufzusteigen. Dort finden sich Reste einer keltischen Steinsburg, deren Alter Wissenschaftler auf ca. 2000–2500 Jahre schätzen. Der weite Blick von hier oben bot den Kelten Schutz vor überraschenden Besuchern, heute kann man ihn entspannt genießen.

Anschließend steigt man hinab nach Römhild, wo am Weg im **Steinsburgmuseum** (Waldhaussiedlung 8, Tel. 03 69 48/205 61, Di–So 9–17 Uhr) Waffen, Tonwaren und andere Fundstücke vom Kleinen Gleichberg zu sehen sind. Im Ort kann man zudem das **Schloss Glücksburg** (Griebelstr. 28, Tel. 03 69 48/801 40, www.schloss-gluecksburg.de Mai–Okt. tgl. 10–18, sonst Sa/So 11–16 Uhr) besichtigen, zwischen 1465 und 1549 Residenz des Henneberger Grafen von Römhild, nun Stadt- und Keramikmuseum.

*****Eschenbach**, Häselriether Str. 19, Hildburghausen, Tel. 036 85/794 30, www.hotel-eschenbach.de. Hotel am Ortsrand mit komfortablen Zimmern.

Restaurant

Zur Falkenklause, Wilhelm-Rathke-Str. 1, Hildburghausen, Tel. 036 85/70 43 24, www.falkenklause.de. In rustikaler Atmosphäre kann man sich thüringisch-fränkische sowie ungarische Spezialitäten schmecken lassen. Mit Gästezimmern.

22 Schleusingen

Henneberger Residenz mit ansprechendem Stadtbild.

Beim Gang über den Marktplatz und durch die angrenzenden Gassen von Schleusingen (5359 Einw.) fallen besonders die Häuser im fränkisch-henneberger Fachwerkstil auf. Er zeichnet sich durch die Verwendung geschwungener und reich verzierter Andreaskreuze in den Gefachen aus. Als besonders beachtenswertes Beispiel sei die alte Vincentmühle (Mühlenstraße, nicht öffentlich zugänglich) nordwestlich des Marktes genannt.

Seine Blüte erlebte Schleusingen als Residenz der örtlichen Linie der Henneberger Grafen von 1274 bis 1583. Schon der Brunnen am **Marktplatz** erinnert an dieses Geschlecht, ziert ihn doch die Statue der Elisabeth von Henneberg. Die Gemahlin des letzten Henneberger Grafen verkaufte das heutige Rathaus an die Stadt und stiftete den Erlös den Armen – aus Dankbarkeit verewigten die Stadtväter sie auf dem Brunnen.

Auch in der Kirche **St. Johannis** nahe dem Markt stößt man auf die Henneberger. Denn in der Ägidienkapelle fanden die sterblichen Überreste einiger Mitglieder des Geschlechts nach ihrer Überführung aus dem aufgehobenen Kloster Veßra im Jahr 1573 ihre letzte Ruhestätte. Die Grabplatten porträtieren die hohen Herrschaften als stolze Ritter und edle Damen.

Unmittelbar hinter der Kirche zeugt die **Bertholdsburg** (Burgstr. 6, Tel. 03 68 41/53 10, www.museum-schleusingen.de, Di–Fr 9–17, Sa/So 10–18 Uhr) von über 300 Jahren Henneberger Residenz in Schleusingen. Seit einem Umbau in der ersten Hälfte des 16. Jh. präsentiert sich der weitgehend aus Naturstein erbaute Komplex als Renaissanceschloss. Vier Türme flankieren die geschlossene, um einen Hof gruppierte Anlage.

In der naturgeschichtlichen Abteilung des *Schlossmuseums* glitzern die unterschiedlichsten Mineralien aus Thüringer Bergwerken um die Wette, in einem Edelsteinkabinett werden Achate und Diamanten aus aller Herren Länder gezeigt. Besonders vielfältig ist die Sammlung edelsteinbesetzter Tabakdosen. Zahlreiche Landschaftsdioramen laden zudem zu einer Reise durch *300 Millionen Jahre Thüringen*. Eine weitere Ausstellung führt durch die Geschichte der Burg.

i Praktische Hinweise

Information

Fremdenverkehrsbüro Schleusingen, Markt 6, 98553 Schleusingen, Tel. 03 68 41/315 61, www.schleusingen.de

Hotels/Restaurants

Zum Goldenen Löwen, Markt 22, Schleusingen, Tel. 03 68 41/412 78, www.zum-goldenen-loewen-schleusingen.de. Das Traditionshotel am Markt verwöhnt mit regionaler Thüringer Küche.

***Haus am See**, Am langen Teich 3, Schleusingen, Tel. 03 68 41/33 70, www.haus-am-see-schleusingen.de. Ein gastfreundliches modernes Haus in idyllischer Lage; die Terrasse geht direkt auf einen kleinen Teich hinaus; auf gute Hausmacher-Küche können sich die Gäste freuen.

Bis zu ihrem Aussterben Ende des 16. Jh. hatten die Henneberger ihren Sitz auf der Bertholdsburg

Allein das Westwerk der Klosterkirche von Veßra überstand die Zeitläufte relativ unbeschadet

23 Themar

Beschauliches Städtchen am Ufer der Werra.

In Themar (2953 Einw.) und seiner Umgebung erwartet den Besucher Idylle pur: Fachwerk, eine turmbewehrte Stadtmauer und das weite Tal der Werra.

Die Ursprünge Themars reichen zurück ins 8. Jh., seine günstige Lage an den Handelswegen entlang der Werra begünstigte die Entwicklung eines städtischen Gemeinwesens.

Als Katastrophe erwies sich der Dreißigjährige Krieg. Im Jahr 1634 verwüsteten kaiserliche Truppen den Ort und ermordeten den größten Teil der Einwohner. Erst im 19. und 20. Jh. erlebte Themar wieder einen nennenswerten Aufschwung.

Auftakt eines Rundgangs ist der **Marktplatz** mit Rathaus von 1711 und dessen später klassizistisch gestalteter Fassade. Vorbei an schönen Fachwerkhäuser kommt man zur Kirche **St. Bartholomäus** von 1502 am Kirchplatz. Ihr Namenspatron erlitt sein Martyrium durch Häutung und gilt deshalb als Heiliger der Gerber und Färber. Weil diese Berufszweige im mittelalterlichen Themar weit verbreitet waren, avancierte er zum Stadtheiligen. Den massiven Natursteinbau im Stil der Gotik zeichnet sein lichtes Interieur aus. Beachtenswert sind die geschnitzten Bartmannköpfe an den Enden der tragenden Balken. Ein Juwel ist der etwa zeitgleich geschaffene Marienaltar, auf dessen geschnitzten Mittelfeld die Mutter Gottes vom Erzengel Michael und dem hl. Bartholomäus flankiert wird.

Über die nahe Werrabrücke gelangt man hinüber zum Schuhmarkt, wo das 1665 erbaute und in opulentes Fachwerk gehüllte **Amtshaus** (Mo–Fr 9–12 und 12.30–17, Mitte April–Mitte Okt. auch Sa 10–12 und 12.30–15 Uhr) steht. Es beherbergt neben der Touristinformation eine kleine Heimatstube.

Unmittelbar vor den Toren der Stadt liegt **Kloster Veßra** (Tel. 03 68 73/690 30, www.museumklostervessra.de, April–Okt. tgl. 9–18, Nov.–März Di–So 10–17 Uhr). 1131 gründeten es die Henneberger Grafen. Schon das Klostertor, ein 1979 wiedererrichteter Bau des 12. Jh., durch das man die Anlage betritt, zeugt vom ehrwürdigen Alter der Abtei. Geländebeherrschend ragen die zwei Türme über dem Westwerk des romanischen Kirchenbaus in den Himmel. Das Kirchenschiff verfiel nach der Säkularisierung des Klosters 1573, nur die Seitenwände stehen noch. Ein besonderes Kleinod ist die ebenfalls romanische, 1182 geweihte Grabkapelle der Henneberger Grafen, die im Osten an die Kirche grenzt. 1559 wurde dort letztmalig ein Henneberger Graf bestattet.

Der Klosterkomplex gehört zum *Hennebergischen Museum*. In dem weitläufigen, von der alten Klostermauer umgebenen Freiluftmuseum sind mehrere Fachwerkhäuser im fränkisch-henneberger Stil versammelt, darunter eine Wassermühle und eine Schmiede. In ehemaligen Scheunen und Stallungen sind Ausstellungen untergebracht, darunter eine über die Geschichte der Henneberger. Am liebevoll angelegten Klostergarten gibt es ein Café.

Ausflug

Eine Südthüringer Besonderheit sind die Kirchenburgen. Die bäuerlichen Siedlungen der Region hatten bis ins 14. Jh. unter Slaweneinfällen, Raubzügen der Ungarn und Fehden innerhalb des Hauses Henneberg zu leiden. Da die Bauern ihre Dörfer schon aus Kostengründen nicht mit einer Mauer umgeben konnten, stockten sie die Mauern der Friedhöfe auf und befestigten so ihre Gotteshäuser. Eine dieser Kirchenburgen findet sich in **Vachdorf**, von Themar aus etwa 8 km Werra abwärts. Über der hohen Ringmauer mit Brustwehr erhebt sich ein Torturm, weithin sichtbar ist der Hutturm, von dem aus nach nahenden Feinden Ausschau gehalten wurde. Um den Kirchhof stehen gedrungene Fachwerkhäuser. Der jetzige Bau der Kirche (Schlüssel im Pfarramt) wurde 1633 geweiht. Emporen und Facettendecke sind im Stil der Renaissance gehalten, der Kanzelaltar dagegen ist bereits barock geprägt.

Einmal rund um Themar

Ein erlebnisreicher Rundwanderweg (ca. 3,5 Std., 13 km, 180 Hm, Beschilderung: Werra-Burgen-Steig und Werratalradweg) führt von Themar aus zu den Sehenswürdigkeiten in der Umgebung. Startpunkt ist das Amtshaus am Schuhmarkt. Nach etwa 2 km ist der **Eingefallene Berg** erreicht. Einer Sage zufolge entstand die ebenso imposante wie bizarre Felswand, als der Berg auf ein sündiges Dorf stürzte.

Oberhalb der Werra geht es weiter nach Grimmelshausen – Heimatort des Vaters von Hans Jakob Christoffel von Grimmelshausen (um 1622–76), dem Autor des Simplicissimus – und dann auf die andere Seite des Flusses zum **Kloster Veßra**. Für den Rückweg nach Themar orientiert man sich am Werratal-Radweg.

i Praktische Hinweise

Information

Touristinformation Themar, Schuhmarkt 6, 98660 Themar, Tel. 03 68 73/ 697 32, www.themar.de. Auch Verleih von Audioführern.

Hotel/Restaurant

Waldhof, Beinerstädter Str. 3, Themar, Tel. 03 68 73/604 19, www.waldhof-themar.de. Rustikaler Fachwerkbau mitten im Wald, etwa 2 km vom Zentrum entfernt. Gemütliche Zimmer und Restaurant (Do geschl.).

24 Meiningen

Die Liebhaberei eines Herzogs bringt großes Theater in die Provinz.

Meiningen (20 800 Einw.) wirkt recht weitläufig, hatte der Ort in der weiten Talaue der Werra doch ausreichend Platz, sich auszubreiten. Da die Stadt seit 1680 die Residenz des Herzogtums Sachsen-Meiningen unter Bernhard I. war, finden sich auch hier die typischen Ingredienzien Thüringer Kleinstaaterei, vom Schloss über mehrere repräsentative Palais bis zum herzoglichen Park.

Vor allem klassizistische Fassaden prägen den weitläufigen **Marktplatz** Meiningens, fiel doch ein Großteil der mittelalterlichen Bebauung im Jahr 1874 einem Stadtbrand zum Opfer. An seinem südlichen Rand steht die **Marienkirche** (Di–Fr 10–17 Uhr, Turmbesteigung Mai–Okt. 14–18 Uhr), die seit ihrer ersten Weihe um 1008 immer wieder umgebaut und erweitert wurde. Seit 1889 dominieren neogotische Architekturformen das Kirchenschiff und die beiden Türme.

Noch ganz mittelalterlich präsentieren sich viele Fachwerkhäuser entlang der Georgstraße, die gen Norden vom Markt wegführt. Besonders das **Büchnersche Hinterhaus** (Nr. 20) von 1596 ist mit den Andreaskreuzen unter den Fenstern ein Paradebeispiel des hennebergisch-fränkischen Stils.

Wendet man sich an der von der Georgstraße abzweigenden Postgasse nach links, so gelangt man nach wenigen Metern zum **Schloss Elisabethenburg** (Tel.

Farbenfroh: der Marktplatz in Meiningen mit Heinrichsbrunnen

036 93/50 36 41, www.meiningermuseen.de, Di–So 10–18 Uhr). Unmittelbar nachdem Bernhard I. sich für Meiningen als Residenz seines neuen Herzogtums entschieden hatte, begann der Umbau der alten Burg zum repräsentativen Renaissanceschloss. Die herzoglichen Wohnräume sind mit Malerei, Plastik und Kunsthandwerk aus mehreren Jahrhunderten ausgestattet. Eine *Sammlung historischer Musikinstrumente* (www.musikgeschichte-meiningen.de) mit eigenem Klangstudio, rundet das Erlebnis Schloss ab. Abschließend kann man im *Turmcafé* (Tel. 036 93/88 10 36) unter den Stuckengeln des Hessensaales eine stilvolle Rast einlegen.

In der Reithalle neben dem Schloss befindet sich das **Theatermuseum** (Tel. 036 93/50 36 41, Vorführungen Di–So 10, 12, 14 und 16 Uhr). Mit seiner Sammlung Meininger Bühnenbilder erinnert es an die Regentschaft des kunstsinnigen Herzogs Georg II. (1826–1914). Er förderte das Ensemble *Die Meininger*, führte häufig selbst Regie und machte auf 81 ausgedehnten Gastspielreisen den Namen der Stadt weit über die Grenzen Thüringens hinaus berühmt.

Bis heute übersteigt die Qualität der Aufführungen im **Meininger Theater** (Bernhardstr. 5, Tel. 036 93/45 12 22, www.das-meininger-theater.de, Theaterführungen tgl. 8.45–10 und 14–16 Uhr) alles, was man in einer Kleinstadt üblicherweise erwarten würde. Hinter dem Theater erstreckt sich der mit allerlei Staffagebauten geschmückte *Englische Garten*.

Praktische Hinweise

Information

Tourist-Information Meiningen, Markt 14, 98617 Meiningen, Tel. 036 93/446 50, www.meiningen.de

Hotels

******Sächsischer Hof**, Georgstr. 1, Meiningen, Tel. 036 93/45 70, www.saechsischerhof.com. Erstes Haus am Platze, 1802 als Logierhaus erbaut. Große elegante Räume, exzellente Küche. Zentrale Lage, aber ein Teil der Zimmer geht auf die recht befahrene Straße.

TOP TIPP *****Altstadt Hotel**, Baumbachstr. 2, Meiningen, Tel. 03693/87690, www.altstadthotel-meiningen.de. Gute, ruhige Ausgangslage direkt am Rande der Altstadt und der vorbeifließenden Werra. Freundlicher Service, geräumige Zimmer.

*****Ernestiner Hof**, Ernestiner Str. 9, Meiningen, Tel. 0800/673 82 95, www.meininger-hotels-mit-flair.de. Hotel garni in Rokoko-Kavaliershaus mit gepflegter

Atmosphäre; herrlicher Garten, bezauberndes Barockcafé mit exzellenten Kuchenspezialitäten.

Pension Carola, Leipziger Str. 34, Meiningen, Tel. 036 93/50 30 11. Angenehmes Haus, theater- und innenstadtnah, Parkplätze am Haus.

Restaurants

Braustübl Sudpfanne, Am Bielstein 3, Meiningen, Tel. 036 93/886 68 16. Privatbrauerei am nördlichen Stadtrand, linkes Werraufer. Gutbürgerliche Küche und frisch gebrautes Bier.

Schloss-Stuben, Schlossplatz 1, Meiningen, Tel. 036 93/50 23 44, www.schloss-stuben-mgn.de. Gutbürgerliche Küche im historischen Ambiente von Schloss Elisabethenburg.

Henneberger Haus, Georgstr. 2, Meiningen, Tel. 036 93/50 89 90, www.meiningen-hotel.de. Tradition, Stil und Atmosphäre vereinen sich zu einem exquisiten Ausgeherlebnis.

Schlundhaus, Schlundgasse 4, Meiningen, Tel. 036 93/881 90, www.meininger-hotels-mit-flair.de. Historisches Gasthaus im Zentrum; Kaminzimmer, Biergarten, regionale Spezialitäten, z. B. original ›Hütes‹ (wie hier die Thüringer Klöße heißen).

Meiningens Schillerwanderweg

Der **Schillerwanderweg** (einfach 10,5 km, ca. 2,5 Std., 200 Höhenmeter, Rückfahrt wochentags mit Bus-Shuttle, ca. 15.30 Uhr, Tel. 036 93/446 50, Taxi Tel. 036 93/474 70) vom Meininger Schlossplatz nach Bauerbach folgt tatsächlich den Spuren des Dichters. Er floh nämlich 1782 vor Schulden und dem württembergischen Herzog Carl Eugen in die Obhut der Reichsfreiherrlichen Familie von Wolzogen, die in Bauerbach Ländereien besaß, und gelegentlich marschierte der Dichter von dort nach Meiningen.

Nach dem Besuch des *Schiller-Museums* (Bauerbach, Hauptstr. 3, Tel. 03 69 45/503 01, www.klassik-stiftung.de, April–Okt. Di–So 10–17, Nov.–März Di–So 11–15 Uhr) im Gutshaus, das bis heute eingerichtet ist wie Ende des 18. Jh. und einer Einkehr im Gasthof *Zum Braunen Ross* (Friedrich-Schiller-Straße 17, Tel. 03 69 45/51 94 00, www.zum-braunen-ross-bauerbach.de) können Unverzagte von Bauerbach aus dem Burgenweg zur Ruine der 3 km entfernten *Henneburg* (immer zugänglich, auch ab Henneberg, 10 km südlich von Meiningen an der B19) folgen. Sie war Stammsitz des gleichnamigen Grafengeschlechts, das bis 1583 den südlichen Thüringer Wald beherrschte und der Region ihren historischen Namen verlieh.

Revolutionäre Wirren am Meininger Theater: Aufführung der Oper Andrea Chénier

Schönstes Fachwerk schmückt die Häuser Schmalkaldens – wie hier die sogenannte Insel

25 Schmalkalden

TOP TIPP *Die Bilderbuch-Fachwerkstadt machte als Trutzburg des Protestantismus Geschichte.*

In einem Seitental der Werra, an der Schmalkalde, prunkt Schmalkalden (19 798 Einw.) mit dem schönsten Ortsbild des Henneberger Einflussgebietes.

Geschichte Nach dem Aussterben der Thüringer Landgrafen Mitte des 13. Jh. fiel das 874 erstmals urkundlich erwähnte Schmalkalden an die Henneberger Grafen. Ab 1360 teilten sie sich die Regentschaft mit dem Landgraf von Hessen, was dazu führte, dass viele Ämter der Stadt doppelt besetzt waren und es häufig zu Streitereien zwischen den Landesherren kam – nicht eben zum Vorteil der Stadt.

Da es in der Handelsstadt ausreichend Unterkünfte gab und sie aus allen Himmelsrichtungen gut zu erreichen war, riefen die Protestanten Kurfürst Johann von Sachsen und Landgraf Philipp von Hessen-Kassel 1531 mehrere der Reformation zugeneigte Reichsstände nach Schmalkalden, um ein Verteidigungsbündnis gegen Kaiser Karl V. zu schmieden. Der Kaiser hatte auf dem Augsburger Reichstag im Vorjahr den protestantischen Fürsten und Städten mit der Reichsexekution – also Krieg – gedroht, sollten sie nicht zum katholischen Glauben zurückkehren.

In den folgenden 15 Jahren spitzte sich der Konflikt zwischen den beiden Lagern zu. So kam es im Schmalkaldischen Krieg (1546–47) zur offenen Konfrontation, die Karl V. in der Schlacht bei Mühlberg für sich entschied. Dieser Erfolg erwies sich allerdings als Pyrrhussieg, denn schon im Augsburger Religionsfrieden von 1555 musste der Kaiser den protestantischen Ständen nachgeben und ihnen nach dem Prinzip ›Cuius regio, eius religio‹ (Wessen Land, dessen Religion) das Recht der freien Religionswahl zugestehen.

Nachdem 1583 die Doppelherrschaft von Hessen und Henneberg geendet hatte, gelangte Schmalkalden an das Haus Hessen-Kassel. Dank reicher Erzvorkommen in der Umgebung blühte die Stadt auf, *Schmalkalder Artikel* wurden im ganzen Deutschen Reich Inbegriff qualitätvoller Werkzeuge. Der Niedergang kam dann mit den Verheerungen des Dreißigjährigen Kriegs (1618–48).

Schon Anfang der 1980er-Jahre begann die Instandsetzung der Schmalkaldener Altstadt: Die DDR-Regierung hatte

Schmalkalden zum Schauplatz von Folklore-Festen auserkoren, und da konnten gestrichene Hausfassaden zur Umrahmung nicht schaden.

Besichtigung Ein Rundgang könnte am Altmarkt beginnen. Gleich drei Gebäude bilden dort das **Rathaus**. Ältester Teil ist die *Steinerne Kemenate* von 1419 in der Mitte. Dort trafen sich 1530–43 die Mitglieder des Schmalkaldischen Bundes. Im Foyer sind die Wappen der im Bund vereinten Fürsten sowie ein Stadtmodell Schmalkaldens im 16. Jh. zu sehen.

Neben dem Rathaus steht die 1437-1509 errichtete spätgotische Hallenkirche **St. Georg** (Mai/Juni, Okt. Mo–Sa 10.30–15.30, Juli–Sept. Mo–Sa 10.30–17, Nov.–April Mo–Sa 11–12, 14–15 Uhr). Schon im Jahr 1525 ließ Landgraf Philipp hier protestantische Predigten halten, und während der Versammlung des Schmalkaldischen Bundes im Jahr 1537 verkündete Martin Luther von der Kanzel die *Schmalkaldischen Artikel*, in denen er den katholischen Lehren seine Auffassungen gegenüberstellte. In der *Lutherstube* über der Sakristei zeigt das Kirchenmuseum Messgeschirr und Altarbilder der Gotik.

Zwischen den vom Altmarkt abzweigenden Straßen Mohrengasse und Soldatensprung fällt ein kleines, ausgesprochen pittoreskes Fachwerkhäuschen auf. Es gehört zur sog. **Insel**, einer Anfang des 15. Jh. entstandenen Gebäudezeile. Über die Mohrengasse kommt man sodann zur **Salzbrücke**, einem von Cafés und kleinen Geschäften belebten Platz. Von ihr führt die Steingasse, in der die renovierte Rosenapotheke (Nr. 11) mit ihrem steilen Treppengiebel besondere Beachtung verdient, zum Lutherplatz. Er verdankt seinen Namen dem in reichem Fachwerk erbauten **Lutherhaus**, in dem der Reformator mehrmals übernachtete.

TOP TIPP Nun geht es hinauf zum **Schloss Wilhelmsburg** (Tel. 036 83/40 31 86, www.museumwilhelmsburg.de April–Okt. tgl. 10–18, Nov.–März. Di–So 10–16 Uhr). Landgraf Wilhelm IV. zu Hessen ließ es 1585–90 zur Festigung seines Anspruchs auf Schmalkalden zu einem Renaissanceschloss umbauen. Allerdings blieben dabei Räume der älteren Burg Waltaff aus romanischer Zeit erhalten – unter ihnen ein wahres Kleinod: der Keller unter der Schlosskirche. Seine Wände zieren die ältesten profanen Wandgemälde Nordeuropas mit Szenen aus dem *Iwein-Epos*, das sich im Mittelalter größter Beliebtheit erfreute. Das Original befindet sich im Hessenhof, im Zentrum der Stadt, der jedoch nicht öffentlich zugänglich ist. Daher muss man hier mit einer getreuen Kopie vorlieb nehmen. Das Ende des Mittelalters nimmt die Ausstellung *Aufbruch in die neue Zeit* in den Blick. Sie verfolgt die epochalen Veränderungen, die Europa im 15. und 16. Jh. durchlebte: Von der Rückbesinnung auf die Antike während der Renaissance über die Entdeckung der Neuen Welt durch Kolumbus bis zur Reformation.

Den reformatorischen Prinzipien folgt auch die 1590 geweihte **Schlosskapelle**, die ganz auf den Ort der Verkündung ausgerichtet ist: Die Kanzel hängt hier nicht an einem Seitenpfeiler, sondern unmittelbar über dem Altar.

An Abbau und Verhüttung von Eisenerz, die bis ins 20. Jh. zum Auskommen der Schmalkaldener beitrugen, erinnern zwei technische Denkmäler. Im Ortsteil Asbach kann man in das **Besucherbergwerk Finstertal** (Tel. 036 83/48 80 37, April–Okt. Mi–So 10–17, Juli/Aug. auch Di 15–17 Uhr) einfahren. An dessen Stollenwänden leuchten Mineralien im Schein der Grubenlampen in allen Farben des Regenbogens.

Das geförderte Erz wurde anschließend in der **Neuen Hütte** (An der L 1026 zwischen Schmalkalden und Floh-Seligenstadt, Tel. 036 83/40 30 18, April–Okt. Mi–So 10–17, Nov.–März Mi–Fr 10–16, So 12–16 Uhr) verhüttet. Eine Wasserkunst treibt bis heute ein Mühlrad an, das dem Hochofen Luft zuführte.

Durch das Hauptportal der Wilhelmsburg blickt man auf die Türme von St. Georg

i Praktische Hinweise

Information

Tourist-Information Schmalkalden, Mohrengasse 1a, 98574 Schmalkalden, Tel. 036 83/40 31 82, www.schmalkalden.com

Hotels

*****Patrizier**, Weidebrunner Gasse 9, Schmalkalden, Tel. 036 83/60 45 14, www.stadthotel-patrizier.de. Stilvolles Altstadthotel mit elegantem Flair.

*****Teichhotel**, Teichstr. 21, Schmalkalden, Tel. 036 83/40 26 61, www.teichhotel.de. Gut ausgestattetes Haus etwa 10 Fußminuten von der Altstadt.

Pension Schlossblick, Pfaffengasse 12, Schmalkalden, Tel. 036 83/40 75 83, www.pension-schlossblick.info. Familiär geführte Pension in denkmalgeschütztem Fachwerkhaus.

Restaurants

Berggasthof Queste, Questenweg 5, Schmalkalden, Tel. 036 83/40 24 43, www.queste-schmalkalden.de. Gasthof auf dem 1,5 km vom Zentrum entfernten Berg Queste (425 m); frisch zubereitete Gerichte und gute Weinauswahl.

Zum Kirchhof, Kirchhof 14, Schmalkalden, Tel. 036 83/40 11 39. Gemütliches Restaurant mit Terrasse; hausgemachte Thüringer Spezialitäten.

26 Bad Salzungen und Bad Liebenstein

Reizvolle Kurorte versprechen Heilung und gepflegtes Ambiente.

Früh erkannten die Menschen den Wert der salzhaltigen Quellen von **Bad Salzungen**. So berichtet der römische Geschichtsschreiber Tacitus im Jahr 58 n. Chr. von einer ›Salzschlacht‹, deren Schauplatz wohl der heutige Kurort war. Als Karl der Große die Erträge der Villa Salsunga im Jahr 775 an das Kloster Hersfeld verschenkte, gab es dort bereits eine relativ ausgefeilte Salzsiede.

Bis ins 16. Jh. gewannen die Salzunger den wertvollen Rohstoff durch Erhitzen der Sole in Siedepfannen. Da damit aber ein gewaltiger Holzverbrauch verbunden war, ging man dann dazu über, *Gradierwände* zu nutzen. Dabei ließ man die Sole über Stroh oder Reisig rinnen, wobei das Salz an den Ästchen auskristallisierte.

Als 1843 bei Tiefbohrungen hochkonzentrierte Sole entdeckt wurde, verloren die Gradierwerke ihre ursprüngliche Bedeutung. Weil aber schon seit 1801 die beim Gradierprozess entstehenden salzhaltigen Nebel für Kuren der Atemwege genutzt wurden, blieb zumindest eine 1797 erbaute Gradierwand erhalten. Gemeinsam mit einer weiteren, 1906 hinzugekommenen Wand bildet sie als **Gradierwerk** (Am Gradierhaus, tgl. 8–19 Uhr) den Höhepunkt der Bad Salzunger Kuranlagen. In unmittelbarer Nähe befindet sich das **Keltenbad** (Tel. 036 95/693 40, www.keltenbad.de, tgl. 10–22 Uhr) mit Fitness- und Wellnessbereich.

An den mit Reisig bedeckten Wänden des Gradierwerks lagern sich die Salzkristalle ab

Hinter den Bäumen des Kurparks von Bad Liebenstein versteckt sich der Brunnentempel

Auf dem Weg vom Keltenbad in die beschauliche Altstadt Bad Salzungens sollte man einen Abstecher zum **Nappenplatz** machen. Hier trat eine der Quellen aus dem Boden, denen der Ort seine Existenz verdankt. In den angrenzenden Straßen, besonders in der Silge, finden sich noch einige der kleinen Salzsiederhäuser, die vom ärmlichen Leben der Salzsieder zeugen.

Die **Altstadt** rund um den Markt ist schnell durchschritten. Hier steht das rot gestrichene Rathaus, ein schlichter Barockbau von 1790 und, am nahen Kirchplatz, die klassizistische Stadtkirche. Dort befindet sich auch das gleichfalls klassizistische Amtsgericht, das auf den Grundfesten der alten Schnepfenburg steht. Sodann gelangt man zum Park rund um den idyllischen **Burgsee**. Ihn umgeben Kurkliniken und stattliche Wohnhäuser.

Wer sich länger in Bad Salzungen aufhält, den mag auch das **Stadtmuseum ›Türmchen‹** (August-Bebel-Str. 69, Tel. 036 95/60 62 49, Di 12–16, Mi, Do 8–16, Fr 8–12, So 14–17 Uhr) interessieren, das in einem Fachwerkhaus von 1499 mit Glockenturm residiert.

Bad Liebenstein

Seit dem Ende des 18. Jh. kurten im 5 km von Bad Salzungen entfernten Bad Liebenstein (3971 Einw.) die Meininger Herzöge. So präsentiert sich der Kurbezirk rund um die Esplanade als Musterbeispiel klassizistischer Bäderarchitektur. Ein Spaziergang führt vorbei am **Brunnentempel** (1816) und dem alten Kurhaus mit dem **Kultur Hotel Kaiserhof** (Esplanade 9, Tel. 03 69 61/733 70, www.kulturhotel-kaiserhof.de). Ein hochmodernes Kurhaus am Park ergänzt das Angebot. In der parallel zur Esplanade verlaufenden Herzog-Georg-Straße befinden sich das Kurtheater und das **Palais Weimar**, Anfang des 19. Jh. als Witwensitz der Meininger Herzogin Eleonore erbaut.

3 km nördlich vom Ortszentrum Liebensteins versteckt sich **Schloss Altenstein** (Altenstein 4, Tel. 03 69 61/334 01, www.schloss-altenstein.de, tgl. 11–16.30 Uhr) in einem zauberhaften Park. Theaterherzog Georg II. ließ das Renaissanceschloss zu einem Landhaus im Stil der englischen Neogotik mit Erkern und Zinnen umbauen. Leider brannte es 1982 aus und ist nicht zugänglich. Zwei *Ausstellungen* (tgl. 11–16 Uhr) am Eingang zum Schlosspark, eine im Infozentrum, die andere im Hofmarstallamt, dokumentieren die Geschichte Altensteins.

Im Wald östlich des Schlosses (vom Schloss 3 km Wanderung, blaue Markierung, sonst ab Bad Liebenstein L 1027, Parkplatz kurz nach Steinbach) trug sich 1521 die Scheinentführung Martin Luthers durch die Männer des sächsischen Kurfürsten Friedrich des Weisen zu. Ein **Lutherdenkmal** in Form eines Obelisken markiert den Ort des Geschehens.

Ausflug

Dass in Bad Salzungen und Bad Liebenstein salzhaltige Sole aus dem Boden sprudelt, kommt nicht von ungefähr. Denn tief unter der Erde verbergen sich in dieser Region gewaltige Kalisalzvorkommen. 8 km westlich von Bad Salzungen fördert der K&S-Konzern den Rohstoff, der als Düngemittel unersetzlich ist. Im **Erlebnis Bergwerk Merkers** (Zufahrtstr. 1, Tel. 036 95/ 61 41 01, www.erlebnisbergwerk.de, Führungen April–Okt. Di–Sa 9.30, 13.30, So 10.30, Nov.–März Di–Sa 9.30, 13.30 Uhr, Anmeldung empfohlen), Teil des größten Kalibergwerks der Welt, wird man über den Kaliabbau informiert. In einer Tiefe von bis zu 750 m bekommt man den größten unterirdischen Schaufelradbagger der Welt und eine Grotte mit riesigen Salzkristallen zu sehen.

Praktische Hinweise

Information

Touristinformation Bad Salzungen, Am Flößrasen 1, 36433 Bad Salzungen, Tel. 036 95/69 34 20, www.badsalzungen.de

Gästeinfo Bad Liebenstein, Herzog-Georg-Straße 64, 36448 Bad Liebenstein, Tel. 03 69 61/693 20, www.bad-liebenstein.de

Hotel

*****Fröbelhof**, Heinrich-Mann-Str. 34, Bad Liebenstein, Tel. 03 69 61/510, www.froebelhof.de. Ruhig am Waldrand gelegen.

Restaurant

Calabria, Am See 19, Bad Salzungen, Tel. 036 95/60 80 50. Italienisches Restaurant mit großer Terrasse zum Burgsee.

In der Kristallgrotte tief im Bergwerk Merkers beeindrucken enorme Salzkristalle

Sportlicher Dreiklang an der Werra

Zwischen Gerstungen und Treffurt schlängelt sich die Werra durch Auenwälder, Wiesen und Weiden. Hervorragend beschildert begleitet ihn der **Werratal-Radweg** (von Bahnhof Gerstungen bis Bahnhof Eschwege-West, ca. 70 km). Sportliche Radler schaffen die Strecke an einem Tag. Wer jedoch die vielen Sehenswürdigkeiten unterwegs kennenlernen will, der sollte zwei Tage einplanen.

Als Einstimmung könnte man in **Gerstungen** das *Werratalmuseum* (Sophienstr. 4, Tel. 03 69 22/314 33, Mai–Okt. tgl. 14–17 Uhr) im sog. Schloss aufsuchen. Die Ausstellung berichtet anschaulich über Geschichte, Geologie und Volkskunde der Gegend. Rechts der Werra geht die Fahrt nun nach Norden. Von der anderen Uferseite grüßen die Rundtürme der **Brandenburg** (km 11) aus dem 12. Jh.

Ein nächster Höhepunkt ist die **Liboriuskapelle** (km 25) von 1499. In ihrem Inneren schildern Fresken Szenen aus dem Leben Christi und der hl. Elisabeth von Thüringen. Gemeinsam mit der siebenbogigen Werrabrücke von 1223, an deren Kopf sie steht, bildet sie ein famoses mittelalterliches Bauensemble. Die Brücke führt hinüber nach **Creuzburg**, über das die gleichnamige, ab 1165 erbaute *Festung* (Tel. 03 69 26/ 825 33, April–Okt. Di–Sa 12–17, So 10–17, Nov.–März Do–So 12–16 Uhr) wacht. Eine Ausstellung in der Elisabethkemenate, dem letzten verbliebenen romanischen Raum, erinnert an die Heilige, die ihren Sohn Hermann auf der Burg zur Welt brachte.

Weiter führt der Radweg durch den malerischen, etwa 20 km langen Werradurchbruch, den der Fluss in die Kalksteinfelsen des Hainich grub.

Nächster größerer Ort ist das von einer Stadtmauer aus dem 14. Jh. umgebene **Treffurt** (km 49). Zier der Stadt ist das *Rathaus* von 1549. Originell ist die Geschichte des *Ohrfeigenhauses* (Puschkinstr., gegenüber Touristinfo): Es soll so heißen, weil sein Erbauer, der örtliche Amtmann, 1609 wegen des protzigen Baus eine Ohrfeige von seinem fürstlichen Vorgesetzten bekam. Über Treffurt erhebt sich eindrucksvoll

Dichte Auenwälder begleiten mancherorts die gemächlich dahinfließende Werra

die *Burg Normannstein* (Tel. 036923/838 99, www.burg-normannstein.de). In der im 9. Jh. erbauten Ritterburg informiert eine kleine Ausstellung über ihre wechselvolle Geschichte, es gibt Gästezimmer und eine Restaurant (Mo/Di nur nach Vereinb.).

Kurz hinter Treffurt passiert der Radweg die Landesgrenze nach Hessen. Von dem Fachwerkort Wanfried aus geht es nach **Eschwege** (km 70). Bevor man sich vom Bahnhof Eschwege-West auf die Heimreise macht, kann man noch einmal durch die mittelalterliche *Altstadt* flanieren. Eine erfrischende Alternative ist ein Bad im *Werrasee* (2 km vor Eschwege bei Aue den Werra-Radweg verlassen und Flusssseite wechseln, weiter nach Schwebda, 2 km Umweg).

Für die etwa 50 km lange Wanderung von Gerstungen nach Treffurt auf dem **Werra Burgen Steig** (www.werraburgen-steig.de, insg. 500 km) sollte man ebenfalls mindestens zwei Tage einplanen. Im Gegensatz zum Radweg bleibt er nicht unmittelbar am Fluss, sondern steigt auch einmal die Hänge beiderseits des Werratales hinauf, berührt jedoch alle oben beschriebenen Orte Thüringens. In Creuzburg verlässt er das Werratal, um den höchsten Berg der Region, den Heldrastein (503 m), zu erklimmen. Der Abstecher lohnt allemal: Vom 30 m hohen Turm der Einheit auf dem Gipfel bietet sich eine unübertroffen weite Aussicht.

Ein einmaliges Erlebnis schließlich ist es, die 54 Flusskilometer zwischen den beiden Orten mit dem **Kanu** (zwei Tage, je nach Kanuverleih mit Rücktransport und Tourguide) zurückzulegen. Man blickt vom Wasser aus zu den Burgen, paddelt durch den Werradurchbruch und kann, da jeder Ort am Ufer über Anlegestellen verfügt, die Fahrt jederzeit für eine Besichtigungstour unterbrechen. Auch die vier den Fluss unterwegs versperrenden Wehre sind kein Problem, gibt es doch bestens ausgebaute Umtragestellen.

i Praktische Hinweise

Information

Werratal Touristik e.V., Am Flößrasen 1, 36433 Bad Salzungen, Tel. 036 95/86 14 59, www.werratal.de

Kanuverleih

Krumo's Kanu, Beethovenstr. 1, Solms, Tel. 064 42/921 18, www.krumos.de

Hotels

***__Auf der Creuzburg__, Burgberg 1, Creuzburg, Tel. 03 69 26/713 04,

Graues Schloss, Thomas-Müntzer-Str. 4, Mihla, Tel. 03 69 24/422 72, www.graues-schloss.de

Stiftsgut Wilhelmsglücksbrunn, Creuzburg, Tel. 03 69 26/710 03 20, www.wilhelmsgluecksbrunn.de

Restaurants

Alte Posthalterei, Plan 1, Creuzburg, Tel. 03 69 26/60 14, www.c-hap.de

Ratskeller, Rathausstr. 12, Treffurt, Tel. 03 69 23/83 88 84, www.ratskeller.treffurt.de

Thüringens Südosten – an der Saale hellem Strande

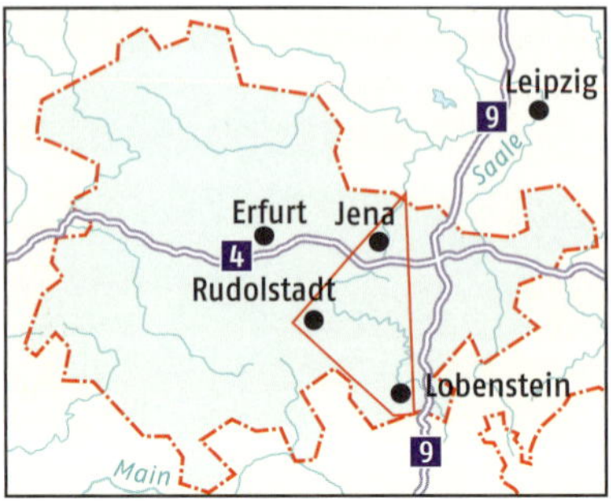

In behäbigen Schleifen windet sich die aufgestaute Saale durch das stille ostthüringische Schieferbergland. Auf **Bleiloch**- und **Hohenwartetalsperre** verkehren Ausflugsschiffe, an den Ufern der künstlichen Seen gibt es Campingplätze und Freibäder. Interessante Einblicke in die Geschichte der Wasserkraft erlaubt das Museum von **Ziegenrück**, auf **Schloss Burgk** hoch über dem Fluss überrascht das anspruchsvolle Museum für Buchkunst.

Über **Rudolstadt** grüßt die Heidecksburg mit ihren herrlichen Prunkräumen und einer zauberhaften Porzellanausstellung, und auch **Kahla** unterhalb der Leuchtenburg kann auf eine lange Tradition der Porzellanproduktion zurückblicken. In der lebhaften Universitätsstadt **Jena** lockt eine abwechslungsreiche Kneipenszene, und hier verabschiedet sich die Saale schließlich aus Thüringen.

27 Saalekaskade

Künstliche Seen erfreuen Wasserratten und Urlauber.

Von der bayerisch-thüringischen Grenze bei Hof bis nach Saalfeld mäandert die Saale durch das Thüringer Schiefergebirge, eine dicht bewaldete und dünn besiedelte Region. Seit den 1920er-Jahren veränderte die **Saalekaskade** das Antlitz der Landschaft: Fünf Talsperren stauen seither den Fluss auf 80 km zu lang gestreckten Seen auf. Die Talsperren fassen zusammen 409 Mio. m^3 Wasser, und ihre Kraftwerke produzieren jährlich rund 500–600 GWh Strom.

Im Süden imponiert zunächst die **Bleilochtalsperre**. Hinter ihrer 205 m langen und 65 m hohen Staumauer entstand ein See von über 28 km Länge. Die Talsperre fasst 215 Mio. m^3 Wasser und ist damit der größte Stausee Deutschlands. Bei *Führungen* (nach Anmeldung, Tel. 03 66 47/ 29 49 70) kann man das Innenleben der Staumauer erkunden und einen Blick auf die mächtigen Turbinen im Krafthaus werfen. *Ausflugsboote* (Fahrgastschifffahrt, Am Torbogen 1, Saalburg, Tel. 03 66 47/222 50, www.saalburg.de) starten in Saalburg am Ostufer des Sees.

Strahlend blau ist Wasser der Hohenwartetalsperre, einem Teil der Saalekaskade

Vergangenheit und Gegenwart verbinden sich aufs Trefflichste in **Schloss Burgk** (11 km nördlich Saalburg, Tel. 036 63/40 01 19, www.schloss-burgk.de, April–Okt. Di–So 10–18, Nov.–März. Di–So 11–16 Uhr). Einst als Grenzburg gegen Slawenüberfälle errichtet, thront sie hoch über der Burgkhammertalsperre. Der Palas ist noch von der Gotik geprägt, auch Zwinger und der am roten Fachwerkaufbau zu erkennende Rote Turm sind älteren Datums. Das *Innere* präsentiert sich in einem Stilmix zwischen Renaissance wie im Rittersaal und Barock, etwa in der Schlosskapelle. Es ist ein Fest für alle Sinne, wenn dort während der regelmäßigen Konzerte die Silbermann-Orgel von 1743 bespielt wird.

Der Buchkunst verpflichtet ist das Schlossmuseum. Deutschlandweit ihresgleichen sucht die Sammlung von *Exlibris*, kunstvoll gestalteten Blättern, die Buchliebhaber bis ins 20. Jh. hinein in ihre Bücher klebten, um sich als deren Besitzer auszuweisen und zugleich Individualität und Geschmack unter Beweis zu stellen. Gelegentlich sind auch Künstlerbücher zu sehen, originell gestaltete Arbeiten unterschiedlichster Provenienz.

Etwa 15 km flussabwärts erzählt das **Wasserkraftmuseum** (Lobensteiner Str. 6, Tel. 03 64 83/76 06, tgl. 10–17 Uhr) in Ziegenrück die Geschichte der Saalekaskade. Das Museum befindet sich auf dem Gelände einer einstigen Mühle, die der Betreiber des örtlichen Pappewerkes um das Jahr 1900 zum ersten Wasserkraftwerk an der Saale umfunktionierte. Bis heute produziert eine Turbine Strom, die zweite Turbine kann besichtigt werden.

Die Saalekaskade endet kurz vor Saalfeld mit der **Hohenwartetalsperre**, die 1936–42 erbaut wurde. Sie ist 75 m hoch und hat eine Gesamtlänge von 412 m. Wie an der Bleilochtalsperre kann man auch hier gemütlich mit dem Boot fahren, schwimmen und einfach die Seele baumeln lassen.

i Praktische Hinweise

Information

Fremdenverkehrsamt Ziegenrück, Markt 6, 07924 Ziegenrück, Tel. 03 64 83/226 49, www.ziegenrueck.de

Fahrgastschifffahrt Hohenwarte, Sperrmauer, Tel. 03 67 33/215 28, www.fahrgastschiffahrt-hohenwarte.de

Motorsport

Schleiz, Naturrennstrecke, Tel. 036 63/40 34 00, www.schleizer-dreieck.de. Alle 14 Tage können auch Hobbyrennfahrer über den Schleizer Kurs heizen. Außerdem werden hier Rennen der Internationalen Deutschen Motorradmeisterschaften ausgetragen.

Hotel

Am Schlossberg, Paskaer Str. 1, Ziegenrück, Tel. 03 64 83/750, www.hotel-am-schlossberg-ziegenrueck.de. Modernes Ferienhotel am Fuß des Ziegenrücker Burgberges.

Restaurant

Zur Fernmühle, Lobensteiner Str. 6, Ziegenrück, Tel. 03 64 83/701 90, www.fernmuehle.de. Café, Biergarten und geschmackvoll eingerichteter Weinkeller in historischem Kellergewölbe.

Wasserturbinen aller Art zeigt das Wasserkraftmuseum in Ziegenrück

28 Saalfeld

Einladendes Städtchen, das als ›steinerne Chronik Thüringens‹ gilt.

Bei Saalfeld (25 300 Einw.) verlässt die Saale das Thüringer Schiefergebirge. Nun weitet sich ihr Tal, bis die Berge bei Schwarza wieder enger zusammenrücken.

Geschichte Schon im 10. Jh. befand sich dort, wo heute das Residenzschloss steht, eine ottonische Pfalz. Die eigentliche Stadtgründung leitete aber erst Kaiser Friedrich I. Barbarossa im Jahr 1180 ein. Im Mittelalter kamen die Saalfelder durch den Erzbergbau sowie die Lage an der Handelsstraße von Nürnberg nach Leipzig zu Wohlstand. Von 1680 bis 1745 war die Stadt gar Residenz des durch die Gothaer Erbteilung entstandenen Kleinststaates Sachsen-Saalfeld.

Im 19. Jh., besonders nach der Reichseinigung 1871 und dem Ausbau Saalfelds zu einem Bahnknotenpunkt zwischen Nürnberg, Leipzig, Hof und Gera, nahm die Wirtschaft der Stadt einen enormen Aufschwung. Er fand mit dem Zweiten Weltkrieg sein Ende, und heute hat auch Saalfeld mit Strukturwandel und Bevölkerungsverlust zu kämpfen.

Besichtigung Weil schon seit über 1000 Jahren Menschen im Stadtgebiet siedeln und sich aus fast allen Epochen Baudenkmäler erhalten haben, gilt Saalfeld als ›steinerne Chronik Thüringens‹. Und tat-

Kräftiges Rot akzentuiert Bündelpfleiler und Kreuzrippen in Saalfelds Kirche St. Johannis

sächlich: Schon auf dem Weg in die Altstadt, etwa vom Bahnhof jenseits der Saale aus, fallen die ersten drei Einträge dieser Chronik auf.

Zunächst ist da das **Saaltor**, das seit 1365 Teil der Stadtbefestigung ist. Der Turm über dem Tor mit seinem spätmittelalterlichen Stufengiebel existiert wohl seit der Mitte des 15. Jh.

Oberhalb des Tores, auf einer Anhöhe über der Saale, steht **Schloss Kitzerstein**, erbaut 1521–24. Seine sieben Ziergiebel weisen es als Werk der Frührenaissance aus. Heute ist die Musikschule der Stadt im einstigen Gut der Ritter von Honbach zu Hause.

Dahinter erhebt sich die Ruine der Burg **Hoher Schwarm** mit ihren zwei schmalen Türmen aus dem frühen 14. Jh. Sie markiert jene Stelle, von der aus Kaiser Barbarossa die Stadt gründete. Auf der Freiluftbühne innerhalb der Burgmauern veranstaltet die Stadt während der Sommermonate Theateraufführungen.

Folgt man der durch das Saaltor führenden Straße stadteinwärts, so gelangt man direkt zum weitläufigen Marktplatz, der mit Lokalen und Geschäften den Mittelpunkt des Stadtlebens bildet. Ältestes, wenngleich nach einem Brand im 19. Jh. rekonstruiertes Haus der Stadt ist die **Marktapotheke**. Schon seit 1681 werden in dem romanischen Turmhaus aus dem 12. Jh. Medikamente verkauft. Das schmucke **Rathaus** (1529–37) ist mit Zwerchhäusern und turmförmigem Treppenaufgang typisch für die regionale Baukunst der Renaissance. Der 56,6 cm lange Eisenstab am Treppenturm gab den Tuchverkäufern im Mittelalter das Maß der Saalfelder Elle vor.

Der Rundbau hinter dem Rathaus von 1859, allgemein als **Hutschachtel** (im Rathaus anmelden, Mo/Mi 9–12, Di 9–16, Do 9–18, Fr 9–14 Uhr) bekannt, diente zunächst als Amtsgefängnis. Nach dem Zweiten Weltkrieg waren hier tatsächliche und vermeintliche NS-Verbrecher inhaftiert. An diese Zeit erinnert ein kleiner Gedenkraum, der einer damaligen Zelle nachempfunden ist.

Deutlich großzügiger ist da die gotische Hallenkirche **St. Johannis** (Kirchplatz 1, Mai–Okt. Mo–Fr 11–17, Sa/So 13–16 Uhr, sonst auf Anfrage, Tel. 03671/455940) von 1380, deren spitze Türme hinter der Häuserreihe am Markt hervorblicken. Den großartigen Raumeindruck verstärken die roten Bündelpfeiler, deren Farbe das Blut Christi symbolisiert, auf dem die christliche Gemeinde gründet. Wer ein Opernglas dabeihat, sollte es auf die *Himmelswiese* im Kreuzrippengewölbe des Chors richten. Etwa 200 unterschiedliche, naturgetreu wiedergegebene Pflanzen sind dort abgebildet.

Über ein Jahrhundert älter als die Kirche St. Johannis ist das Gebäude des **Stadtmuseums im Kloster** (Tel. 07318/598471, www.museumimkloster.de, Di–So 10–17 Uhr) am Münzplatz. Schon 1250 holten die Saalfelder Grundherren, die Grafen von Schwarzburg, den Franziskanerorden in die Stadt. Nach der Kloster-

Ehrgeizige Stellvertreter der Schwarzburger Fürsten bauten Ranis zur großen Burganlage aus

aufhebung während der Reformation waren hier eine sächsische Münze und eine Lateinschule untergebracht. Mittlerweile sind im Kapitelsaal kostbare Altäre aus Saalfelder Werkstätten ausgestellt, von besonderer Schönheit ist jener aus der Marienkapelle des längst verschwundenen Saalfelder Benediktinerklosters. Breiten Raum nimmt auch die Saalfelder Industriegeschichte ein: Frühe Nähmaschinen, urtümliche Waschmaschinen mit hölzernen Trommeln und Produkte der Maxhütte Saalfeld sind zu sehen.

Es ist ein Glitzern und Leuchten, Funkeln und Strahlen, das Besucher in den **Feengrotten** (Feengrottenweg 2, Tel. 03671/55040, www.feengrotten.de, Führungen Mai–Okt. tgl. 9.30–17, Nov.–April tgl. 10.30–15.30 Uhr, im Jan. nur Sa/So) erwartet. Die schillernde Märchenwelt entstand nach der Stilllegung des Bergwerkes *Jeremias Glück* im Jahr 1850. Seither lösten sich durch eindringendes Wasser Mineralien und Salze aus dem Gestein, reagierten mit der Luft und färbten so Tropfsteine und Wände in den unterschiedlichsten Farben. Ein Besuch der Höhlen (10–12 °C) ist nicht nur für Jung und Alt ein Vergnügen, sondern kann auch Linderung bei Atemwegserkrankungen bringen.

TOP TIPP

Ausflug

15 km östlich von Saalfeld erstreckt sich auf einem lang gezogenen Bergrücken **Burg Ranis** (Ranis, Tel. 03647/505491, www.thueringerschloesser.de, Mai–Okt. Di–So 10–17, Nov.–April Sa/So 13–17 Uhr). Seit dem 11. Jh. bauten sie Ministeriale, also Vertreter der örtlichen Lehnsherren, immer weiter aus, bis schließlich eine repräsentative Renaissancefestung entstand. Ein Rundgang führt durch das Verlies, die Burgküche und auf den Bergfried. Eine Besonderheit ist die Ausstellung zu Erdbeben und seismografischen Anlagen. Außerdem finden regelmäßig Literaturlesungen auf Burg Ranis (Termine siehe unter www.lesezeichen-ev.de) statt.

Praktische Hinweise

Information

Saalfeld-Information, Markt 6, 07318 Saalfeld, Tel. 03671/522181, www.saalfeld.de

Hotels

Anker, Am Markt 25/26, Tel. 03671/5990, Saalfeld, www.hotel-anker-saalfeld.de. 1543 als ›Güldene Gans‹ gegründetes Traditionshaus im Zentrum der Stadt.

Waldhotel Mellestollen, Wittmansgereuther Straße, Tel. 03671/8200, www.mellestollen.de. Landhotel mit Ausflugslokal.

Asterra, Am Sperberhölzchen 34, Tel. 03671/45700, www.asterrahotel.de. Freundliches Haus am Ortsrand in ruhiger Lage. Restaurant mit schöner Terrasse.

Restaurant

Güldene Gans, Markt 25, Saalfeld, Tel. 03671/59 91 03, www.gueldene-gans.de. Im Erdgeschoss des Hotels Anker gibt es in der ›Thüringer Stube‹ regionale Gerichte, im historischen Gewölbe anspruchsvolle Gourmetküche.

29 Bad Blankenburg

Tor zum Wanderparadies Schwarzatal.

Der ruhige Luftkurort Bad Blankenburg (6933 Einw.) liegt zwischen bewaldeten Hängen an der Mündung der Schwarza in die Saale. 1840 eröffnete der Pädagoge Friedrich Fröbel (1782–1852) in Bad Blankenburg seinen *Kindergarten* – Fröbel erfand diesen mittlerweile weltweit gebräuchlichen Namen –, in dem kleine Kinder mithilfe altersgerechter Spielwaren mathematisch-naturwissenschaftliche Grundkenntnisse erwerben sollten. Dort, wo Fröbel damals mit Kindern lernte und spielte, erinnert heute das **Friedrich-Fröbel-Museum** (Johannisgasse 4, Tel. 03 67 41/25 65, www.froebel-museum.de, Di–Sa 10–17 Uhr) an seine bis heute aktuellen Ideen. Kinder können sie in einem eigenen Ausstellungsraum anhand Fröbelscher Spielwaren selbstständig erproben.

Auf **Burg Greifenstein** (www.burg-greifenstein.de, Di–So 11–17 Uhr) über Bad Blankenburg residierte seit dem 13. Jh. ein Zweig der Schwarzburger Grafen. Seit dem 16. Jh. verfiel sie und erst im 19. Jh., im Zuge der grassierenden Mittelalterbegeisterung, wurden Palas und der Burgturm rekonstruiert. Uhus, Waldkäuze und Falken kreisen während der Flugschauen des *Adler- und Falkenhofs* (Tel. 03 67 41/ 46 95 79, April–Okt. tgl. 11 und 15 Uhr) um die Burg, außerdem gibt es eine kleine Ausstellung zur Chronik der Feste und eine Burgschänke.

i Praktische Hinweise

Information

Tourismusinformation, Bahnhofstr. 23, 07422 Bad Blankenburg, Tel. 03 67 41/26 67, www.bad-blankenburg.de

Hotels

*****Zum Steinhof,** Wirbacher Str. 6, Bad Blankenburg, Tel. 03 67 41/34 70, www.hotel-zumsteinhof.de. Helle Zimmer, freundlich eingerichtet. Gaststube mit gutbürgerlicher Thüringer Küche.

Weinhaus Eberitzsch, Schwarzburger Str. 19, Bad Blankenburg, Tel. 03 67 41/23 53, www.weinhaus-eberitzsch.de. Hotel am Eingang zum malerischen Schwarzatal; modern eingerichtete Zimmer; Ausflugslokal mit Biergarten.

Restaurants

Flößerhütte, Dittersdorfer Weg 236 a, Bad Blankenburg, Tel. 03 67 41/26 95, www.floesserhuette.de. Köstliches vom Metzger, von der Haxe bis zum Thüringer Rostbrätl.

Schweizerhaus, 07427 Schwarzburg, 5 km hinter Bad Blankenburg, Tel. 03 67 30/39 80 56. Beliebtes Ausflugslokal im Schwarzatal (tgl. ab 11 Uhr).

Märchenhafte Stimmung herrscht in Saalfelds Feengrotten

30 Rudolstadt

Feierfreudiges Städtchen unterhalb eines mächtigen Barockschlosses.

Im Norden des Thüringer Schiefergebirges, dort, wo die Saale in einem weiten Bogen ihre Richtung gen Osten wechselt, erstreckt sich auf der linken Flussseite die Schwarzburger Residenzstadt Rudolstadt (22 800 Einw.).

Als ein weithin sichtbares Zeichen Schwarzburger Macht blickt die **Heidecksburg** (Tel. 036 72/429 00, www.heidecksburg.de, April–Okt. Di–So 10–18, Nov.–März bis 17 Uhr) hinunter auf den Saalebogen. Sie nimmt jenen Bergsporn ein, auf dem im 13. Jh. eine Burg der Grafen von Orlamünde stand. 1571 wählten sie die Herren von Schwarzburg zu ihrem ständigen Sitz. Nachdem der Kaiser ihre Treue 1710 mit der Erhebung in den Fürstenstand honoriert hatte, begann ein ehrgeiziges Ausbauprogramm. Unter der Ägide des Dresdner Baumeisters Knöffel und seines Nachfolgers Krohne aus Weimar entstand so ein Barockschloss, dessen drei Flügel, die angrenzenden Stallungen und Bedienstetenquartiere einen großen Schlosshof rahmen. Mittlerweile ist es Heimat des *Thüringer Landesmuseums*. Anmutige Porzellanfiguren aus regionalen Werkstätten bilden einen Schwerpunkt der Ausstellung. Einige dieser zauberhaften Kunstwerke stammen aus der *Volkstedter Porzellanmanufaktur* (Breitscheidstr. 7, Rudolstadt, Tel. 0800/838 82 82, www.porzellanmanufaktur-volkstedt.com, Führungen Mo–Do 10 und 13 Uhr, Werksverkauf Mo–Fr 9–17, Sa 10–15 Uhr)

Durch das Schwarzatal bei Bad Blankenburg

Natur pur erlebt, wer vom Schwarzawehr am Ortsausgang von Bad Blankenburg (Wanderparkplatz an der L 1112 Richtung Schwarzburg, einfach 11 km, ca. 3 Std.) aus gen Schwarzburg wandert. Die Hänge des engen **Schwarzatals** sind dicht bewaldet, am Wegrand gedeihen allerlei seltene Pflanzen.

In Schwarzburg angekommen, kann man zum **Jagdschloss** der Fürsten von Schwarzburg-Rudolstadt auf einem Felssporn über dem Ort hinaufspazieren. Die Nationalsozialisten richteten 1940–43 Verwüstung an, als sie das Schloss zum Gästehaus des Reiches umbauen wollten, ein Vorhaben, das allerdings nie abgeschlossen wurde. Auf dem Schlossgelände werden Führungen angeboten (auf Voranmeldung auch in den Wintermonaten, Tel. 0367 30/329 55). Der prächtige **Kaisersaal** kann auch ohne Führung besichtigt werden (April–Sep. 10–17, Okt. 10–16 Uhr). Er verdankt seinen Namen 48 Gemälden, auf denen die Kaiser des Heiligen Römischen Reiches dargestellt sind – ahistorisch beginnend bei Julius Cäsar.

Für den Rückweg von Schwarzburg nach Bad Blankenburg bieten sich der aussichtsreiche *Panoramaweg Schwarzatal* (Markierung rotes Dreieck, 13 km, 3,5 Std.) hoch über dem Tal, Bus (Tel. 018 03/33 72 87) oder Taxi (Tel. 03 67 30/312 39) an.

Munter strömt die Schwarza durch ihr von dichten Laubwäldern geprägtes Tal

Die imposante Heidecksburg beherbergt heute das Thüringer Landesmuseum

Das Naturalienkabinett aus dem 18. Jh. zeugt ebenso von fürstlicher Sammelleidenschaft wie die über Jahrhunderte angehäufte Waffensammlung. Eine Augenweide ist die Gemäldegalerie mit Werken Caspar David Friedrichs und Max Liebermanns im 2. Stock. Die prächtigen Wohnräume und der Rokoko-Festsaal im 1. Stock sind nur im Rahmen von Führungen (Di–So stdl. ab 10.30 Uhr) zugänglich.

Sechs steile, von duftenden Rosenspalieren umwachsene **Schlosssteigen** führen hinab in die Altstadt. Unten angekommen, stößt man in der Stiftsgasse auf den **Handwerkerhof** (Stiftsgasse 21–25, www.handwerkerhof.rudolstadt.de), der das alte Bernhardinenstift wieder mit Leben füllte. Das **Alte Rathaus** (Stiftsgasse 2, Mo 9–15, Di 9–16, Do 9–18, Fr 9–12 Uhr) einige Meter weiter ist an seinem hohen Glockenturm zu erkennen. Im heutigen Stadtarchiv finden gelegentlich Ausstellungen statt.

Vom Rathausportal blickt man die Ratsgasse hinunter zum Markt. Ihn rahmen hübsche Bürger- und Handwerkerhäuser sowie das **Neue Rathaus**, dessen markanter Turm erst 1912 an ein bereits bestehendes Gebäude des 17. Jh. angefügt wurde.

Ein barockes Stadtschloss ganz ohne Schnörkel ist in der östlichen Altstadt am Ende der Kirchgasse die 1734 für Prinz Ludwig Günther II. errichtete **Ludwigsburg**. Wo einst ein Angehöriger des stets von Geldnöten geplagten Hauses Schwarzburg residierte, wacht mittlerweile der Thüringer Landesrechnungshof über die öffentlichen Finanzen. Die Stadtkirche **St. Andreas** nebenan steht

In Handarbeit entstehen die Kunstwerke der Volkstedter Porzellanmanufaktur

auf den Grundmauern einer alten Wallfahrtskirche. Aus der dreigeschossigen *Fürstenloge* links vom Chor verfolgten die Grafen von Schwarzburg den Gottesdienst. Ihre Schauseite ziert der kunstvoll geschnitzte Stammbaum der Familie. Die 1499 gegossene Glocke Osanna soll Friedrich Schiller zu seinem Lied von der Glocke inspiriert haben. Er weilte als junger Mann häufig in Rudolstadt, denn hier lebte seine spätere Frau, Charlotte von Lengenfeld. Das Wohnhaus der Familie im Süden der Altstadt zeigt als **Schillerhaus** (Schillerstraße 25, Di–So 10–17 Uhr) eine kleine Ausstellung.

Jenseits der Saale, mit der Altstadt durch zwei Fußgängerbrücken verbunden, erstreckt sich der **Heinepark**. Mitten im Park befindet sich seit 1915 das kleine Volkskundemuseum **Thüringer Bauernhäuser** (Tel. 03672/422465, www.heidecksburg.de, Ostern–Okt. tgl. 11–18 Uhr), ein Komplex aus drei hierhin versetzten thüringischen Höfen. Wer vor dem Rundgang durch die kargen Räume, die bäuerliche Wohnkultur und vorindustrielle Wirtschaftsweise dokumentieren, die prunkvollen Hallen der Heidecksburg besuchte, dem wird schnell klar, dass gewaltige Einkommensunterschiede kein Phänomen allein der Gegenwart sind.

Praktische Hinweise

Information

Touristinformation Rudolstadt, Markt 5, 07407 Rudolstadt, Tel. 03672/486440, www.rudolstadt.de. Hier auch Infos über das Folk-Roots-Weltmusik-Festival **TFF Rudolstadt** (www.tff-rudolstadt.de), das jedes Jahr am 1. Juliwochenende stattfindet.

TOP TIPP

Hotels

******Edelhof**, Kolkwitz 27, Uhlstädt-Kirchhasel, Tel. 03672/422626, www.landhotel-edelhof.de. Wohlfühlatmosphäre 6 km von Rudolstadt entfernt.

******Marienturm**, Rudolstadt-Cumbach, Tel. 03672/43270, www.hotel-marienturm.de. Neben dem 1886 erbauten Marienturm auf hohem Bergesrücken mit prachtvollem Panoramablick.

Restaurants

Adler, Markt 17, Rudolstadt, Tel. 03672/4403, www.hotel-adler-rudolstadt.de. Gemütliches Gasthaus mit Terrasse auf den Marktplatz. Einheimische Spezialitäten.

Verrücktes Kartoffelhaus, Markt 5, Rudolstadt, Tel. 03672/414747, www.kartoffelhaus-rudolstadt.de. Von der Bratkartoffel bis zum Kartoffelpuffer, mit und ohne Beilagen: Der Erdapfel in seiner ganzen Fülle (Mo geschl.).

31 Schloss Kochberg

Landsitz von Goethes großer Liebe – ein Musentempel für Liebhaber.

Johann Wolfgang von Goethe war 26 Jahre alt, als er Charlotte von Stein in Weimar kennenlernte. Schon im Dezember 1775, nur wenige Wochen nach seiner Ankunft am Hof Carl Augusts von Sachsen-Weimar-Eisenach, besuchte er sie erstmals auf **Schloss Kochberg** (Im Schlosshof 3, Großkochberg, Tel. 036743/22532, www.klassik-stiftung.de, April–Okt. Mi–Mo 10–18 Uhr), dem Landsitz der Familie von Stein. Ins Eichenholz des Schreibschranks im sog. Goethezimmer ritzte das verliebte Genie den Tag seiner Ankunft: ›Goethe 6 Dec 75‹. Vier Zimmer des Schlosses sind bis heute so einge-

Seine Liebe zu Charlotte von Stein führte Goethe immer wieder nach Schloss Kochberg

richtet wie zu Charlottes Zeiten, die übrigen Räume lassen die Geschichte der Familie von Stein Revue passieren.

Neben dem Schloss steht das um 1800 von Carl von Stein, dem Sohn Charlottes, entworfene **Liebhabertheater** (Tickets Tel. 03 67 43/225 32, www.liebhabertheater.com). Zu Carls Zeiten spielten Laiengruppen, oftmals verstärkt durch Familien-mitglieder und Hausangestellte, auf der Bühne. Nun beleben während der Sommermonate Musikabende und Theateraufführungen das klassizistische Kleinod. Der unter Carl von Stein liebevoll gestaltete Landschaftspark am Schloss vervollständigt den kunstvollen Gesamteindruck.

i Praktische Hinweise

Information

Klassik Stiftung Weimar, Tel. 03 67 43/ 225 32, www.klassik-stiftung.de.

Restaurants/Unterkunft

Balsamine, Am Schlossberg 50, Buchfart, am Goethe-Wanderweg, Tel. 036 43/ 49 64 19. Beim Essen – serviert werden saisonale Köstlichkeiten vom Tafelspitz bis zum Wildschweinragout – schweift der Blick über die Wälder des mittleren Ilmtals. Schöne Gastzimmer.

Von Weimar nach Kochberg

Am 12. Juli 1777 schrieb Goethe an Charlotte von Stein, er habe den Weg von Weimar nach Schloss Kochberg binnen vier Stunden zurückgelegt – in seinen jungen Jahren schritt der Dichter offenbar kräftig aus. Wanderer, die seinen Spuren auf dem **Goethe-Wanderweg** (Weißes G auf grünem Grund, 28 km, ca. 7 Std., Start am Goethehaus in Weimar) folgen wollen, sollten sich mehr Zeit nehmen, gibt es unterwegs doch einiges zu entdecken. In *Buchfart* (7 km) etwa kommt man an einer uralten Felsenburg vorbei und kurz vor dem Ziel kann man vom *Luisenturm* (km 27) aus die Aussicht über das Thüringer Hügelland genießen.

Schlossrestaurant Kochberg, Im Schlosshof 3, Großkochberg, Tel. 03 67 43/25 42 10, www.schlossrestaurant-kochberg.de. Das Restaurant im Schloss verwöhnt mit feiner Küche (Winter Mo/Di geschl.).

32 Kahla und die Leuchtenburg

Die Porzellanstadt pflegt ihre Geschichte.

Enge Gassen durchziehen die Altstadt von Kahla (7337 Einw.). Bis heute umgibt sie eine fast vollständig erhaltene Stadtmauer mit zwei Wehrtürmen. Stadtbildprägend wirkt die spätgotische Kirche **St. Margareten** im Norden der Altstadt.

Das **Stadtmuseum** (Margarethenstr. 7/8, Tel 036424/762 68, April–Okt. Mo–Fr 10–18, Nov.–März bis 17 Uhr) im *Metznerschen Haus* zeigt vornehmlich die Lebensumstände um das Jahr 1900. Damals vollzog sich mit dem Wachstum der örtlichen Porzellanindustrie der Wandel Kahlas vom Ackerbürgerstädtchen zur Industriestadt. Man kann z.B. einen Blick in die Küche eines Arbeiters jener Zeit werfen. Natürlich gibt es auch Porzellan aus Kahla zu sehen. Käuflich erstehen kann man es im Werksverkauf der Firma **Kahla Porzellan** (Christian-Eckardt-Str. 38, Tel. 03 64 24/79279, www.kahlaporzellan.com, Mo–Sa 9.30–18 Uhr, Werksführungen Fr 10.30 Uhr).

Jenseits der Saale thront weithin sichtbar die **Leuchtenburg** (Seitenroda, Tel. 03 64 24/71 33 00, www.museum-leuchtenburg.de, April–Okt. tgl. 9–19, Nov.–März tgl. 10–16 Uhr). Von strategischer Bedeutung war die 1221 erstmals urkundlich erwähnte Festung vor allem im 14. Jh., als Schwarzburger und sächsische Wettiner um die Vorherrschaft im Saaletal rangen. Später diente sie als Amtssitz, Zucht-, Armen- und Irrenhaus und schließlich, seit Anfang des 20. Jh., als Museum. Abwechslungsreich wie die Geschichte der Burg sind dessen Sammlungen: Die ›Porzellanwelten Leuchtenburg‹ (www.porzellanwelten-leuchtenburg.de) vermitteln in einer modernen Erlebnisausstellung Wissenswertes zur Herstellung des ›Weißen Goldes‹ und zeigen spektakuläre Stücke – wie die größte Vase der Welt. Im Münzturm hingegen wird das harte Leben der Gefangenen auf der Leuchtenburg gegenwärtig. Von materiell wie kulturgeschichtlich hohem Wert ist der *Mahlschatz von Tautenburg,* ein bäuerlicher Brautschmuck, der von Generation zu Generation weitervererbt, im Dreißigjährigen Krieg versteckt und erst 1986 wiederentdeckt wurde.

i Praktische Hinweise

Information

Touristeninformation Kahla, Margarethenstr. 7/8, 07768 Kahla, Tel. 03 64 24/78439, www.kahla.de

Weit reicht der Blick über das Thüringer Saaleland bis zur Leuchtenburg

Hotel

Zum Stadttor, Jenaische Str. 24, Kahla, Tel. 03 64 24/83 80, www.hotel-stadttor.de. Schön restauriertes historisches Gebäude, gepflegte Zimmer, rustikales Restaurant mit Sitzplätzen im romantischen Innenhof.

33 Jena

Stadt der Gelehrten – lebendig durch ihre Studenten.

Das im tief eingekerbten Saaletal gelegene Jena (107 000 Einw.) verdankt seine besondere Bedeutung der Universität, die Kurfürst Johann Friedrich der Großmütige von Sachsen 1558 gründete. Auf ihrer ruhmreichen Geschichte fußt Jenas Ruf als Stadt der Forschung und der Lehre. Weltweite Anerkennung genossen die 1846 entstandenen Mechanischen Werkstätten von Carl Zeiss, Ernst Abbes Perfektionierung wissenschaftlicher Präzisionsgeräte und das 1884 von Otto Schott entwickelte Jenaer Glas.

Rund um den Markt

Das Zentrum Jenas ist klein und kompakt. Während viel historische Bausubstanz dem Bombenkrieg des Zweiten Weltkrieges zum Opfer fiel, blieb am Markt das aus dem 14. Jh. stammende und 1755 barock erneuerte **Rathaus** 1 erhalten. Zu jeder vollen Stunde zieht der nach einer ihm vorgehaltenen goldenen Kugel haschende ›Schnapphans‹ am Uhrturm die Blicke auf sich. An Jenas Bildungsvater erinnert der **Hanfried** 2, wie der Volksmund das große Bronzestandbild des Kurfürsten im Zentrum des Platzes nennt.

Zu einer Zeitreise von den Ursprüngen Jenas als Weinbauernsiedlung bis zum Zentrum der Wissenschaften lädt das **Stadtmuseum Jena** 3 (Markt 7, Tel. 036 41/49 82 50, Di, Mi, Fr 10–17, Do 15–22, Sa/So 11–18 Uhr), allgemein als Göhre bekannt, in einem spät- und neogotischen Gebäudeensemble vis-à-vis vom Rathaus ein. Unter dem gleichen Dach präsentiert die städtische *Kunstsammlung* Malerei, Grafik, Plastik und Objekte des 20. Jh. und 21. Jh. Schwerpunkte bilden die Klassische Moderne sowie Kunst der DDR.

Hinter dem Stadtmuseum ragt **St. Michael** 4 (Kirchplatz, Mai–Okt. Mo 12.30–17, Di–Sa 10–17 Uhr) mit seinem 50 m hohen markanten Turm auf. Das Gotteshaus wurde 1390–1556 als spätgotische Hallenkirche errichtet. Ihre Schauseite ist die *Südfassade* mit zwei reich verzierten Portalen. Die bronzene *Lutherplatte* mit ganzfigürlichem Relief des Reformators

Aparter Kontrast: hochragender JenTower und altstädtische Häuserzeile

Vom JenTower aus wirkt selbst der 50 m hohe Turm von St. Michael klein und unscheinbar

im nördlichen Seitenschiff entstand 1548 und war ursprünglich für Luthers Grab in Wittenberg bestimmt. Da Kurfürst Johann Friedrich der Großmütige jedoch das Gebiet von Wittenberg durch seine Niederlage im Schmalkaldischen Krieg 1546/47 verloren hatte, behielt er das schöne Gusswerk in Jena.

Weiter südlich steht das einstige Wohnhaus des Philosophen Johann Gottlieb Fichte (1762–1814), das unter dem Namen **Romantikerhaus** 5 (Unterm Markt 12 a, Tel. 036 41/49 82 49, Di–So 10–17 Uhr) als Literaturmuseum dient. Es widmet sich der deutschen Frühromantik. Friedrich Schiller (1759–1805) und August Wilhelm Schlegel (1767–1845) lehrten an der Universität, Ludwig Tieck (1773–1853) und Novalis (1772–1801) ließen sich von ihnen inspirieren.

Vom Fürstengraben zum Carl-Zeiss-Platz

Vorbei am **Universitätshauptgebäude** 6, das 1905–08 nach einem Entwurf des Münchener Architekten Theodor Fischer entstand und im *Inneren* ein Monumentalgemälde von Ferdinand Hodler sowie eine Bronzebüste Auguste Rodins bewahrt, erreicht man den **Fürstengraben** 7, eine Ehrenallee mit Büsten Jenaer Persönlichkeiten. Rechter Hand erstreckt sich der **Botanische Garten** 8 (Tel. 036 41/94 92 74, Mitte Mai–Mitte Sept tgl. 10–19, sonst bis 18 Uhr) mit rund 12 000 Pflanzenarten aus allen Vegetationszonen der Erde. Er ist hervorgegangen aus einem bereits 1586 gegründeten Medizinergarten, der schon Goethe zu naturwissenschaftlichen Studien verlockte. 1794 veranlasste dieser den Bau von Gewächshäusern sowie des Inspektorhauses, das heute als **Goethe-Gedenkstätte** 9 (Fürstengraben 26, Tel. 036 41/ 94 90 09, April–Okt. Mi–So 11–15 Uhr) eingerichtet ist. Es dokumentiert das dichterische Schaffen und die botanischen Betrachtungen des Universalgenies während seiner Aufenthalte in Jena.

Blickfang in der Gartenanlage ist die silberne Kuppel des 1926 eröffneten **Zeiss-Planetariums** 10 (Tel. 036 41/88 54 88, www.planetarium-jena.de, tgl. Vorführungen), dessen multimediale Shows in die fantastische Welt des Universums entführen. Modernste Laser-Display-Technik lässt ganze Galaxien entstehen, in welchen Planeten und Sterne zum Greifen nah ihre Bahnen ziehen.

Über die Schillerstraße südwärts, vorbei an dem mittelalterlichen Stadtmauerensemble von **Pulverturm und Johannistor** 11 und dem glasverkleideten **JenTower** 12 (www.jentower.de, tgl. 11–

24 Uhr), dessen Restaurant und Aussichtsplattform in 128 m Höhe einen überwältigenden Rundblick bieten, erreicht man den idyllischen Gebäudekomplex des **Collegium Jenense** 13 (Kollegiengasse 10, Mo–Fr 9–18, Sa/So 10–16 Uhr). Das ehrwürdige einstige Kloster gilt als Keimzelle und Gründungsort (1558) der Jenaer Universität. Im Innenhof, der im Sommer zu Konzertbesuchen einlädt, erinnern Grab- und Gedenksteine an frühere Lehrer und Professoren.

Weiter westlich öffnet sich der *Carl-Zeiss-Platz*. Zentraler Blickpunkt ist das **Ernst-Abbe-Denkmal** 14, das Henry van de Velde 1909 zu Ehren des Physikers, Industriellen und Sozialreformers als monumentalen Pavillon schuf.

Gegenüber feiert das **Optische Museum** 15 (Carl-Zeiss-Platz 12, Tel. 036 41/ 44 31 65, www.optischesmuseum.de, Di–Fr 10–16.30, Sa 11–17 Uhr) das handwerkliche Geschick der ersten Fernglashersteller, zeigt die originellen Guckkästen, das Kino des 18. Jh. und erklärt die Funktion von Mikroskopen und Brillen.

Südlich vom Engelplatz

Die glanzvollste Epoche Jenaer Geisteslebens lässt **Schillers Gartenhaus** 16 (Schillergässchen 2, Tel. 036 41/93 11 88, April–Okt. Di–So 11–17, Nov.–März Di–Sa 11–17 Uhr) wieder auferstehen. Dort wohnte Schiller mit seiner Familie während seiner letzten beiden Jahre als Geschichtsprofessor in Jena (1789–99). Neben einer Ausstellung zu Schillers Jenaer Schöpfungen von der Wallensteintrilogie über Maria Stuart bis zur Jungfrau von Orleans sind die Wohn- und Schlafräume der Familie und das Arbeitszimmer des Dichters zu sehen.

Zur Sammlung des Optischen Museums in Jena zählen diese Mikroskope des 19. Jh.

Die Kuppel des Zeiss-Planetariums aus den 1920er-Jahren birgt modernste Technik

Im **Ernst-Haeckel-Haus** 17 (Berggasse 7, Tel. 036 41/94 95 06, Führungen Di–Fr 10, 11.30, 14 und 15.30 Uhr) nebenan lebte der Zoologe Ernst Haeckel (1834–1919). Er machte die Lehren Darwins in Deutschland bekannt und begründete die deutsche Meeresbiologie. Die ›Villa Medusa‹, wie er selbst seine Wohnstätte nannte, ist heute wissenschaftliches Institut und Museum und bewahrt neben dem original erhaltenen Arbeitszimmer eine Bibliothek mit Manuskripten, Aquarellen, Zeichnungen und Druckschriften.

Ein Werk Haeckels ist auch das 1907 nahebei gegründete **Phyletische Museum** 18 (Vor dem Neutor 1, Tel. 036 41/ 94 91 80, tgl. 9–16.30 Uhr). Es ist der Abstammungslehre gewidmet und veranschaulicht mit zoologischen Präparaten, Fossilien, Modellen und Grafiken die Evolutionstheorie.

Ein Abstecher führt über die Bahngleise westwärts zum **Schott GlasMuseum** 19 (Otto-Schott-Str. 13, Tel. 036 41/ 681 57 75, Di–Fr 13–17 Uhr). Auf dem Betriebsgelände der Schott-Werke, die Schott, Abbe und Zeiss 1884 gründeten, führt es durch die Unternehmensgeschichte und präsentiert Erfindungen wie das Ceran-Kochfeld oder Module zur Solarstromerzeugung.

i Praktische Hinweise

Information

Jena Tourist-Information, Markt 16, 07743 Jena, Tel. 036 41/49 80 50, www.jenatourismus.de

Hotels

Pension Burgblick, Alte Dorfstr. 20 a, Jena-Drackendorf, Tel. 036 41/33 67 16, www.pensionburgblick.de. Familiäre freundliche Pension in ruhiger grüner Lage südlich der Stadt.

Zur Noll, Oberlauengasse 19, Jena, Tel. 036 41/59 77 10, www.zur-noll.de. Zentrales Hotel in historischem Gemäuer mit modernem Komfort.

Zur Schweiz, Quergasse 15, Jena, Tel. 036 41/520 50, www.zur-schweiz.de. Gemütliches Traditionshaus in Universitätsnähe mit Restaurant und Biergarten.

Restaurants

Papiermühle, Erfurter Str. 102, Jena, Tel. 036 41/45 98 98, www.papiermuehle-jena.de. Rustikaler Braugasthof vor den Toren der Stadt; auch angenehme Gästezimmer.

TOP TIPP **SCALA,** Leutragraben 1, Jena, Tel. 036 41/35 66 66, www.scala-jena.de. Das Turmrestaurant in der 28. Etage des JenTower überzeugt durch den schönen Panoramablick und seine Gourmetküche.

Weinbauernhaus im Sack, Oberlauengasse 14, Jena, Tel. 036 41/23 10 54, www.weinbauernhaus-im-sack.de. Hotelrestaurant mit Thüringer- und Fischspezialitäten mit mittelalterlichem Flair.

Wilhelmshöhe, Burgweg 75, Jena, Tel. 036 41/599 90, www.wilhelmshöhe-jena.de. Das Ausflugslokal auf dem ›Dach Jenas‹ serviert Alt-Thüringer Spezialitäten und hat die beste Aussicht auf die Stadt (Mo/Di geschl.).

34 Dornburger Schlösser

TOP TIPP *Anmutige Schlösserparade in luftigen Höhen.*

Als ständen sie im Wettstreit um den besten Blick auf das Saaletal sind die drei **Dornburger Schlösser** (www.thueringerschloesser.de, Führungen über Dornburg-Tourist, www.dornburg-saale.eu) nebeneinander auf einem 90 m hohem Plateau aufgereiht. Mit ihren unterschiedlichen Entstehungszeiten zwischen Mittelalter und Rokoko laden sie ein zu einer Zeitreise im Ambiente adliger Wohnkultur.

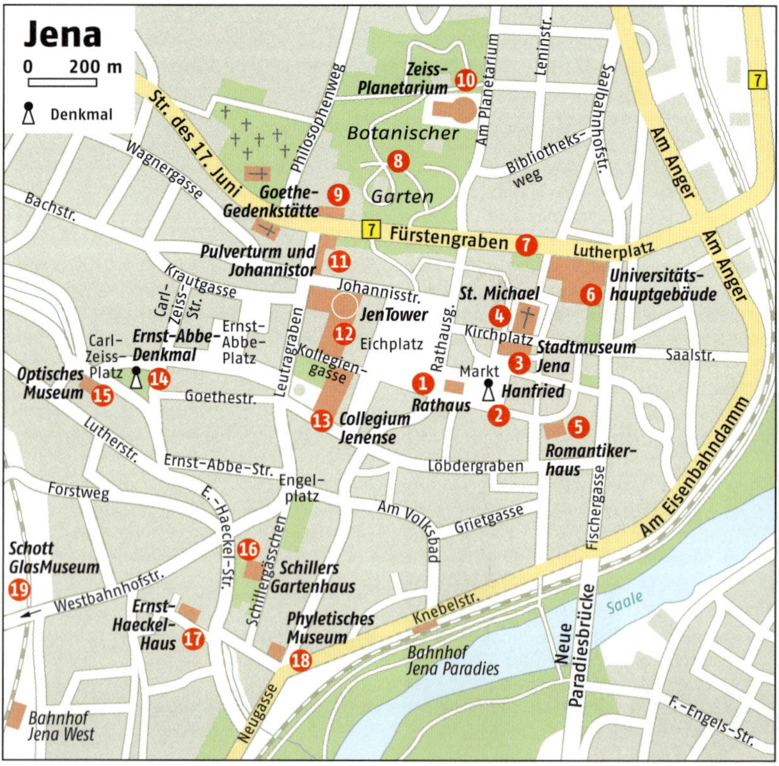

Gemächlich fließt die Saale an den auf steilem Fels erbauten Dornburger Schlössern vorbei

Den chronologischen Anfang macht das imposante kastenförmige **Alte Schloss** – das nördlichste der drei. 1522–1574 auf den Grundmauern einer alten Kaiserpfalz Ottos des Großen errichtet, diente es bis 1717 als Fürstensitz. Später wurde das Bauwerk als Gemeindeverwaltung, Baumwollspinnerei, Schule und Seniorenheim genutzt. Heute hat die Universität Jena hier eine Begegnungsstätte eingerichtet. Herzstück ist der rund 150 m^2 große freskierte Kaisersaal, den eine ornamentierte Balkendecke überspannt.

Am südlichen Plateaurand entstand ab 1539 anstelle eines Gutshauses das **Renaissanceschloss** (Tel. 03 64 27/222 91, April–Okt. Do–Di 10–17 Uhr), auch Goetheschloss genannt. Dieser Name erinnert an den Dichterfürst, der 1828 die Sommermonate hier verbrachte und die Dornburger Gedichte schrieb. Heute ist der weiße Putzbau mit Treppenturm, Zwerchhäusern und geschweiften Giebeln Museum und präsentiert neben höfischem Mobiliar des 16.–19. Jh. auch die Bergstube, das einstige Wohn- und Arbeitszimmer Goethes.

Jüngstes Bauwerk ist das 1741 im Auftrag von Herzog Ernst August errichtete **Rokokoschloss** (April–Okt. Do–Di 10–17 Uhr) im Zentrum der Anhöhe. Mit seiner anmutig leichten Farbigkeit, seinen weit ausschwingenden Risaliten und Rocaille-Ornamenten gibt es sich als graziöses Lustschloss. Die Innenausstattung geht großteils auf das frühe 19. Jh. zurück, als Herzog Carl August die Räumlichkeiten nutzte. Er war es auch, der weite Teile der Schlossgärten im Stil eines Landschaftsgartens neu gestaltete, einen Weinberg, einen Rosenlaubengang sowie einen Teeplatz mit Robinien anlegen ließ. Das geometrische Gartenparterre vor dem Rokokoschloss wurde nach Entwürfen des renommierten Landschaftsarchitekten Hermann Schüttauf (1890–1967) wieder hergestellt.

i Praktische Hinweise

Information

Touristinformation Saaleland, Margarethenstraße 7/8, 07768 Kahla, Tel. 03 64 27/784 39, www.dornburg-saale.de

Restaurants

Schlossberg, Neustr. 16 a, Dornburg, Tel. 03 64 27/704 63, www.dornburger-schloesser.de. Rustikaler Gasthof direkt am Eingang der Schlossgärten. Einladend ist die große Terrasse mit malerischem Ausblick ins Saaletal.

Am Brauhaus, Breite Straße 12, Dornburg, Tel. 03 64 27/705 03, www.gaststaette-dornburg.de. Bürgerlicher Gasthof mit Pensionszimmern in Schlössernähe.

Thüringens Osten – zwischen Elster und Pleiße

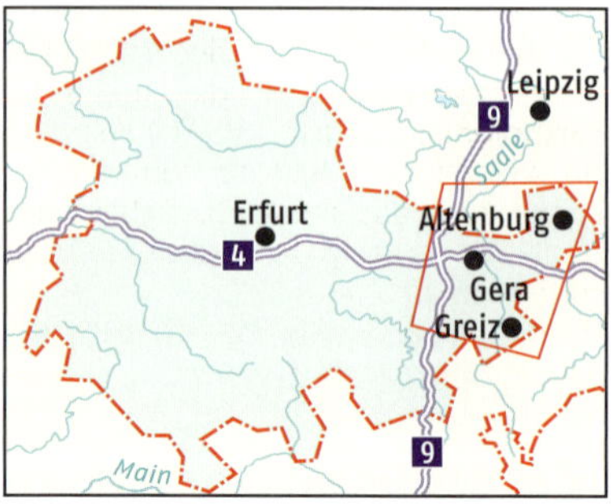

Bis heute trägt der äußerste Osten Thüringens – genau wie die angrenzenden Regionen Sachsens und Bayerns – den Namen **Vogtland**. Diesen Namen verdankt die Gegend den selbsternannten Vögten aus dem Hause Reuß, die von der imposanten **Burg Weida** aus über diese Landschaft regierten.

Den Nachkommen der Vögte verdanken die Städte des Thüringer Vogtlandes ihr reiches historisches Erbe. So beeindruckt in **Altenburg**, das zugleich als Geburtsort des Skatspieles berühmt ist, eine ausgedehnte Schlossanlage mit einer prachtvollen Kirche. In **Greiz** wiederum gibt es gleich zwei reußische Schlösser, nämlich das Unter- und das Oberschloss. Ein ausgedehnter Landschaftspark im englischen Stil lädt dort zu erholsamen Spaziergängen.

Von gänzlich anderem Reiz ist die **Neue Landschaft Ronneburg**, die in der vom Uranabbau geschundenen Gegend östlich von Gera entstand. Waldreich und mit einigen schmucken Ortschaften präsentiert sich schließlich das **Holzland** im Westen Geras.

35 Altenburg

Geraubte Prinzen und gestochene Buben – die Residenz- und Skatstadt macht auf sich aufmerksam.

In kaum einer anderen Region Deutschlands gab es seit dem 17. Jh. so viele Klein- und Kleinststaaten wie in Thüringen. So kommt es, dass den Reisenden selbst in Kleinstädten wie Altenburg (33 300 Einw.) Schloss, Adelspalais und Prachtstraße überraschen.

Altenburg, das eine Schenkungsurkunde des Kaisers an das Kloster Zeitz im Jahr 976 erstmals erwähnt, entwickelte sich um eine Kaiserpfalz an der Handelsstraße Via Imperii. Weil die Stadt eine Art Verwaltungssitz für das Pleißenland, Krongut Kaiser Friedrich Barbarossas war, ließ dieser die Stadt im 12. Jh. befestigten. Hussitenkriege und Dreißigjähriger Krieg spielten der Stadt übel mit. In den Jahren 1603–72 und nochmals 1826–1918 war Altenburg Residenz des Herzogtums Sachsen-Altenburg.

Der lang gestreckte **Markt** ist gute Stube und Zentrum Altenburgs. Besonders lebhaft geht es auf dem von Cafés gesäumten Platz an den Markttagen (Mi 8–16, Sa 8–12 Uhr) zu, wenn Bauern dort

Schloss Altenburg gilt als Paradebeispiel einer Thüringer Kleinstaaten-Residenz

ihre Waren feilbieten. In seiner Mitte tritt das **Renaissancerathaus** (1562–64) mit einem hohen Turm aus der langen Reihe historischer Bürgerhäuser heraus. Die **Brüderkirche** (Ostern–Reformationstag tgl. 10–18, Nov.–Karsamstag tgl. 10–16 Uhr, Führungen Tel. 03447/4336) aus rotem Backstein begrenzt den Markt am westlichen Ende. Das weithin sichtbare Mosaikrelief über dem Portal zeigt Christus während der Bergpredigt. Im für den Historismus üblichen Sauseschritt eilt die ab 1901 anstelle einer baufälligen Vorgängerin erbaute Kirche durch die Architekturgeschichte: Äußerlich zeigt sie Anklänge an die Backsteingotik Norddeutschlands, im Inneren verbindet sie romanische Einflüsse mit Wandbemalungen im Jugendstil.

Während sich die Altenburger bei der Brüderkirche für einen Neubau entschieden, rissen sie die ruinöse Nikolaikirche 500 m südlich bis auf ihren Turm (Mai–Okt., Di–So 10–17 Uhr) ab. Von dessen Aussichtsplattform blickt man weit über Stadt und Land. Über den schmucken Roßplatz und die Teichstraße kann man nach Süden spazieren, zu den **Roten Spitzen** (Mai–Okt. Di–So 9.30–12 und 13–16.30 Uhr), dem Wahrzeichen Altenburgs. Die beiden romanischen Türme sind letzte Zeugen des 1172 von Kaiser Friedrich Barbarossa gegründeten Chorherrenstifts. Im Jahr 1543 im Zuge der Reformation aufgelöst, verfielen Stift und Kirche im Laufe der Jahrhunderte, bis nur noch die Türme und die einstige Probstei übrigblieben.

Schlägt das merkantile Herz Altenburgs heute am Markt, so befand es sich zur Entstehungszeit der Stadt im 10. Jh. um den Brühl unterhalb des Schlossfelsens. Entsprechend ist die Kirche **St. Bartholomäi** (Burgstr., Mo–Fr 10–17 Uhr), ein spätgotischer Bau mit romanischer Krypta, auch das älteste Gotteshaus der Stadt. Der sechseckige Westturm wurde im 17. Jh. angefügt.

Unmittelbar am Brühl befindet sich das **Seckendorffsche Palais**, ein leider nur von außen zu betrachtender Prunkbau von 1724 für den gleichnamigen, sehr erfolgreichen General.

Kann auf dem Schlachtfeld eine Prise Glück nicht schaden, so ist sie beim Kartenspiel unerlässlich. Angeblich ist es all jenen besonders hold, die ihr Blatt im **Skatbrunnen** vor dem Seckendorffschen Palais taufen. Die Existenz dieses Brunnens ist dem Umstand zu verdanken, dass im 16. Jh. ein spielerischer Geist in Altenburg geherrscht haben muss, gab ein Herr Hockendorff doch im Jahr 1509 die ersten Altenburger Spielkarten heraus. Die Altenburger Jahresproduktion liegt heute bei ca. 45 Mio. Karten. Für Spielgerät war also gesorgt, als die Mitglieder der Brommeschen Tarockgesellschaft um 1810 das Skatspiel entwickelten. Seit 1927 ist das Internationale

Abgüsse antiker Statuen sind im Altenburger Lindenau-Museum versammelt

Skatgericht in Altenburg ansässig. Es hilft zerstrittenen Spielern dabei, die Regeln auszulegen. Auf dem Weg vom Brühl hinauf zum Schlossfelsen passiert man das **Landestheater Altenburg** (Tickets Tel. 034 47/58 51 60, www.tpthueringen.de), erbaut vom Architekten des Bayreuther Festspielhauses, Otto Brückwald, im Jahr 1871. Äußerlich erinnert es entfernt an die Dresdner Semperoper, im Inneren umgibt höfischer Prunk den Theaterliebhaber.

Nun folgt der Höhepunkt eines Altenburg-Besuchs, **Schloss Altenburg** auf seinem steilen Porphyrfelsen. Schon im 6. Jh. stand dort oben eine sorbische Festung, die deutsche Ritter 968 eroberten. Im 12. Jh. befand sich hier eine Kaiserpfalz, von der aus die neu eroberten Gebiete an Elster und Pleiße beherrscht wurden. Später wurde die Burg zur Residenz des Herzogtums Sachsen-Altenburg ausgebaut. Durch das barocke Triumphtor gelangt man in den Burghof, den Wohntrakt, Junkerei, der Flaschenturm, das Prinzenpalais und die Schlosskirche **St. Georg** umgeben. Der harmonische hochgotische Bau mit einem filigranen Kreuzsternnetzgewölbe im Chor wurde 1404–14 errichtet. Zur wertvollen barocken Innenausstattung zählt auch die Trostorgel (1735–38) auf der Nordempore.

Im Wohntrakt ist das *Schloss- und Spielkartenmuseum* (Tel. 034 47/51 27 12, Di–So 9.30–17 Uhr) untergebracht. Eine Ausstellung erinnert zudem an den spektakulären Altenburger Prinzenraub. In der Nacht vom 7. auf den 8. Juli 1455 hatte der Ritter Kunz von Kauffungen die damals dort weilenden 12- und 14-jährigen Söhne des sächsischen Kurfürsten Friedrich II. geraubt. Es heißt, es sei dabei um ausstehende Schulden gegangen. Die beiden Jungen Ernst und Albrecht wurden am 12. Juli in Chemnitz wohlbehalten ihren Eltern zurückgegeben, der Ritter dagegen in Freiberg enthauptet. Die Episode wird seit dem 500. Jahrestag des Prinzenraubes immer wieder im Schlosshof als Freilufttheater inszeniert, in den letzten Jahren in satirischer Form unter dem Titel ›Kaufungens Fehde‹.

Den Schlosspark gestaltete ab 1826 Peter Joseph Lenné zum englischen Landschaftspark um. In ihm liegen das barocke Teehaus und die Orangerie.

Im Norden des Schlossparks schließen sich zwei Museen an. Zunächst kommt man zum **Mauritianum** (Parkstr. 1, Tel. 034 47/25 89, www.mauritianum.de, Di–Fr 13–17, Sa/So 10–17 Uhr), einem Naturkundemuseum. Präparierte Tiere, großenteils aus Thüringen, bilden sein Herzstück.

Für Kunstkenner längst kein Geheimtipp mehr ist das **Lindenau-Museum** (Gabelentzstr. 5, Tel. 034 47/895 53, www.lindenau-museum.de, Di–Fr 12–18, Sa/So 10–18 Uhr) mit der Sammlung des Industriellen Bernhard August von Lindenau (1779–1854), der sie der Stadt Altenburg hinterließ. Diese ließ am Fuße des Schlossbergs 1874/75 einen Museumsbau nach Vorbild der Dresdner Gemäldegalerie errichten. Die Säle im Erdgeschoss zeigen eine *Abguss-Sammlung*, also Kopien von antiken Skulpturen sowie expressionistische Kunst, unter der die markanten Bilder von Conrad Felixmüller hervorzuheben sind. Im Obergeschoss ist eine Sammlung italienischer Tafelbilder aus dem 13. bis 16. Jh. zu sehen.

i Praktische Hinweise

Information

Altenburger Tourismus GmbH, Markt 17, 04600 Altenburg, Tel. 034 47/51 28 00, www.altenburg-tourismus.de

Hotels

******Am Rossplan**, Am Rossplan 8, Altenburg, Tel. 034 47/566 10, www.hotel-rossplan.com. Angenehmes Haus mit gutbürgerlichem Restaurant, unweit des Marktes.

Bernhard, Neue Sorge 5, Altenburg, Tel. 034 47/31 35 73. Sehr nette bequeme Pension direkt hinter dem Schloss.

Restaurants

Ratskeller, Markt 1, Altenburg, Tel. 034 47/31 12 26, www.ratskeller-altenburg.de. Traditionsreiche Gewölbe im historischen Rathaus. Regionale Spezialitäten und gutbürgerliche Küche.

Zum Wildschütz, Erich-Mäder-Str. 31, Altenburg, Tel. 034 47/50 02 74, www.zum-wildschuetz-abg.de. Fußläufig hinterm Schlosspark, exzellente Küche, besonders Wildgerichte (Mo/Di geschl.).

Ganz dem Spieltrieb ist das Kartenmuseum im Altenburger Schloss gewidmet

36 Das Holzland

Waldreicher Landstrich – früher wie heute Zentrum der Holzverarbeitung.

Sanfte Hügel und weite Talgründe prägen das Holzland. Bis weit ins 20. Jh. hinein lebten die Menschen hier fast ausschließlich von der Holzverarbeitung, vom Schnitzen, Schreinern und Zimmern. Eine regionale Spezialität sind Leitern – noch heute stellen rund 20 Betriebe diese hölzernen Steighilfen her.

Größte Stadt des Holzlandes ist **Eisenberg** (10 700 Einw.). Wie Altenburg war es lange ein einfacher Ort, bis ein Herzog – in diesem Falle Christian von Sachsen-Eisenberg – es 1680 zur Residenzstadt seines allerdings recht kurzlebigen Herzogtums machte. Er ließ die mittelalterliche Festung zur *Christiansburg* – heute Landratsamt – ausbauen und eine famose barocke *Schlosskapelle* (April–Okt. Di–So 10–16, Nov.–März. Di–Fr 10–16, Sa/So 13–16 Uhr) anfügen. Von italienischen Baumeistern mit Stuck verziert, gleicht sie im Inneren einem Zuckerbäckerwerk. Der Herzog verstarb 1707 und hinterließ ein finanziell ruiniertes, dafür aber um ein Schloss reicheres Herzogtum, das 1714 in Sachsen-Gotha-Altenburg aufging.

Von Eisenbergs Vorort Kursdorf an der B7 führt ein reizender Wanderweg (8 km einfach) durch das Mühltal nach **Bad Klosterlausnitz**. Dort kann man die auf alten Grundmauern wieder errichtete Kirche des einstigen Augustiner-Chorfrauenstifts besuchen. Seit ihrer Rekonstruktion 1855–66 präsentiert sie sich als dreischiffige romanische *Pfeilerbasilika* (So 9.30–18 Uhr, sonst Schlüssel im Café am

Töpfe, Kannen und Schalen aus der Töpferstadt Bürgel sind an ihrer blauen Farbe zu erkennen

Markt, Tel. 03 66 01/832 53). Das romanische Kruzifix stammt aus der Ursprungskirche.

11 km westlich von Eisenberg, jenseits der A 9, liegt die **Töpferstadt Bürgel**. In ganz Thüringen kann man die typischerweise blaue Bürgler Gebrauchskeramik mit weißen Tupfen kaufen – wer sie vor Ort erstehen will, findet um dem Markt und in der Töpfergasse mehrere Töpfereien und Keramikgeschäfte. Mit der hiesigen Spezialität befasst sich auch das *Keramik-Museum Bürgel* (Am Kirchplatz 2, Tel. 03 66 92/373 33, www.keramik-museum-buergel.de, Di–So 11–17 Uhr), das einen Überblick über die Thüringer Tonwarenproduktion bietet.

Unterhalb von Bürgel, im Tal der Gleise, ragen die Mauern des romanischen **Benediktinerklosters Thalbürgel** (www.klosterkirche-thalbuergel.de, April–Okt. Mi–So 13–17 Uhr) in den Himmel. Die Klosterkirche St. Maria und St. Georg entstand in ihrer heutigen Form erst in den 1960er-Jahren auf den Mauern des alten Gotteshauses aus benediktinischer Zeit.

Ganz im Süden des Holzlandes, etwa 10 km vom Hermsdorfer Autobahnkreuz entfernt, erinnert in **Renthendorf** die *Brehm-Gedenkstätte* (Tel. 03 64 26/222 16, Di–Do 13–16, Fr–So 11–16 Uhr) an die Naturforscherdynastie. Pfarrer Christian Ludwig Brehm (1787–1864) kam als Ornithologe zu akademischen Ehren, sein Sohn Alfred (1829–1884) blieb als Autor von *Brehms Tierleben* unvergessen.

i Praktische Hinweise

Information

Eisenberg-Information, Markt 26, 07607 Eisenberg, Tel. 03 66 91/734 54, www.stadt-eisenberg.de

Hotels

*****Zur Kanone**, Dorfstr. 3, Tautenhain, Tel. 03 66 01/559 20, www.zur-kanone.de. Traditioneller Gasthof mit gut ausgestatteten Gästezimmern, 3 km östlich von Bad Klosterlausnitz.

Pfarrmühle, Mühltal 4, Eisenberg, Tel. 03 66 91/436 09, www.pfarrmuehle.de. Kleines Waldhotel neben einer alten Mühle mit einem hervorragenden Restaurant. Hausgebackenes Holzofenbrot, Spanferkel, alles ist frisch und lecker.

37 Gera

Von einer rauchenden Industriestadt zur attraktiven Gartenstadt.

Gera hat viele Gesichter: Moderne Geschäftsstraßen kontrastieren mit dem dörflichen Ambiente des kleinen Ortsteils Untermhaus, die barocke Orangerie in der zur Bundesgartenschau 2007 entstandenen Parklandschaft mit Industriebrachen, die vom Niedergang der Wirtschaft seit der Wende zeugen.

Geschichte Unter der Herrschaft des Quedlinburger Stifts, dem Otto III. die Gegend um Gera im Jahr 999 schenkte, entwickelte sich die Siedlung bis zum

13. Jh. zur Stadt. Schon um 1400 präsentierten die örtlichen Tuchhändler ihre Waren auf den Messen von Naumburg und Leipzig, und besonders im 16. und 17. Jh. zählte Gera zu den reichsten Städten des Heiligen Römischen Reiches Deutscher Nation.

Im Laufe der Jahrhunderte wechselte Gera immer wieder den Besitzer, geistliche Herren, sächsische Kurfürsten und der böhmische König lösten sich in der Lehensherrschaft ab. 1564 verlieh Böhmen Stadt und Land schließlich an Heinrich den Jüngeren Reuß, dessen Familie – ungezählten Erbteilungen zum Trotz – bis zur Aufhebung der Adelsherrschaft 1918 die Hoheit über die Region ausübte.

Im 19. Jh. erlebte Gera im Zuge der Industrialisierung ein stürmisches Wachstum, die Einwohnerzahl stieg rasant. Nach dem Zweiten Weltkrieg beschleunigte sich dieser Anstieg noch einmal, war Gera doch Zentrum der Textilindustrie, es gab große Maschinenbaukombinate und die Wismut, die im nahen Ronneburg nach Uran grub.

Heute hat Gera wie kaum eine andere Stadt Thüringens mit dem Strukturwandel seit der Wende zu kämpfen. Fast alle Industriebetriebe brachen zusammen, die Arbeitslosenquote stieg zwischenzeitlich auf fast 20 % und die Bevölkerungszahl sank von 135 000 im Jahr 1989 auf nur noch 94 977 Anfang 2014.

Besichtigung Der Marktplatz bildet das attraktive Zentrum Geras, besonders belebt ist er an Markttagen (Di, Do, Fr 7–16, Sa 7–13 Uhr). Schmucker Blickfang ist das **Rathaus** ❶ (16. Jh.) mit seinem fast 60 m hohen, sechseckigen *Turm* (Sa/So 13–16 Uhr). Dessen Eingang ziert reicher Figurenschmuck: Drei Ratsherren blicken vom Türbogen herab, das *Wappen der Reußen* (über dem Portal links) ist ebenso zu sehen wie die *Geraer Elle* (rechts vom Portal, auf Höhe der Tür), die über Jahrhunderte das verbindliche Maß in Mitteldeutschland bildete. Das zweite sehenswerte Renaissancegebäude am Markt ist die **Stadtapotheke** ❷ (Nr. 8/9) mit ihrem markanten Erker.

Passagen verbinden den Markt mit Geras Haupteinkaufsstraße, der **Sorge** ❸. Der kuriose Straßenname ist vom slawischen *Zarge* abgeleitet, der Bezeichnung für ›Siedlung am Rande der Stadt‹. Im Westen mündet die Shoppingmeile in die Schlossstraße, wo sich weitere Geschäfte befinden.

Am Schnittpunkt der beiden Straßen beherbergt ein repräsentativer, im 18. Jh. als Waisenhaus errichteter Barockbau das **Stadtmuseum** ❹ (Museumsplatz 1, Tel. 0365/8381470, Mi–So/Fei 12–17 Uhr). Prähistorische Funde aus dem Stadtgebiet sind ebenso zu sehen wie frühe Tuchmacherarbeiten und Schätze aus der Zeit Geras als Residenzstadt.

Verlässt man den Markt über die Große Kirchstraße, so kommt man hinauf zum Nicolaiberg mit dem *Schreiberschen Haus* von 1686. Das älteste Bürgerhaus der Stadt beherbergt zwei Museen. Die

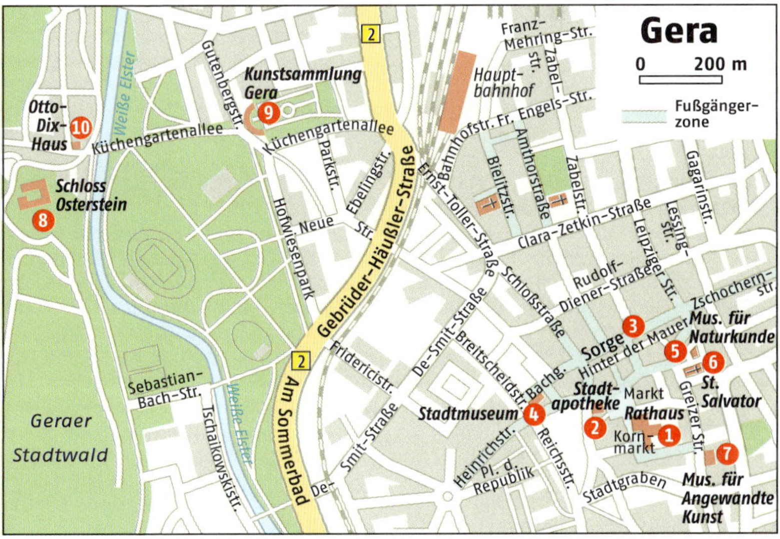

Nur der Bergfried (Mitte) blieb von Schloss Osterstein oberhalb von Untermhaus erhalten

Schauräume des **Museums für Naturkunde** 5 (Nikolaiberg 3, Tel. 0365/52003, Mi–So/Fei 12–17 Uhr) präsentieren die unterschiedlichen Biotope Osttühringens, etwa das Leben am und im Wasser der Plothener Teichplatte oder die Fauna rund um Jena.

Durch einen separaten Eingang kommt man in das *Höhler-Museum* (Nicolaiberg 3, Tel. 0365/55249954, nur im Rahmen von Führungen Mi–So/Fei 11, 13, 15 Uhr). Höhler – eine regionale Wortschöpfung aus *Hohl* und *Keller* – sind eigentlich Bierkeller, die die Hausbewohner im 16–18. Jh. unter ihren Kellern aushoben. Höhler 188, in dem sich das Museum befindet, ist mit 11 m Tiefe und 252 m^2 Fläche in verschachtelten ziegelgemauerten Gängen einer der größten. In dem Gemäuer erfährt man viel über die lange Bergbaugeschichte der Region, die Goldsuche im Saaletal und den Uranerzabbau der Wismut in Ronneburg [s. S. 108].

Auf dem Nikolaiberg steht auch die barocke Kirche **St. Salvator** 6, die als Grablege für die jüngere Linie des Hauses Reuß diente. 1903 entschloss sich die Gemeinde zur Umgestaltung des basilikalen Innenraums im Gewand des Jugendstils.

Das **Museum für Angewandte Kunst** 7 (Greizer Str. 37, Tel. 0365/8381430, Mi–So/Fei 12–17 Uhr) im Ferberschen Haus (ca. 1760) in unmittelbarer Nähe ist auf Kunsthandwerk des 20. Jh. spezialisiert.

Residenz der fürstlichen Familie Reuß war seit den 1560er-Jahren **Schloss Osterstein** 8 am Steilhang jenseits der Elster. Ein schwerer Luftangriff während des Zweiten Weltkriegs legte es in Schutt und Asche, sodass nur noch der Bergfried zu sehen ist. Allerdings gibt es dort oben ein gut frequentiertes Ausflugslokal mit schönem Blick über Gera.

Da zwischen Schlossberg und Elster kein Platz für einen standesgemäßen Schlosspark zur Verfügung stand, ließen die Reußen ihn am jenseitigen, städtischen Ufer anlegen. Zur Bundesgartenschau 2007 wieder hergestellt, dient er nun als Stadtpark. In der elegant geschwungenen, barocken Orangerie von 1729 zeigt die **Kunstsammlung Gera** 9 (Orangerieplatz 1, Tel. 0365/8384250, wegen Sanierung bis vorauss. Winter 2015 geschl.) Kunstwerke aus fünf Jahrhunderten, darunter ein Altarbild von Lucas Cranach d. Ä.

Unterhalb von Schloss Osterstein drängen sich die kleinen Häuser des beschaulichen Untermhaus zwischen Schlossberg und Elster. Dort lohnen die im 19. Jh. überformte gotische *Marienkirche* (15. Jh.) mit einem polychromen Flügelaltar (1443) und das **Otto-Dix-Haus** 10 (Mohrenplatz 4, Tel. 0365/8324927, Mi–So/Fei 12–17 Uhr) einen Besuch. Zwei Räume sind eingerichtet wie zur Geburtszeit des in Gera geborenen Künstlers (1891–1969), und es werden viele seiner Arbeiten gezeigt.

Praktische Hinweise

Information

Infopunkt Gera, Heinrichstr. 35, 07545 Gera, Tel. 0365/838 11 11, www.gera.de.

Camping

***Strandbad Aga**, Reichenbacher Str. 14, Aga (10 km nördl. von Gera), Tel. 03 66 95/ 202 09, www.thueringencamping.de. Ein baumbestandener schöner Platz direkt an einem Badesee.

Hotels

****Penta Hotel Gera**, Gutenbergstr. 2 a, Gera, Tel. 03 65/290 90, www.pentahotels.com. Modernes Großhotel mitten im Zentrum, Klimaanlage, Fitnessangebot, Whirlpool, Konferenzräume.

***Central**, Gagarinstr. 64, Gera, Tel. 03 65/ 54 96 89 99, www.centralhotel-gera.de. Komfortables Stadthotel fußläufig vom Zentrum, mit eigenem Parkplatz; gepflegtes italienisches Restaurant.

In einer Ausstellung der Kunstsammlung Gera ist das Bild ›Man and axe‹ von Rainer Fetting zu sehen

Restaurants

Ambiente, Schlossstr. 1, Gera, Tel. 03 65/ 552 46 89, www.ambiente-gera.de. Das helle Lokal inmitten der Fußgängerzone öffnet an schönen Tagen seine Terrasse.

TOP TIPP **Lummersches Backhaus**, Gries 1, Gera, Untermhaus, Tel. 03 65/ 77 31 69 59, www.lummersches-backhaus.de. Stilvolles Feinschmeckerlokal mit hübscher Terrasse direkt am Fluss, im Haus des Hofbäckers Gottfried Lummer.

Restaurant Schloss Osterstein, Tel. 03 65/832 12 31, www.schloss-osterstein.com. Ausflugsgaststätte auf dem Schlossberg. Terrasse mit schönem Ausblick (Mo/Do geschl.).

Im Frühjahr blühen ungezählte Tulpen auf dem Rasen vor der Orangerie in Geras Stadtpark

Gras ist gewachsen über Wunden, die der Uranabbau der Landschaft um Ronneburg schlug

Auferstanden aus Ruinen – die Neue Landschaft Ronneburg

Ronneburg – das war bis zur Wende 1989 gleichbedeutend mit Wismut, der Gesellschaft, die den Uranerzbergbau der DDR betrieb. Bergleute holten den Brennstoff für Kernkraftwerke und Atombomben aus dem Boden und hinterließen eine verwüstete Landschaft. Kegelförmige Abraumkippen prägten bald die reliefarme Landschaft, die Arbeiter verdienten gut, ruinierten aber durch die Strahlenbelastung ihre Gesundheit.

Nach dem Ende des Uranabbaus investierten Bund und Land rund 5 Mrd. € in die Sanierung des Bergbaugebietes. So entstand bei Ronneburg zur Bundesgartenschau 2007 die **Neue Landschaft Ronneburg**. Über eine Million Kubikmeter Erdreich wurden dort bewegt, um die strahlende Abraummasse tief in alte Bergbaugruben zu versenken.

TOP TIPP

Der Landschaftspark erstreckt sich beiderseits des schmalen Flüsschens Gessen, dessen Taleinschnitt eine imposante, 240 m lange hölzerne Spannbandbrücke quert. Wegen ihrer Form trägt sie den Namen Drachenschwanz. Wo einst Bagger fuhren, blüht nun ein Rosengarten und wurden Streuobstwiesen gepflanzt. An die Bergbauzeit erinnern die Lichtenberger Kanten, die streng geometrischen Tagebauterrassen. Ein 20 m hoher Aussichtsturm bietet eine gute Übersicht über das gesamte Gelände. Infos:

Stadtverwaltung Ronneburg, Markt 1/2, 07580 Ronneburg, Tel. 03 66 02/ 536 15, www.ronneburg.de

38 Weida

Trutzfeste der mittelalterlichen Vögte.

Über das waldreiche Hügelland zwischen Thüringer Wald, Fichtel- und Erzgebirge herrschten seit der ersten Hälfte des 12. Jh. wahre Karrieristen des Mittelalters. Während sich Welfen und Staufer um die Macht im Reich stritten, nutzte der Ministeriale Erkenbert (1090–ca. 1163) das Machtvakuum im Osten des Reiches, um sich selbst zum Vogt (Verwalter) des ›Osterlandes‹ östlich von Elbe und Saale zu erklären. So erfolgreich festigten er und seine Nachfolger ihre Macht, dass Kaiser Friedrich Barbarossa schließlich nichts anderes übrig blieb, als ihn auch offiziell zum Vogt zu erklären. Bis heute heißt das Herrschaftsgebiet Vogtland.

Der Stammsitz der Vögte, die **Osterburg** (Tel. 03 66 03/627 75, www.osterburg-vogtland.eu, April–Okt. Do–So 10–18, Nov.–März Do–So 10–16 Uhr), ist mit ihrem gewaltigen, 54 m hohen Turm eine der spektakulärsten Burgen der Region. Im Turm projizieren acht Beamer einen Film über das Vogtland an die Mauern. Im Vogelflug geht es darin über Wälder und Wiesen, zu Residenzen und Burgen. In den später zum Schloss umgebauten Burggemächern befindet sich das *Regionalmuseum*. Unterhalb des Bergfrieds schließt sich ein höfischer Lustgarten an.

Ausflug

Seit Jahrhunderten querten Händler in **Wünschendorf** etwa 6 km östlich von Weida die Weiße Elster. Eigentlich nichts Ungewöhnliches – wenn nicht die 70 m lange und überdachte Brücke, die den Fluss im Ortsgebiet überwindet, aus Holz bestünde: Seit 1786 verbindet sie die Flussufer und noch heute erträgt sie selbst Autoverkehr.

Hat man die Brücke überquert, so befindet man sich in Veitsberg, dem ältesten Ortsteil Wünschendorfs. Unmittelbar neben der Brücke steht die zweischiffige Kirche **St. Veit** von 974. Während sie in weiten Teilen immer wieder umgebaut und erweitert wurde, zeigt die Taufkappelle noch Spuren der Romanik.

Folgt man der Straße noch etwas weiter ortsauswärts, so gelangt man zu den massiven, burgähnlichen Mauern von *Kloster Mildenfurth* (Tel. 03 66 03/882 45, www.thueringerschloesser.de, Besichtigung nach Anmeldung). 1193 gründete es der Weidaer Vogt Heinrich II. als Prämonstratenser-Chorherrenstift, nach der Reformation wandelten es die Landesherren in ein Jagdschloss um.

Praktische Hinweise

Information

Weida-Information, Petersberg 2, Tel. 03 66 03/541 81, www.weida.de

Restaurants

Wirtschaft zur Osterburg, Schlossberg 14, Weida, Tel. 03 66 03/624 85, www.wirtschaft-zur-osterburg.de. Rustikales Lokal im Mittelalterstil in historischem Tonnengewölbe (Mo/Di geschl.).

Zyklopische Mauern umhüllen den Turm der Osterburg über Weida

39 Greiz

Die ›Perle des Vogtlands‹ – Stammsitz des Hauses Reuß.

Viel Platz hat Greiz nicht, um sich in seinem relativ engen, von der Weißen Elster durchflossenen Tal auszubreiten. Die waldreiche Umgebung – besonders im Norden gehen Stadt und Forst fast nahtlos ineinander über – lädt zu ausgedehnten Wanderungen ein. Zunächst gilt es jedoch, die schmucke Residenzstadt zu erkunden.

Geschichte Wahrscheinlich unterhielten schon slawische Stämme im 1. Jt. nach Chr. eine Wehranlage auf dem Greizer Burgberg, die erste urkundliche Erwähnung der Siedlung findet sich jedoch erst 1209.

Das Jahr 1306 bildet eine Zäsur in der Geschichte von Greiz: Damals wählte Heinrich II. Reuß von Plauen die Burg zur Residenz, was sie bis 1918 blieb. Wie im Falle von Gera [Nr. 37] erlebten die Reußen in Greiz zahllose Erbteilungen. 1564 mussten zwei reußische Brüder gar die Stadt untereinander aufteilen: Nach der Lage der jeweiligen Schlösser, einmal auf dem Burgberg, einmal in der Stadt, hießen die Linien Reuß-Obergreiz und Reuß-Untergreiz. Zeitweise gab es sogar eine Vorderschloss- und eine Hinterschloss-Linie – benannt nach ihren jeweiligen Räumen in der Residenz.

Erst 1768 vereinigten sich die beiden Familienzweige wieder. Seither war Greiz Sitz der Familie Reuß – Ältere Linie, im Gegensatz zur Jüngeren Linie in Gera.

Im 19. Jh. war es besonders die Textilindustrie, die für Aufschwung und Wachstum sorgte. Angesichts des tiefgreifenden Strukturwandels seit der Wende hat Greiz etwa ein Drittel seiner Bewohner verloren, statt 33 000 Menschen lebten hier Anfang 2014 nur noch 21 280.

Besichtigung Mittelalterliche Bauten sucht man in der Greizer Altstadt beinahe vergebens – auch wenn sich das 1840 erbaute **Rathaus** (Markt 1) in seiner neogotischen Gestalt und mit Wachturm recht mittelalterlich gibt. Ansonsten prägen seit dem Wiederaufbau im Jahrhundert nach dem verheerenden Stadtbrand von 1802 Klassizismus und Jugendstil die Häuser, vor allem in der **Markt-** und der **Burgstraße**. Letztere führt zur **Stadtkirche** (18. Jh.), in der sich die Grablege der reußischen Fürsten befindet. Am prunkvollsten ist der goldene Sarg Heinrichs IV., der

Imposantes Bauwerk: die Göltzschtalbrücke besteht aus über 25 Millionen Ziegelsteinen

Gleich zwei Adelsresidenzen hat Greiz zu bieten: das Obere (links) und das Untere Schloss

anno 1697 im Kampf gegen die Türken gefallen war.

In unmittelbarer Nachbarschaft der Kirche befindet sich das **Untere Schloss** (Burgplatz 12, Tel. 036 61/70 34 10, Di–So 10–17 Uhr). Dort wird die Geschichte des Hauses Reuß erzählt: Mit Bauernstube, einer Textil-Schauwerkstatt sowie einem Biedermeierzimmer, in dem 1927 der letzte Greizer Reuße, Heinrich XXIV., verstarb.

Gegenstück zum Unteren Schloss ist das stadtbildbeherrschend auf seinem Bergsporn gelegene **Obere Schloss**. In dessen Museum (Di–So 10–17 Uhr) wird eine mulitmediale Dauerausstellung zum Thema *Vom Land der Vögte zum Fürstentum Reuß älterer Linie* präsentiert.

Nach Norden entlang der Weißen Elster erstreckt sich der im englischen Stil ab 1873 von Rudolph Reinecken gestaltete fürstliche **Landschaftspark**. Es gelang Reinecken, Fluss, Binsenteich und Park zu einer ästhetischen Einheit zu verbinden. Vom Steilhang 65 m höher schaut der 1822 erbaute Gasparinentempel herab, einer der schönsten Aussichtspunkte auf die Stadt.

Das **Sommerpalais** (Tel. 036 61/705 80, www.sommerpalais-greiz.de, April–Sept. Di–So 10–17, Okt.–März Di–So 10–16 Uhr) am Parkrand ließ Heinrich XI. Reuß ab 1768 errichten. Bis heute beeindrucken die fürstlichen Repräsentationsräume, so der üppig stuckierte Festsaal. Die einstige Sommerfrische der Reußen ist nun Heimat der *Staatlichen Bücher- und Kupferstichsammlung* sowie der Karikaturensammlung *Satiricum*, die regelmäßig kurzweilige Ausstellungen bestückt.

Ausflug

Bei Mylau, bereits in Sachsen, überspannt die **Göltzschtalbrücke** den gleichnamigen Fluss. Die 574 m lange und 78 m hohe Eisenbahnbrücke wurde 1846–51 aus über 25 Mio. Ziegelsteinen zu einem imposanten, an ein römisches Aquädukt erinnerndes Bauwerk aufgemauert. Den besten Blick hat man vom Parkplatz 1 aus kurz hinter der Brücke, den man, von Greiz kommend, über die von der B 92 abzweigende Mylauer Straße erreicht.

Bereits seit 1180, als die ersten deutschen Siedler auf damals noch slawisches Gebiet vordrangen, wacht **Burg Mylau** (Tel. 037 65/342 47, www.burg-mylau.de, Febr.–Okt. Di–Do/Sa/So 10–16.30 Uhr) über das Göltzschtal. Die im Auftrag Kaiser Karls IV. ab 1367 angefügte Vorburg gehört zu den größten im Vogtland. Im Februar hallt während der *Mylauer Puppenfestspiele* (Tel. 037 65/39 28 08) Kindergelächter durch die Burg.

i Praktische Hinweise

Information

Tourist-Information Greiz, Burgplatz 12, Unteres Schloss, 07973 Greiz, Tel. 036 61/68 98 15, www.greiz.de

Hotels

***__Schlossberghotel__**, Marienstr. 1–5, Greiz, Tel. 036 61/62 21 23, www.schlossberghotel-greiz.de. Komfortables Hotel garni unterhalb des Oberen Schlosses.

Restaurant

Parkschlösschen, Parkgasse 72, Greiz, Tel. 036 61/45 51 12, www.schloesschen-greiz.de. Hübsches Restaurant direkt am Park, regionale Küche.

Das Eichsfeld und Nordthüringen

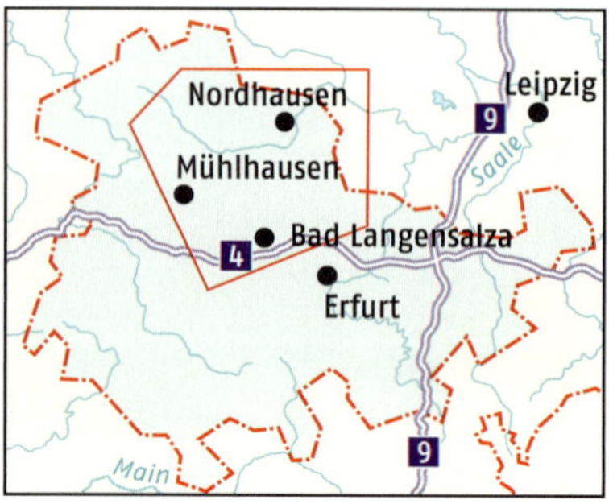

Sanft gewellte Hügel, naturbelassene Bäche, die sich durch blühende Wiesen und Weiden schlängeln prägen den Norden Thüringens. Dazwischen – Farbklecksen gleich – mittelalterliche Orte wie **Mühlhausen** mit seinen Stadtmauern, hohen Kirchtürmen und romantischen Dachlandschaften. Nicht weit von Mühlhausen entfernt beginnt der **Hainich**, größter geschlossener Laubwald Deutschlands. Wanderungen unter seinem Blätterdach sind ein Hochgenuss für jeden Naturliebhaber. Auch der **Kyffhäuser**, Deutschlands kleinstes Mittelgebirge, mit dem weithin sichtbaren, Kaiser Wilhelm gewidmeten Denkmal lädt zu ausgedehnten Touren ein.

Einen ganz eigenen Kulturraum bildet das **Eichsfeld**. Allen Einflüssen der Reformation und den kirchenfeindlichen Regimes des letzten Jahrhunderts zum Trotz hat es sich in **Heiligenstadt** oder um **Leinefelde-Worbis** volkstümlichen Katholizismus bewahrt, hat seine Palmsonntagsprozessionen durchgeführt, Johannisfeuer entzündet und seine farbenfrohen Kirmesfeste zelebriert. Heute ist dieses Festhalten an den Traditionen sein Kapital.

40 Heilbad Heiligenstadt

Hauptstadt des erzkatholischen Eichsfelds mit viel Tradition.

Sanfte Hügel und sattgrüne Wiesen umgeben Heiligenstadt (16 603 Einw.). Neben malerischen Fachwerkgassen und mittelalterlichen Kirchen gibt es ein modernes Kurzentrum mit reichhaltigem Behandlungsprogramm.

Geschichte Als die fränkischen Könige im 9. Jh. ihren Herrschaftsbereich immer weiter nach Osten ausdehnten, errichteten sie am Ort des heutigen Heiligenstadt einen Königshof. Um ihn entwickelte sich bald eine Siedlung, die im 11. Jh. an die Kurfürsten und Erzbischöfe von Mainz fiel. Nach und nach erwarben sie das gesamte Eichsfeld und ließen es ab 1540 von Heiligenstadt aus verwalten.

Nach 1518 erreichte die Reformation den Kurmainzer Besitz, in Heiligenstadt war es Thomas Müntzer, der die neue Lehre verbreitete. Mithilfe der Jesuiten gelang es den Mainzern aber ab 1575, die Reformation zurückzudrängen und ihr Land zu rekatholisieren.

Heiligenstadt und das gesamte Eichsfeld blieben bis zur von Napoleon erzwungenen Säkularisation, der Aufhebung der geistlichen Herrschaften im Jahr 1802, in kurmainzischem Besitz. Anschließend fiel es an Preußen und wurde nach dem Zweiten Weltkrieg durch den Eisernen Vorhang geteilt: die Heiligenstädter Hälfte kam zur DDR, die Region um Duderstadt zur Bundesrepublik.

Besichtigung Drei gotische Kirchen bestimmen die Silhouette von Heiligenstadt. Sein ehrwürdigstes Gotteshaus ist **St. Martin** (www.st-martin-heiligenstadt.de, tgl. 9–18 Uhr) am höchsten Punkt der Altstadt. Der Standort der ›Mutterkirche des Eichsfeldes‹ markiert den Siedlungskern von Heiligenstadt. Schon im 9. Jh. stand hier ein Gotteshaus, mit dem Bau der heutigen Kirche begann die Gemeinde im Jahr 1276. Bis 1485 entstand eine dreischiffige gotische Hallenkirche mit hohem, von einem spitz zulaufenden Dach gekrönten Turm. Am Hauptportal an der Westfront, das nur bei besonderen Kirchenfesten geöffnet wird, sind alle mit der Kirche verbundenen Heiligen versammelt, darunter der hl. Martin sowie

Zwischen Eichsfelder Heimatmuseum und der Kirche St. Marien erstreckt sich ein Barockgarten

die Stadtpatrone Justinus und Aureus. Die Innenausstattung wurde nach der Umwidmung zur evangelischen Stadtkirche im Jahr 1803 auf die katholischen Gotteshäuser der Umgebung verteilt. Da die Ausstattung fehlt, kommt die gotische Architektur bestens zur Geltung, von den schlanken, himmelwärts strebenden Pfeilern im Chor mit seinen schmalen Fenstern bis zur wundervollen Rosette in der Westwand.

Neben der Kirche steht das **Kurmainzische Schloss**, von dem aus die Mainzer Erzbischöfe das Eichsfeld verwalten ließen. Dort verrichtete auch Theodor Storm, der große norddeutsche Dichter, in seiner Heiligenstädter Zeit 1856–64 seinen Dienst als preußischer Amtsrichter. Das **Literaturmuseum Theodor Storm** (Am Berge 2, Tel. 036 06/61 37 94, www.stormmuseum.de, Di–Fr 10–17, Sa/So 14.30–16.30 Uhr) in unmittelbarer Nähe führt kundig durch diesen Lebensabschnitt des Schimmelreiter-Verfassers. Ein eigener Raum ist Heinrich Heine gewidmet. Der aus einer jüdischen Familie stammende Dichter ließ sich 1825 im Alter von 27 Jahren vom evangelischen Pfarrer von Heiligenstadt taufen, um damit, wie er sagte ›sein Eintrittsbillett in die europäische Gesellschaft‹ zu lösen.

Folgt man der Gasse mit dem Literaturmuseum bergab, so kommt man zur Wilhelmstraße, der Einkaufsmeile Heiligenstadts. Nach wenigen Hundert Metern zweigt die Kollegiengasse von ihr ab, die rechter Hand ein nüchterner, aus roh behauenen Buntsandsteinen gemauerter Bau flankiert: das Kolleg der Heiligenstädter Jesuiten mit dem **Eichsfelder Heimatmuseum** (Kollegiengasse 10, Tel. 036 06/ 61 26 18, Di–Fr 10–17, Sa/So 14.30–17 Uhr). So zurückhaltend die Fassade, so prunkvoll barock präsentiert sich das Treppenhaus mit seinem reich stuckierten Gewölbe. Die Ausstellung des Museums zeigt Exponate der Eichsfelder Geschichte und Volkskultur, Keramik und Trachten sowie sakrale Kunstschätze. Zudem erinnert es an Tilman Riemenschneider, den großen Holzschnitzer, der 1462 in der Klausgasse in Heiligenstadt zur Welt kam.

Über den hübschen Barockgarten hinter dem Heimatmuseum erreicht man

St. Marien. Baubeginn der gotischen Hallenkirche war um das Jahr 1300, ihren Abschluss fanden die Bauarbeiten 1420, als der Ostchor geweiht wurde. Oft humoristisch sind in den Kapitellen, Schlusssteinen und Konsolen Bibelszenen dargestellt. An mehreren Stellen wurden gotische Fresken aus dem 16. Jh. freigelegt. Bemerkenswert ist auch die polychrome Madonnenfigur *Maria im Elende* (1413) vor der südlichen Ostwand. Die achteckige frühgotische **St. Annenkapelle** vor dem Nordeingang der Marienkirche wurde als Friedhofskapelle erbaut.

Zurück auf der Wilhelmstraße kommt man zum Rathaus und dem Marktplatz, hinter dem sich **St. Ägidien** erhebt, die ab 1333 erbaute Kirche der Neustadt. Sie ist die dritte gotische Hallenkirche der Stadt; im Inneren verdient der Doppelgrabstein der Märtyrer Aureus und Justinus aus dem 14. Jh. Beachtung.

Seinem Beinamen Heilbad wird Heiligenstadt im Norden der Altstadt gerecht. Dort breitet sich der **Heinrich-Heine-Kurpark** aus, am Stadtrand erstreckt sich der sog. **Vitalpark** mit *Eichsfeld-Therme* (In der Leineaue 1, Tel. 036 06/663 90, www.vitalpark-heiligenstadt.de, tgl. 10–21 Uhr) und großem Kurhotel.

Ausflug

Wer auch immer im Mittelalter durch das Tal der Werra nach Eisenach reiste, musste an der **Burg Hanstein** (Bornhagen-Rimbach, 20 km ab Heiligenstadt auf der B 80, Tel. 03 60 81/678 56, www.burghanstein.de, März–Okt. tgl. 10–18, Nov. tgl. 10–16, Dez.–Febr. Sa/So 10–16 Uhr) vorbei. Im Auftrag der Kurmainzer Erzbischöfe, denen die Burg seit 1209 gehörte, erweiterten sie die Herren von Hanstein ab 1308 zu einer durch vier Tore gesicherten und von zwei hohen Türmen überragten Festung. Vom Bergfried aus reicht der Blick weit über das Eichsfeld, bei gutem Wetter sogar bis zum Thüringer Wald. Nur etwa 10 km entfernt, bereits im Hessischen und auf der anderen Seite der Werra, sieht man wiederum die **Burg Ludwigstein** (Witzenhausen, Tel. 055 42/ 50 17 10, www.burgludwigstein.de, Führungen April–Okt. So 14, 15 Uhr, mit Jugendherberge und Gaststätte) zu der der schöne *Zwei-Burgen-Weg* (Auszeichnung X7/X5, 1,5–2 Std. einfach, Rückfahrt per Taxi, Tel. 055 42/55 65) hinüberführt. Was heute so romantisch wirkt, war im Mittelalter eine Drohkulisse des hessischen Landgrafen gegen die Kurmainzer.

i Praktische Hinweise

Information

Tourist-Information Heilbad Heiligenstadt, Kollegiengasse 10 (ab vorauss. Frühjahr 2016 in der Wilhelmstr. 50), 37308 Heilbad Heiligenstadt, Tel. 036 06/ 677141, www.heilbad-heiligenstadt.de

Hotels

******Best Western Hotel am Vitalpark**, In der Leineaue 2, Heiligenstadt, Tel. 036 06/663 70, www.bestwestern.hotel-am-vitalpark.de. Großzügige Zimmer in einem Wellness- und Tagungshotel.

*****Stadthotel**, Dingelstädter Str. 43, Heiligenstadt, Tel. 036 06/66 60, www.stadthotel-heiligenstadt.de. Ruhiges Hotel in zentraler Lage; schöne alte Villa.

Am Jüdenhof, Am Jüdenhof 5–7, Heiligenstadt, Tel. 036 06/66 38 88, www.am-juedenhof.de. Traditionshaus mitten in der Altstadt, gepflegtes Hotelrestaurant.

Restaurants

Altstadtschenke Bürgerhof, Stubenstr. 24, Heiligenstadt, Tel. 036 06/609 93 40, www.buergerhof-heiligenstadt.de. Gutes, alteingesessenes Lokal (So sowie mittags geschl.).

Klausenhof, Friedensstraße 28, Bornhagen, Tel. 03 60 81/614 22, www.klausenhof.de. Ritterlich bis rustikal sind Speisen und Ambiente im Wirtshaus unterhalb von Burg Hanstein (Mo/Di geschl.).

41 Leinefelde-Worbis

Doppelstadt mit barocken Kirchenkostbarkeiten.

Zwischen den Hügelketten von Ohmgebirge und Dün liegen die beiden etwa 5 km voneinander entfernten Gemeinden Leinefelde und Worbis, die 2004 zur Doppelstadt Leinefelde-Worbis wurden.

Im alten Dorfkern von **Leinefelde**, an der Heiligenstädter Straße, findet sich in der 1733 geweihten Kirche *St. Maria Magdalena* einer der bemerkenswertesten barocken Hochaltäre der Gegend. Er zeigt eine ausdrucksvolle Kreuzigungsgruppe. In einem Privatgarten in der Johann-Carl-Fuhlrott-Straße nördlich der Kirche entspringt übrigens eine der Quellen der Leine, der die Stadt ihren Namen verdankt.

Auf Burg Bodenstein kann man übernachten, auch Familienfreizeiten werden veranstaltet

Schmucke Fachwerkhäuser prägen den Rossmarkt von **Worbis**. Herausragende Bauten sind das *Alte Rentamt*, 1574 für den Landvogt der Mainzer Erzbischöfe erbaut, und das Haus Gülden Creutz mit dem *Heimatmuseum* (Rossmarkt 3, Tel. 03 60 74/20 03 03, Mo/Fr 8–12, Di/Mi/Do 8–16 Uhr). Besonderes Augenmerk wird dort auf die Alltagskultur des Eichsfelds gelegt.

Schmuckstück des Rossmarkts ist die barocke Kirche *St. Nikolaus* von 1756, der spätgotische Flügelaltar im Inneren zeigt die Passion Christi. Er stammt aus dem Zisterzienserkloster, von dem nur die ebenfalls barocke Klosterkirche *St. Antonius* (1670) am Untertor blieb. Alljährlich ist sie um den 13. Juni Ziel einer der traditionellen Eichsfelder Wallfahrten.

Ausflüge

Ein schöner Spaziergang führt von Worbis nach Norden zur **Burg Bodenstein** (5 km, im Sommer Café im Burghof, Tel. 03 60 74/97 0, www.burg-bodenstein.de, Besuch auf Anmeldung). Während die Toranlage mit der Zugbrücke noch aus dem Mittelalter stammt, wurden die Wohnhäuser innerhalb der Ringmauer erst nach dem Dreißigjährigen Krieg erbaut. Den Herren von Wintzingerode, in deren Besitz die Burg von 1337–1945 war, gelang es in der Zeit der Gegenreformation ab 1575, ihren protestantischen Glauben gegen die Mainzer Erzbischöfe zu verteidigen. Weil sich die Adelsfamilie ihre enge Bindung an den Protestantismus über die Generationen bewahrte, gelangte die Burg 1947 in den Besitz der evangelischen Landeskirche und beherbergt heute eine Familienferienstätte.

10 km von Worbis entfernt kreuzt die B 247 auf dem Weg nach Duderstadt bei **Teistungen** die ehemalige deutsch-deutsche Grenze. Hier erinnert das **Grenzlandmuseum Eichsfeld** (Duderstädter Str. 5, Teistungen, Tel. 03 60 71/971 12, www.grenzlandmuseum.de, Di–So 10–17 Uhr) an schikanöse Grenzkontrollen, den Schießbefehl und die Arbeit der Stasi. Der 4,7 km lange Grenzlandweg führt an erhaltenen Wachanlagen und Zäunen vorbei.

i Praktische Hinweise

Information

Touristinformation Leinefelde-Worbis, Rossmarkt 3, Worbis, 37327 Leinefelde-Worbis, Tel. 03 60 74/20 03 03, www.leinefelde-worbis-tourismus.de

Hotels/Restaurants

Deutsches Haus, Bahnhofstr. 16, Leinefelde, Tel. 036 05/51 23 53, www.hotel-deutscheshaus.com. Elegantes, familiär geführtes Haus, zentral aber ruhig.

Drei Rosen, Bergstr. 1, Worbis, Tel. 03 60 74/97 60, www.3rosen.de. Solide Zimmer und ein Restaurant, das auf Produkte regionaler Provenienz achtet.

Stadtumbau Ost – Zurück in die Zukunft

Thüringen schrumpft: Lebten 1988 noch über 2,7 Mio. Menschen auf dem Gebiet des Freistaats, so waren es Anfang 2014 nur noch 2,16 Mio. In Leinefelde kann man Ursachen und Folgen dieser Entwicklung besichtigen – und Lösungsansätze erkunden.

In den 1960er-Jahren beschloss die DDR-Regierung, aus Leinefelde das Zentrum der ostdeutschen Textilproduktion zu machen. Die Bevölkerung wuchs rasant, nur um nach der Wende, mit dem Untergang der Textilindustrie, ähnlich schnell wieder zu sinken. Zurück blieben überdimensionierte Plattenbauten mit atemberaubenden Leerstandsquoten.

Für Leinefeldes Stadtväter galt es nun, das Verkleinern zu organisieren. Schon 1994 definierten sie Stadtteile, die erhalten, und solche, die entsiedelt werden sollten. Ihr Ziel: Leinefelde als Stadt mit geschlossener Innenstadt zu erhalten, Leerstand und Verwahrlosung zu vermeiden. Ganze Straßenzüge der Südstadt, des Leinefelder Plattenbauviertels, wurden zum Abriss freigegeben, andere Platten um Stockwerke reduziert und in kleinteiligere Reihenhäuser umgewandelt. Seither steigt die Zufriedenheit der Leinefelder mit ihrem Wohnumfeld, und die Abwanderung konnte zumindest verlangsamt werden. So könnte Leinefelde zum Modell für den Umgang mit sinkenden Einwohnerzahlen werden, auch für Städte im Westen Deutschlands, die mit den gleichen Problemen konfrontiert sind. Infos und Führungen:

Deutsches Plattenbauzentrum, Bahnhofstr. 43, Leinefelde, Tel. 036 05/ 51 97 87, www.deutsches-plattenbau zentrum.de

42 Mühlhausen

TOP TIPP *Stadt der Türme, Kirchen, Gassen und Plätze mit lebendigem Flair.*

Jede Gasse Mühlhausens atmet den Geist des Mittelalters, ein Stadtrundgang führt an trefflich renovierten Fachwerkhäusern und Kirchen vorbei. Ihren Türmen verdankt Mühlhausen seinen Beinamen ›Stadt der Türme‹.

Geschichte Anlässlich eines Aufenthalts König Ottos II. im Jahr 967 wird Mühlhausen (33 200 Einw.) erstmals als Ausstellungsort einer Urkunde erwähnt. 1198 wurde hier Philipp von Schwaben zum deutschen König gewählt. Im Mittelalter kam Mühlhausen an der Unstrut durch den Handel, die Tuchweberei und Waidanbau zu Wohlstand und avancierte zur Freien Reichsstadt. Um 1400 war die Stadt mit ihren 10 000 Einwohnern eine der Größten des Reiches. Während der Bauernkriege 1524/25 zählte Mühlhausen, wo der radikale Reformator Thomas Müntzer predigte, zu den Brennpunkten in Thüringen – und wurde vom siegreichen Adel entsprechend behandelt: Müntzer wurde vor den Stadttoren hingerichtet, die Reichsfreiheit aberkannt. Erst während des 19. Jh. erlebte die Stadt durch das stürmische Wachstum ihrer Textilindustrie einen enormen Aufschwung.

Besichtigung Den idealen Auftakt für eine Besichtigung Mühlhausens bildet ein Spaziergang auf der mittelalterlichen **Stadtmauer** (Am Frauentor, Tel. 036 01/ 856 60, April–Okt. Di–So 10–17 Uhr). Seit dem 13. Jh. umgibt sie die Stadt und vermittelt bis in die Gegenwart einen ausgesprochen wehrhaften Eindruck. Neun Türme der Wehranlage existieren noch, während andere im 19. Jh. in putzige Biedermeier-Lauben verwandelt wurden. Der Aufgang zur Mauer befindet sich im Rabenturm neben dem Frauentor.

Dort beginnt die Holzstraße, die direkt zur Kirche **St. Marien** (Steinweg, Di–So 10–17 Uhr) führt. Nach dem Erfurter Dom ist sie die zweitgrößte Hallenkirche Thüringens. Über dem Westwerk erhebt sich der erst 1903 vollendete neogotische Turm, den zwei kleinere Türme flankieren, der eine spätromanisch, der andere gotisch. Von der Fassade über dem Südportal des Querschiffs blicken Kaiser und Gefolge auf die Kirchenbesucher herab. Das Wüten der Bauern im Jahr 1525 über-

Vom Rabenturm blickt man über die Dächer von Mühlhausens Altstadt zur Kirche St. Marien

standen nur wenige Ausstattungsstücke, zu ihnen gehört die reizende Marienskulptur (1480) an einem der Vierungspfeiler. Gleichfalls aus der Zeit vor dem Bildersturm stammt die Predella des Hochaltars, deren Schnitzarbeit den Verrat des Judas an Jesus im Garten Getsemaneh zeigt. Da die Kirche heute auch als *Thomas-Müntzer-Gedenkstätte* dient, informiert eine Ausstellung über Leben und Theologie des radikalen Kirchenreformers.

An der Marienkirche beginnt der Steinweg, die von historischen Bauten flankierte Einkaufsstraße Mühlhausens. Sie endet an der gotischen **Allerheiligenkirche** (Unterer Steinweg, voraussichtlich bis Ende 2015 geschl.). Eine Dauerausstellung zeigt dort Thüringer Kunst des 20. Jh.

Über Görmar- und Röblingstraße – ihr Name erinnert an den in Mühlhausen geborenen Erbauer der Brooklyn Bridge in New York – kommt man zur **Divi-Blasii-Kirche** am Untermarkt. Markant sind die kunstvollen achteckigen Türme über dem Westwerk. An der Orgel musizierte ab 1707 der junge Johann Sebastian Bach. Angesichts eines besseren finanziellen Angebots verließ er die Gemeinde jedoch schon nach einem Jahr wieder gen Weimar.

Auf dem Weg zurück ins Zentrum der Altstadt kommt man zur **Kornmarktkirche** (Tel. 036 01/856 60, Di–So 10–17 Uhr), die als *Bauernkriegsmuseum* dient. Sie stellt diesen in den Zusammenhang einer von Umbrüchen geprägten Zeit: Reformation und durch Bevölkerungswachstum ausgelöste Landverknappung, soziale Verwerfungen und ungleiche Verteilung des Wohlstands, so der Tenor der Schau, trugen zu seinem Ausbruch bei.

Hinter dem Kornmarkt steht das um 1300 erbaute und immer wieder erweiterte **Rathaus** (Ratsstraße, Mo–Do 9–16, Fr 9–13, Sa 11–15, Führungen Mo–Fr 11 Uhr). Es kann mit einem Ratssaal aufwarten, dessen Holztonnengewölbe aus der ersten Bauphase stammt.

Der Neorenaissancebau eines ehemaligen Gymnasiums (1871) ist seit 1947 das Domizil des **Museums am Lindenbühl** (Kristanplatz 7, Tel. 036 01/856 60, Di–So 10–17 Uhr). Es stellt die Stadt- und Regionalgeschichte dar und beleuchtet den Zeitraum zwischen Alt- und Neusteinzeit.

Klöster um Mühlhausen

Im 12. und 13. Jh. waren es vor allem Benediktiner- und Zisterziensermönche, die das waldreiche Land um Mühlhausen urbar machten. Zunächst ist da das **Benediktinerinnenkloster Zella** (12 km westlich, bei Struth, Tel. 03 60 26/97 00, www.kloster-zella.de, Führungen auf Anfrage). Die Wälder, die das Kloster inmitten einer kleinen Rodungsinsel umschließen, vermitteln bis in die Gegenwart den Eindruck, eine Einsiedelei zu besuchen. Im Zentrum der Wohn- und Wirtschaftsbauten mit Sandsteinsockel und Fachwerk steht die romanische Klosterkirche.

Eine spannende Entdeckung ist **Kloster Volkenroda** (14 km östlich, Tel. 03 60 25/55 90, www.kloster-volkenroda.de, tgl. 9–18 Uhr). Nach der Wende 1989 kehrte mit der ökumenischen Jesus-Bruderschaft christliches Leben in seine alten Mauern zurück. Faszinierend ist der Kontrast zwischen mittelalterlicher Bausubstanz und Meinhard von Gerkans *Christus-Pavillon* (Mai–Okt. tgl. 10–17 Uhr), einem Stahl-Glaskonstrukt. Er kam nach der Expo 2000 aus Hannover nach Volkenroda.

i Praktische Hinweise

Information

Tourist Information Mühlhausen, Ratsstr. 20, 99974 Mühlhausen, Tel. 036 01/40 47 70, www.muehlhausen.de

Camping

Am Schwanenteich, Popperöder Gasse 2, Mühlhausen, Tel. 036 01/401 23, www.campingplatz-am-schwanenteich.de. Gepflegter Platz, Volleyballfeld und Freibadnutzung inklusive (Winter geschl.).

Hotels

******Brauhaus zum Löwen**, Felchtaer Str. 2–4, Mühlhausen, Tel. 036 01/47 10, www.brauhaus-zum-loewen.de. Zentrales traditionelles Komforthotel mit sehr zuvorkommendem Service. Terrasse auf dem idyllischen Kornmarkt.

*****Hotel an der Stadtmauer**, Breitenstr. 15, Mühlhausen, Tel. 036 01/465 00, www.muehlhausen-hotel.de. Familiäres Haus in ruhiger Seitenstraße.

Restaurants

Ammerscher Bahnhof, Ammerstr. 83–85, Mühlhausen, Tel. 036 01/87 31 32, www.ammerscherbahnhof.de. Traditionslokal mit großer Gaststube, Hausschlachtung. Mit Gästezimmern.

Wirtshaus zur Antoniusmühle, Am Frauentor 7, Mühlhausen, Tel. 036 01/40 38 50, www.antoniusmuehle.de. Bodenständiges Restaurant mit Gewölbekeller, mittelalterlichem Ambiente, deftigen Speisen (Mo geschl.).

Der von Hannover nach Volkenroda versetzte Christus-Pavillon will ein Ort der Besinnung sein

Festliche Abendstimmung am Friederikenschlösschen in Bad Langensalza

43 Bad Langensalza

Angenehmes Kurklima in der Rosenstadt mit liebevoll angelegten Gärten.

Bad Langensalzas (17 801 Einw.) Altstadt prägen einfallsreich verzierte Fachwerkhäuser, entlang der Stadtmauern begeistern mehrere, ganz unterschiedlich gestaltete Parks und Gärten.

Geschichte Der Handelsweg von Mainz nach Leipzig führte im Mittelalter entlang der Marktstraße durch das 932 erstmals erwähnte Bad Langensalza. Der Mantel der Geschichte streifte Bad Langensalza am 27. Juni 1866 während des Deutschen Krieges, in dem Preußen mit Österreich um die Vorherrschaft rang. In der Schlacht von Langensalza konnte sich das mit Österreich verbündete Hannover zwar behaupten, wenige Tage später musste König Georg V. aber doch vor der preußischen Übermacht kapitulieren.

Besichtigung Zwar zerstörte der Stadtbrand von 1711 die mittelalterliche Bausubstanz, doch entstanden beim Wiederaufbau nicht minder schöne Ackerbürger- und Handelshäuser. Auch das repräsentative, wenn auch für einen Barockbau eher schlichte **Rathaus** von 1742 stammt aus der Zeit nach dem Brand. Allein der Turm überstand das Feuer. Täglich um 12 und 18 Uhr paradieren die Figuren der Hochmeister des Deutschen Ordens Hermann von Salza, des Mediziners Christoph Wilhelm Hufeland und des Dichters Friedrich Gottlieb Klopstock am Giebel entlang, begleitet vom Rathausglockenspiel. Die ersten zwei wurden in Langensalza geboren, Klopstock arbeitete hier einige Jahre als Lehrer.

Die Marktkirche **St. Bonifacii** (Tel. 036 03/85 65 72, April–Okt. tgl. 14–16 Uhr, sonst nach Wetter) wartet mit dem höchsten aus Travertin aufgemauerten Kirchturm Deutschlands auf, immerhin 81 m reckt er sich in die Höhe. Die stattliche gotische Kirche präsentiert sich außen mit einer frischen Sandsteinfassade, das Innere wird nach und nach saniert.

In einem ehemaligen Augustinerkloster befindet sich das **Stadtmuseum** (Wiebeckplatz 6–7, Tel. 036 03/81 30 02, Mi–So 13–17 Uhr). Es zeichnet die Ereignisse der Schlacht von Langensalza nach. Im *Arboretum* hinter dem Kloster erinnert ein neogotisches Denkmal an die historischen Kämpfe.

Dass Bad Langensalza heute auch für seine Parks und Gärten bekannt ist, hat es der Rosenzucht zu verdanken. Sie floriert seit dem 19. Jh. und ab 1949 versorgte die Gärtnerische Produktionsgenossenschaft *Roter Oktober* – man beachte den sorgfältig ausgewählten Namen – die DDR mit Rosen. So lag es nahe, einen **Rosengarten** (Vor dem Klagetor 3, Tel. 036 03/83 44 24, Mai–Okt. 10–19 Uhr, April–Nov. geschl.) einzurichten. Tausende Rosenstöcke umgeben dort eine Teichlandschaft. Ein *Museum* (Mai–Okt. tgl. 10–19 Uhr) erklärt, wie die edlen Blumen gezüchtet werden.

Ein Spaziergang entlang des Baumkronenpfades im Hainich ist ein erhabenes Erlebnis

Nur durch die Winkelgasse vom Rosengarten getrennt ist der **Japanische Garten** (März–Okt. tgl. 10–19 Uhr) an der Kurpromenade. Die asiatischen Vorbildern getreu nachgebildete Anlage schließt auch einen *Teepavillon* (Mai–Okt. tgl. 13–17, März/April Sa/So 13–17 Uhr) ein. Ende April feiert man hier das Kirschblütenfest.

Ebenfalls an der Kurpromenade befindet sich das **Friederikenschlösschen**, das sich Friederike von Sachsen-Weißenfels 1749–51 als Witwensitz bauen ließ. Der kleine Schlosspark ist tagsüber geöffnet.

Nach der sächsischen Witwe ist auch die **Friederiken Therme** (Böhmenstr. 5, Tel. 036 03/397 60, www.friederikentherme.de, tgl. 9–22 Uhr) benannt. Hierher wird das schwefelhaltige Wasser gepumpt, dessen Quelle 1811 in einem Vorort entdeckt wurde und dem Bad Langensalza seinen Status als Kurort verdankt.

i Praktische Hinweise

Information

Touristinformation Bad Langensalza, Bei der Marktkirche 11, 99947 Bad Langensalza, Tel. 036 03/82 58 45, www.bad langensalza.de

Hotels

*****Residenz am Kurpark**, Grabenweg 5, Bad Langensalza, Tel. 036 03/81 00 51, www.residenz-am-kurpark.de. Apartments mit voll ausgestatteten Küchen in einem wunderschönen Fachwerkhaus.

Bergstube, Bergstr. 7, Bad Langensalza, Tel. 036 03/84 69 80, www.bergstube.de. Familiäres Haus nahe der Bergkirche in der Altstadt, gemütliches Restaurant.

Restaurants

Hufelandhaus, Kornmarkt 8, Bad Langensalza, Tel. 036 03/84 20 64. Im Geburtshaus des Mediziners Hufeland gibt es heute Thüringer Küche, (Di geschl.).

Villa Italia, Kurpromenade 5a, Bad Langensalza, Tel. 03603/ 89 28 61, www.villa-italia.de. Ital. Köstlichkeiten im stilvollen Kavaliershaus mit großem Garten.

44 Nationalpark Hainich

Über den Bäumen muss die Freiheit wohl grenzenlos sein ...

Dichte, schier undurchdringliche Buchenwälder bedeckten Deutschland noch vor 2000 Jahren vom norddeutschen Tiefland bis zu den Alpen. Wenig ist von diesem mitteleuropäischen Urwald geblieben. In Deutschland zählt der Hainich, dessen Herz auf 75 km^2 Fläche als Nationalpark geschützt ist und der zum UNESCO-Weltnaturerbe gehört, zu seinen letzten Resten. Hier leben Wildkatze und Hermelin, Fledermausarten, Turmfalke, Wachtelkönig und viele mehr. 800 Pflanzenarten sind im Hainich zu Hause. Für viele von ihnen ist das Totholz, das im Nationalpark nicht weggeräumt wird, die wichtigste Lebensgrundlage.

Viele Möglichkeiten gibt es, den Nationalpark zu erkunden. Von den Parkplätzen an seinem Rand starten abwechslungsreiche **Wanderwege**, einige davon sind auch als Radwege befahrbar (z.B. der Fahrradweg, gelb markiert, der von Bad Langensalza nach Creuzburg durch den Park führt).

Erstaunliche Einblicke ins Blätterdach des Buchenwaldes ermöglicht der TOP TIPP **Baumkronenpfad** (Zufahrt von der B84 in Reichenbach über Craula zum Wanderparkplatz Thiemsburg; von dort 10 Min. zu Fuß, Tel. 036 03/89 21 59, www.baumkronen-pfad.de, April–Okt. tgl. 10–19, Nov./März tgl. 10–16, Dez.–Febr. Sa/So 10–16 Uhr Tel. 036 03/89 21 59), der sich in zwei Schleifen auf 10–24 m Höhe durch die Baumwipfel windet. Am Wanderparkplatz Thiemsburg startet auch der rund 4 km lange Naturpfad Thiemsburg.

Von Kammerforst aus, wo sich auch eine Nationalpark-Information (s.r.) befindet, kommt man zum Parkplatz Am Zollgarten. Dort beginnt der Wanderweg zum **Hünenteich** (ca. 6 km, 2 Std.). Die Route führt durch unterschiedliche Lebensräume des Hainich: Durch verbuschtes Offenland, an verlandeten Teichen vorbei, durch dichten Buchenwald. Auch der Saugrabenweg (10 km, ca. 3 Std.) startet an diesem Parkplatz. Auf ihm erreicht man nach ca. 10 Min. den **Wildkatzenkinderwald**, einen wunderbaren Abenteuerspielplatz.

i Praktische Hinweise

Information

Nationalpark-Information, Kammerforst, Tel. 03 60 28/368 93, www.nationalpark-hainich.de

Hotels/Restaurants

***__Landgasthof Alter Bahnhof__, Bahnhofstr. 69, Heyerode, Tel. 03 60 24/894 78, www.landgasthof-hainich.de. Attraktive Gaststätte mit Biergarten und Gästezimmern in ehemaligem Bahnhof; einige Ferienhäuser. Lage ca. 10 km nördlich des Nationalparks.

Schloss Goldacker, Am Schloss 11, Weberstedt, Tel. 03 60 22/99 94 04, www.hotel-goldacker.de. Liebevoll saniertes Schloss mit verwunschenen Zimmern; 7 km von Bad Langensalza am Rand des Nationalparks (Mo geschl.).

45 Nordhausen

Schon immer hieß es: ›Die allerbeste Medizin ist allzeit Nordhisser Branntewyn‹.

Nordhausen (41 900 Einw.) liegt im Westen der von Hainlaite im Süden, Kyffhäuser im Osten und Harz im Norden begrenzten Goldenen Aue, einer der fruchtbarsten Regionen Deutschlands. Angeb-

Roter Blickfang: Der Nordhäuser Roland wacht mit erhobenem Schwert vor dem Rathaus

Von altem Schrot und (Doppel)Korn: die Nordhäuser Traditionsbrennerei

lich verdankt sie ihren Namen der Farbe der ausgedehnten Weizenfelder, die die Landschaft im Sommer prägen.

Geschichte Schon im 8. Jh. befand sich in der Gegend von Nordhausen ein fränkischer Königshof, der um 910 unter dem späteren König Heinrich I. zur Burg befestigt wurde. In den folgenden Jahrhunderten wuchs eine Siedlung um die Burg heran, die Kaiser Friedrich II. schließlich 1220 zur freien Reichsstadt erhob. Als eine der ersten Städte des Reiches entschied sich der Rat 1524 für die Lehren Martin Luthers – nicht ganz uneigennützig, denn so konnte man Klosterbesitz innerhalb der Stadtmauern säkularisieren.

Bis 1802 wahrte Nordhausen seinen Status als Freie Reichsstadt, dann fiel es an Preußen. Im 19. Jh. wurde Nordhausen zum regionalen Wirtschaftszentrum. Wegen der Nähe zum KZ Mittelbau Dora, in dem Hitler die ›Vergeltungswaffe‹ V2 produzieren ließ, war Nordhausen 1945 Ziel verheerender Luftangriffe der Alliierten, die einen Großteil der Stadt zerstörten.

Nach dem Krieg siedelte die Regierung der DDR zahlreiche Kombinate in Nordhausen an, die allerdings zum Großteil dem wirtschaftlichen Umbruch nach der Wende 1989 zum Opfer fielen. Doch immerhin der Nordhäuser Doppelkorn wird bis heute in der Stadt produziert.

Besichtigung Nordhausens Altstadt präsentiert sich mit einer Reihe ansehnlicher Fachwerkhäuser aus mehreren Jahrhunderten, mit vielen Geschäften und Cafés. Ein Rundgang könnte am **Alten Rathaus** beginnen, dem stolzen Symbol reichsstädtischer Freiheit. Vor dem 1610 fertiggestellten Renaissancebau mit geschlossenen Arkaden steht ein rot gewandeter Roland (Kopie, Original im Neuen Rathaus). Er ersetzte 1717 einen arg beschädigten Vorgänger von 1441.

Vom Stolz der Nordhausener auf ihre reiche Wirtschaftsgeschichte zeugt auch das **Museum Tabakspeicher** (Bäckerstr. 20, Tel. 036 31/98 27 37, Di–So 10–17 Uhr). All die unterschiedlichen Handwerke, denen die Bürger der Stadt über die Jahrhunderte nachgingen, von der Schneiderei bis zur Kautabakerzeugung, werden dort vorgestellt. In der nahen **Finkenburg** (Domstraße), einem repräsentativen gotischen Fachwerkständerbau von 1444, trafen sich die Gilden von Nordhausen.

Der Glockenschlag des nahen **Doms zum Heiligen Kreuz** (Domstr. 5, Tel. 036 31/ 90 23 43, www.dom-nordhausen.de, tgl. 9–16 Uhr) mag die Gilden ermahnt haben, nicht nur ans Geschäft zu denken. Er wurde ab 1227, nach der Umwandlung des Frauen- in ein Domherrenstift durch Friedrich II., in frühgotischem Stil umgebaut. Hoch ragen die Pfeiler, die das Kreuzgratgewölbe tragen, empor. Die

Seitenwände des Chores dekorieren die überlebensgroßen Stifterfiguren, nämlich König Heinrich I. und seine Frau Mathilde. Auch Otto der Große und dessen Sohn Otto II. samt seiner Gemahlin Theophanou stehen dort. Bemerkenswert ist auch das geschnitzte Chorgestühl aus der Zeit um 1400. Das Domreliquiar, ein Splitter vom Kreuz Christi in einem edelsteinbesetzten Schmuckkreuz, ist nur an den Tagen um das Fest der Kreuzerhöhung (14. Sept.) zu sehen.

Sehr weltlich sind dagegen die Genüsse, die in der **Nordhäuser Traditionsbrennerei** (Grimmelallee 1, Tel. 036 31/63 63 63, www.traditionsbrennerei.de, Mo–Sa 10–16, Führungen Mo–Sa 14 Uhr) angeboten werden. Dort produzierte man bis vor einigen Jahren Kornbranntwein, mittlerweile wird er hier nur noch abgefüllt. Bei einer Führung wird die Technik der Destillation demonstriert, natürlich mit anschließender Verkostung und Verkauf.

Markant sind die beiden achteckigen, nach einem Blitzeinschlag im Dachteil unterschiedlich gestalteten Türme der Kirche **St. Blasii** (www.blasiikirche-nordhausen.de, Sa/So 10–12, 14.30–16.30 Uhr) am Pferdemarkt, die ursprünglich aus dem 13. Jh. stammt. Eine Ergänzung des 16. Jh. ist die verzierte Kanzel von 1592.

Zurück in die Gegenwart führt das von einer parkähnlichen Gartenanlage umgebene **Kunsthaus Meyenburg** (Alexander-Puschkin-Str. 31, Tel. 036 31/88 10 91, www.kunsthaus-meyenburg.de, Di–So 10–17 Uhr) am nördlichen Rand des Zentrums. In der Jugendstilvilla von 1907

Leiden unter Tage: das Konzentrationslager Mittelbau-Dora

Gerade hatte in der Heeresanstalt Peenemünde die Serienfertigung der als **Terrorwaffe** konzipierten A4-Rakete (auch V2 genannt) begonnen, als alliierte Bomber sie im August 1943 durch einen Luftangriff wieder beendeten. Um vor künftigen Luftangriffen sicher zu sein, beschlossen SS und Rüstungsministerium, die Produktion der A4 künftig unter die Erde zu verlegen. Als geeignet erwies sich das Stollensystem von Kohnstein, das spätere Lager Dora. Innerhalb von nur drei Monaten verlegte die SS über 10 000 Häftlinge aus dem KZ Buchenwald in die Stollen, um sie bei deren Ausbau zur Waffenfabrik als **Zwangsarbeiter** einzusetzen. Im Frühjahr 1945 lebten insgesamt etwa 40 000 Häftlinge im Hauptlager Dora und dessen rund 40 Außenlagern. Wie entsetzlich die Bedingungen dort waren zeigen schon die Todesraten: Monatlich starben etwa 500 Menschen an Hunger und Erschöpfung. Angesichts des raschen Vorrückens der Alliierten im April 1945 kam der Befehl zur ›Evakuierung‹: Mit völlig überfüllten Zügen oder auf mörderischen Fußmärschen trieb die SS die Häftlinge in die KZs von Bergen-Belsen und Sachsenhausen. Als Einheiten der III. US-Armee das Lager am 11. April 1945 erreichten, fanden sie nur noch einige hundert Häftlinge.

Die KZ-Gedenkstätte Mittelbau-Dora erinnert eindringlich an das Leiden der Häftlinge in den Rüstungsbetrieben. Die Ruinen der Außenanlagen mit Appellplatz, Resten der Baracken und der Hinrichtungsstätte lassen noch immer schaudern. Teile der früheren Stollenanlagen unter Tage sind im Rahmen einer Führung zugänglich.

KZ-Gedenkstätte Mittelbau-Dora, Kohnsteinweg 20, 99734 Nordhausen, Tel. 036 31/495 80, www.dora.de, März–Okt. Di–So 10–18, Nov.–Feb. Di–So 10–16 Uhr, Außenanlagen tgl. bis Sonnenuntergang.

Gespenstisch muten die alten Stollen des KZ Mittelbau-Dora an

werden Drucke und Grafiken von Feininger, Warhol, Miró und Penck gezeigt.

Praktische Hinweise

Information

Stadtinformation Nordhausen, Markt 1, 99734 Nordhausen, Tel. 036 31/69 67 97, www.nordhausen.de

Hotels

An der Allee, Parkallee 8a, Nordhausen, Tel. 036 31/98 21 75, www.am-stadt park-nordhausen.de. Freundliches Haus am nördlichen Stadtrand mit Restaurant und Terrasse.

Pension Hildebrandt, Nordhäuser Str. 37, Nordhausen, Tel. 036 31/60 10 01, www.pension-nordhausen.de. Kleine familiäre Pension am Stadtrand.

Restaurant

Zur goldenen Kugel, Geseniusstraße 2, Nordhausen, Tel. 03631/60 40 79, www.zurgoldenenkugel.de. Gutbürgerliche Küche, im Sommer mit Biergarten. (So/Mo geschl.)

46 Sondershausen

Im Lohwäldchen lag schon um 1800 die Musik in der Luft.

Zwischen den Höhenzügen von Hainleite und Windleite liegt Sondershausen (22 860 Einw.), ein typisches Thüringer Residenzstädtchen. Regiert wurde es seit 1356 von Angehörigen des Hauses Schwarzburg, einem der ältesten Adelsgeschlechter Deutschlands – und dem letzten, das nach der Revolution im November 1918 abdankte. Seit den 1890er-Jahren prägte der Kaliabbau das Wirtschaftsleben der Stadt. In fast 500 m Tiefe hatte der Dortmunder Unternehmer Brügman das vor allem zur Düngerherstellung verwendete Steinsalz gefunden. In den folgenden Jahrzehnten dehnte sich das Kalibergwerk immer weiter aus, bis fast die gesamte Stadt und das Umland auf einer Fläche von 25 km^2 untertunnelt waren. Seit der Wende wurden die Stollen zumindest unter Sondershausen wieder verfüllt, um ein Absinken der Stadt zu vermeiden.

In den fast 600 Jahren ihrer Regentschaft bauten die Schwarzburger ihr **Residenzschloss** (Tel. 036 32/62 24 20, Di–So 10–17 Uhr) auf einer Anhöhe über dem Markt immer weiter aus. Das *Schlossmuseum* präsentiert stolz den Reichtum der Fürsten, sortiert in 19 verschiedenen Sammlungen, die von der Biologie über die Keramik zu Grafiken, Handschriften, Numismatik und Uhren reichen.

Während die Weimarer Fürsten sich mit der Förderung des Geisteslebens einen Namen machten, schätzten die Schwarzburger besonders die Musik. Diese Tradition lebt in der *Landesmusikakademie Thüringen* fort, die den **Marstall** (Schloss 2, Tel. 036 32/66 62 80, www.landesmusikakademie-sondershausen.de) im Schlosspark als Schulungsgebäude nutzt. Das barocke **Achteckhaus** (1708) auf seiner Rückseite war einst Schauplatz höfischer Feierlichkeiten. Mittlerweile bildet es den formidablen Rahmen für Konzerte der Akademie und des überregional bekannten Loh-Orchesters. Es entstand aus der fürstlichen Hofkapelle und verdankt seinen Namen dem Loh-Wäldchen, in dem sein erstes Konzerthaus stand. Seine eigentliche Spielstätte ist das *Haus der Kunst im Loh*, weitere Konzerte finden im *Blauen Saal* des Schlosses statt.

Von der fürstlichen Residenz führt die Schlosstreppe hinab zum **Markt**. An ihrem Fuß steht die *Schlosswache*, ein in Schinkel-Manier errichteter klassizistischer Repräsentationsbau. Ihr Gegenüber, ebenfalls klassizistisch, aber bürgerlich-bescheiden, bildet das *Rathaus*. Fast die gesamte nördliche Marktseite nimmt schließlich das Prinzenpalais ein.

Auch die barocke **Trinitatiskirche** (tgl. 11–16 Uhr) von 1693 südlich des Marktes zeugt vom umfassenden Einfluss der Schwarzburger auf Sondershausen, befindet sich hier doch seit dem 19. Jh. in einer Seitenkapelle die Grablege der Fürstenfamilie. Der sog. *Herrschaftsstand*, von dem aus die Schwarzburger dem Gottesdienst folgten, ist auf der linken Seite des Kirchenschiffs erhalten.

Das bevorzugte Jagdrevier der Schwarzburger waren die Wälder um den **Possen** (Possen 1, Tel. 036 32/78 28 84, www.possen.de, mit dem Auto 6 km ab Zentrum Sondershausen über Erfurter und Greußer Str., Wanderweg 3,5 km ab Sondershausen-Possenallee). Auf der flachen Bergkuppe verwandelten sie ein bereits bestehendes Jagdhaus in der ersten Hälfte des 18. Jh. in ein schmuckes *Schlösschen*, das seit 1781 der *Possenturm* ergänzt. Von dem achteckigen, 42 m hohen Fachwerkturm blickt man weit über

Die Alte Wache am Markt markiert den Übergang von der Stadt zur fürstlichen Residenz

die Landschaft. Wildgehege, Bärenzwinger, Vogelvolieren, Kinderspielplätze, ein Hochseilgarten sowie ein großer Biergarten vor dem Schloss machen den Possen zu einem vielbesuchten Ausflugsziel.

Faszinierend ist ein Besuch des **Erlebnisbergwerks Glückauf** (Schachtstr. 20, Tel. 036 32/65 52 80, www.erlebnisbergwerk.com, Besuch nur nach Voranmeldung), dessen Stollen sich in einer Tiefe von bis zu 1050 m unter der Erde befinden. Sie sind bis zu 3 m hoch und breit genug, um sie mit LKWs zu befahren, man kann das weitläufige Gängenetz überdies mit dem Fahrrad oder der Grubenbahn erkunden. Konzerte in einem Saal tief unter der Erde, Laufveranstaltungen auf einem Rundkurs von 5,1 km Länge und sogar Mountainbike-Rennen werden dort veranstaltet. Weniger anstrengend ist eine Kahnfahrt auf dem unterirdischen See oder eine ›Fahrt‹ auf der 36 m langen Salzrutsche mit 40 % Gefälle.

i Praktische Hinweise

Information

Touristinformation ›Alte Wache‹, Markt 9, 99706 Sondershausen, Tel. 036 32/78 81 11, www.sondershausen.de

Hotels

*****Nucke**, Gerhart-Hauptmann-Str. 19, Sondershausen, Tel. 036 32/60 22 13, www.reiterhof-nucke.de. Ländliche Pension und Reiterhof in ruhiger Stadtrandlage mit komfortablen Zimmern; Café.

*****Thüringer Hof**, Hauptstr. 30–32, Sondershausen, Tel. 036 32/65 60, www.thueringerhof.com. Zentrales Traditionshotel mit komfortabler Ausstattung.

Restaurant

Jagdschloss, Schlossstr. 8, Possen, Tel. 036 32/78 28 84, www.possen.de. Restaurant im Jagdschloss auf dem Possen. Spanferkel, Wild und Fischspezialitäten.

47 Bad Frankenhausen

Erinnerung an aufständische Bauern und zwei große deutsche Kaiser.

Bad Frankenhausen (8844 Einw.) liegt am Südhang des Kyffhäuser Gebirges, des kleinsten deutschen Mittelgebirges. Seine Entstehung und frühen Wohlstand verdankt der Ort mehreren Solequellen, die hier zutage traten und wohl schon seit dem 9. Jh. zur Gewinnung von Salz genutzt wurden.

Wirklich Historisches trug sich in Frankenhausen allerdings nur einmal zu. Am 14. und 15. Mai des Jahres 1525 fand nämlich vor den Toren der Stadt die letzte Schlacht der Bauernkriege statt. Etwa 8000 schlecht bewaffnete Bauern standen einem bestens ausgerüsteten Ritter-

heer gegenüber, der Ausgang der Schlacht war entsprechend absehbar: Am Abend waren 5000 Bauern tot, ihr geistiger Anführer, der radikale Reformator Thomas Müntzer, wurde wenig später hingerichtet. Die offizielle Geschichtsschreibung der DDR verklärte Müntzer in den 1970er-Jahren zum Helden. Er habe mit dem Bauernkrieg die ›frühbürgerliche Revolution‹ gegen Adel und Feudalismus angeführt, so den Übergang zum Frühkapitalismus beschleunigt und mit seinen Ideen dem real existierenden Sozialismus den Weg bereitet.

Ihm und dem Bauernkrieg zu Ehren erteilte das Kulturministerium der DDR im Jahr 1976 dem Künstler Werner Tübke (1929–2004) den Auftrag, ein großformatiges Monumentalgemälde mit dem Titel ›Die frühbürgerliche Revolution in Deutschland‹ zu schaffen. Nur für dieses 123 x 14 m große Bild wurde das TOP TIPP **Panorama Museum** (Am Schlachtberg 9, Tel. 03 46 71/61 90, www.panorama-museum.de, April–Okt. Di–So 10–18, Juli/Aug. auch Mo 13–18 Uhr, Nov.–März Di–So 10–17 Uhr) über Frankenhausen erbaut. Über ein Jahrzehnt, von 1976 bis 1987 brauchte Tübke, um ein in seiner Aussagekraft schier unerschöpfliches Werk fertigzustellen. So steht die Schlacht von Frankenhausen zwar im Zentrum des Geschehens, doch ansonsten weist das Gemälde weit über das 16. Jh. hinaus und behandelt allgemeingültige Triebfedern des Menschen wie Machtstreben oder Gier.

Bad Frankenhausen selbst strahlt rund um den Anger und die Einkaufsstraße Kräme das Flair eines ruhigen Kurorts aus. Zwei Reha-Kliniken und die **Kyffhäuser Therme** (August-Bebel-Platz 9, Tel. 03 46 71/51 23, www.kyffhaeuser-therme.de, tgl. 9–22 Uhr) mit ihrem Sole-Schwimmbecken sorgen für die nötige Infrastruktur.

Wer hier kurt, sollte sich Wanderungen im nahen Kyffhäuser Gebirge nicht entgehen lassen. Als Einstimmung kann man das **Regionalmuseum** (Tel. 03 46 71/620 86, Mi–So 10–17 Uhr) besuchen, das über Natur und Vergangenheit der Region, den Bauernkrieg sowie die Stadtgeschichte informiert. Es ist im 1533 durch Günther von Schwarzburg erbauten Schloss untergebracht, in dem die Frankenhausener Vögte residierten. Vorher wohnten sie im **Hausmannsturm** aus dem 13. Jh. Seinen Namen verdankt er dem sog. Hausmann, dessen Aufgabe es war, die Stundenglocke zu läuten. Nicht weit entfernt neigt sich der Turm der hochgotischen **Oberkirche** (Weihe 1382) um 5,37 Grad und damit sehr bedenklich zur Seite. Angeblich ist er damit der schiefste Turm Deutschlands.

Panorama Museum: In dem zylindrischen Rundbau wird der Bauernkrieg lebendig

Ausflüge

Nur ein schmaler Damm verbindet die **Wasserburg Heldrungen** (10 km ab Bad Frankenhausen, heute Jugendherberge und Burgcafé, Tel. 03 46 73/912 30, www.wasserburg-heldrungen.de, von außen ab 8 Uhr zugänglich, Führungen auf Anfrage) mit dem gleichnamigen Ort (2300 Einw.). Weil es im sumpfigen Helderbachtal an Bergen fehlte, wählten die Herren von Heldrungen um 1100 eine Insel in einem der vielen Seen als Standort für ihre Burg. Die heutige Anlage, die sich mit geschickt gestalteten Wassergräben und den wehrhaften Bastionen an französischer Festungsarchitektur orientiert, stammt aus dem 17. Jh.

TOP TIPP Nochmals 20 km weiter südlich zieht **Burg Weißensee** (auch Runneburg, Tel. 03 63 74/362 00, www.thueringerschloesser.de, Besichtigung nur mit Führung: April–Okt. Di–Fr nach Anmeldung, Sa/So stündlich von 11–16 Uhr) Besucher in ihren Bann. Der Thüringer Landgraf Ludwig II. der Eiserne (reg. 1140–72) ließ sie um 1170 auf halbem Weg zwischen seinen Festungen Neuenburg an der Unstrut (heute zu Sachsen-Anhalt gehörig) und Wartburg errichten, der Legende nach auf Geheiß seiner Frau, der Landgräfin Jutta, der die lange Reise zwischen den beiden Domizilen zu beschwerlich war. Burg Weißensee, deren Ringmauer ein etwa 1,5 Hektar großes Areal umschließt, zählt zu den größten romanischen Burganlagen in Deutschland. Sowohl die Toranlage mit dem Burgtor aus dem 13. Jh. als auch Palas und Wohnturm sind romanischen Ursprungs und stammen aus der ersten Bauphase. Insbesondere im Inneren der Burganlage stehen in den nächsten Jahren noch weitere Sanierungsmaßnahmen an.

Bis heute umgibt ein Burggraben die Wasserburg Heldrungen

i Praktische Hinweise

Information

Kyffhäuser-Information, Anger 14, 06567 Bad Frankenhausen, Tel. 03 46 71/717 17, www.kyffhaeuser-tourismus.de

Hotels

*****Grabenmühle**, Am Wallgraben 1, Bad Frankenhausen, Tel. 03 46 71/569 40, www.gasthof-grabenmuehle.de. Im Jahr 1647 als Ölmühle erbautes Gemäuer, vollständig modernisiert, mit hübschem Garten; regionale Küche.

Alte Hämmelei, Bornstr. 33, Bad Frankenhausen, Tel. 03 46 71/51 20, www.alte-haemmelei.de. Familiäres Hotel in einem außerordentlich schmucken Fachwerkhaus und mit gutem Restaurant.

Promenadenhof, Promenade 16, Weißensee, Tel. 03 63 74/22 20, www.promenadenhof.de. Schöner Hof in Fachwerk-Ziegelbauweise, gepflegte individuelle Zimmer, hervorragende Küche mit fantasievoller Zubereitung der Speisen.

Restaurants

Alter-Ackerbürgerhof, Kurstr. 18, Bad Frankenhausen, Tel. 03 46 71/631 30, www.alter-ackerbuergerhof.de. Gemütliches altes Haus mit lauschigem Biergarten im Innenhof; regionale Spezialitäten, Wild aus dem Kyffhäuserwald.

Thüringer Hof, Anger 15, Bad Frankenhausen, Tel. 03 46 71/510 10, www.thueringer-hof.com. Traditionshaus mit bodenständiger Küche, im Sommer wird der Biergarten gerne genutzt; auch Hotelbetrieb.

48 Kyffhäuser

Ein Kaiser schläft in Deutschlands kleinstem Mittelgebirge.

Der Kyffhäuser ist das kleinste deutsche Mittelgebirge, von Nord nach Süd misst es 7 km, von Ost nach West 12 km. Großenteils ist es dicht bewaldet, nur an seinem Südhang präsentiert es sich baumlos: Hier ist der Untergrund stark verkarstet, sodass Wasser rasch abfließt und nur Steppenrasen gedeiht.

Auf den Ruinen der Reichsburg Kyffhausen entstand das gewaltige Kyffhäuser-Denkmal

Seine weit überregionale Bekanntheit verdankt das Gebirge der Kyffhäusersage, der zufolge der Stauferkaiser Friedrich Barbarossa in einer Höhle unter dem Gebirge bis zu jenem Tag schlafen soll, an dem er sein Volk aus größter Not erretten muss. Anfang des 19. Jh., als Napoleon das Heilige Römische Reich Deutscher Nation zerschlug und in Preußen einmarschierte, schien diese Rückkehr dringlicher denn je, und die Sage vom schlafenden Staufer gewann ungemein an Popularität. Als dann Deutschland unter Kaiser Wilhelm I. 1871 vereint war, sahen viele in ihm den neuen Barbarossa. So lag es nahe, am Schauplatz der Sage das

TOP TIPP **Kyffhäuser-Denkmal** (Tel. 03 46 51/ 27 80, www.kyffhaeuser-denkmal.de, April–Okt. 9.30–18, Nov.–März 10–17 Uhr) für den ersten Kaiser des zweiten Deutschen Reiches zu errichten.

Daher steht nun dort, wo zu Zeiten Friedrich Barbarossas die mächtige Reichsburg Kyffhausen ins Land blickte, ein Denkmal für Kaiser Wilhelm I. Als Überwältigungsarchitektur könnte man bezeichnen, was nach einem Entwurf des Baumeisters Bruno Schmitz 1891–96 entstand. Am Fuß des Denkmalturms sitzt

Der Kyffhäuserweg

Der **Kyffhäuserweg** (Rundweg, insgesamt 37 km, Start in Bad Frankenhausen am Anger) führt zu fast allen Höhepunkten des Mittelgebirges, durch Wälder und Magerrasen, zu Burgen und Pfalzen, bergauf und bergab. Eine besonders schöne Etappe verbindet die Barbarossahöhle mit dem Kyffhäuser-Denkmal (12,5 km, ca. 4 Std., 350 Höhenmeter, Rückfahrt via Rufbus, Anmeldung bis 2 Stunden vor Fahrtantritt, Tel. 03 91/536 31 80, www.kyffhaeuser-tourismus.de). Unterwegs übersteigt man den höchsten Berg des Kyffhäuser, den 473 m hohen Kulpenberg mit dem weithin sichtbaren Fernsehturm und kann die Burgruine Rothenburg (11. Jh.) mit einem trutzigen Bismarckturm erkunden.

rauschebärtig der schlafende Barbarossa, scheinbar aus einem Steinbruch herauswachsend. Über ihm steigt der Turm aus rötlichem Buckelquadermauerwerk empor, wie es auch die Reichsburg Kyffhausen prägte. Auf halber Höhe dann der Heros Wilhelm I., in Kriegsmontur und tapfer ins Feld reitend. Auf dem Turm thront weithin sichtbar die 6,6 m hohe Kaiserkrone. Zu ihr kann man über 247 Stufen hinaufklettern, um weit ins Thüringer Becken und bis zum Harz zu blicken.

Sowohl ober- als auch unterhalb des Monuments blieben Reste der **Reichsburg Kyffhausen** erhalten. Markant ist der Bergfried der *Oberburg*, zu dem man durch das romanische Erfurter Tor gelangt. In der Oberburg, in unmittelbarer Nähe des Eingangs zum Denkmal, befindet sich auch der 176 m tiefe Brunnen, der die Burgbewohner im Falle einer Belagerung mit Wasser versorgen sollte. Nahebei macht das *Burgmuseum* mit der Geschichte der Feste vertraut. Die *Unterburg* beeindruckt mit den Resten der 10 m hohen Ringmauer.

Etwa 5 km nordwestlich von Bad Frankenhausen entdeckten Bergleute auf der Suche nach Kupferschiefervorkommen 1865 in karstigem Gestein die

TOP TIPP **Barbarossahöhle** (Rottleben, Tel. 03 46 71/545 0, www.barbarossahoehle.de, April–Okt. tgl. 10–17, Nov.–März Di–So 10–16 Uhr, stündlich Führungen). Sie ist ca. 800 m tief und 13 000 m² groß. Bizarre Gipsformationen am Deckengewölbe spiegeln sich im tiefgrünen Wasser unterirdischer Seen.

Thüringen aktuell A bis Z

Vor Reiseantritt

ADAC Info-Service: Tel. 0800/510 11 12 (gebührenfrei)

Unter dieser Telefonnummer oder bei den ADAC Geschäftsstellen können ADAC Mitglieder kostenloses Informations- und Kartenmaterial anfordern.

ADAC im Internet:
www.adac.de
www.adac.de/reisefuehrer

Thüringen im Internet:
www.thueringen-tourismus.de

Informationen über Ferienregionen in Thüringen bieten:

Tourist Information Thüringen, Willy-Brandt-Platz 1, 99084 Erfurt, Tel. 03 61/374 20

Regionalverbund Thüringer Wald e.V., Zellaer Markt 1, 98544 Zella-Mehlis, Tel. 03682/477 69 20, www.thueringer-wald.com

Städtetourismus Thüringen, UNESCO-Platz 1, 99423 Weimar, Tel. 036 43/74 53 14, www.thueringer-staedte.de

Thüringer Schneetelefon: Tel. 08 00/723 64 88 (gebührenfrei)

Allgemeine Informationen

Die **ThüringenCard** (www.thueringen card.info) ermöglicht freien Eintritt zu über 200 Museen und Parks. Sie ist bei der Tourist Information Thüringen (s.o.) oder im Onlineshop (www.thueringen card.info) zu erhalten. Die ein Jahr lang gültige **Thüringer Wald Card** (Tel. 01 80/ 545 22 54, 0,14 €/Min, www.thueringer-wald-card.info) gewährt Preisnachlässe auf über 300 Sehenswürdigkeiten.

Tourismusämter

Tourismusämter und Kurverwaltungen werden bei den jeweiligen Punkten unter *Praktische Hinweise* genannt.

Service und Notruf

Einheitlicher Notruf: Tel. 112 (EU-weit, auch mobil: Polizei, Unfallrettung, Feuerwehr)

ADAC Pannenhilfe Deutschland: Tel. 0180/22 22 22 2 (dt. Festnetz 6 Cent/Anruf; dt. Mobilfunknetz max. 42 Cent/Minute). Mobil-Kurzwahl: 22 22 22 (Verbindungskosten je nach Netzbetreiber/Provider)

ADAC Verkehrsservice: Mobil 224 11 (persönliche Beratung, Verbindungskosten je nach Netzbetreiber/Provider)

ADAC Stau-Info: Mobil 224 99 (automatische Ansage, Verbindungskosten je nach Netzbetreiber/Provider)

ADAC Ambulanzdienst München
Festnetz: +49/89/76 76 76

ÖAMTC Schutzbrief Nothilfe
Tel. +43/1/251 20 00

Einsatzzentrale TCS-ETI-Schutzbrief:
Tel. +41/58/827 22 20

Anreise

Auto

In West-Ost-Richtung wird Thüringen im Norden von der A 38 (Südharzautobahn) von Göttingen nach Leipzig und im Süden von der A 4 Frankfurt a.M. – Dresden gequert. In Nord-Süd-Richtung schneidet die A 9 Berlin – Nürnberg Thüringen. Von der Südharzautobahn A 38 entsteht mit der A 71 eine Verbindungsstrecke nach Nordbayern, deren vorerst letztes Teilstück zwischen Etzleben und Sömmerda vorauss. im Sommer 2015 eröffnet werden soll, und die sich bei Suhl in eine Strecke nach Schweinfurt (Unterfranken) und eine andere ins oberfänkische Bamberg (A 73) verzweigt.

Bahn

ICE und IC befahren die Strecke Frankfurt–Fulda–Eisenach–Erfurt etwa stündlich; die Nord-Süd-Verbindung von Berlin über Jena nach München wird etwa stündlich angeboten. DB und Privatbahnen erschließen auch kleine Orte.

Fahrplanauskunft:

Deutsche Bahn, Tel. 01806/99 66 33 (dt. Festnetz 20 Cent/Anruf, dt. Mobilfunknetz max. 60 Cent/Anruf), Tel. 0800/150 70 90 (gebührenfrei, automatische Fahrplanansage), www.bahn.de

Österreich

Österreichische Bundesbahn, Tel. 05/1717, www.oebb.at

Schweiz

Schweizerische Bundesbahnen, Tel. 0900/30 03 00 (CHF 1.19/Min. aus dem Schweizer Festnetz), www.sbb.ch

Flugzeug

Flughafen Erfurt GmbH, Binderslebener Landstr. 100, 99092 Erfurt, Tel. 0361/656 2200, www.flughafen-erfurt-weimar.de

Bank und Post

Bank

Banken sind in der Regel Mo–Fr 8.30–12.30 und 14–16 Uhr geöffnet.

Post

Öffnungszeiten sind meist Mo–Fr 8–12 und 14–18, Sa 8–12 Uhr. In kleineren Orten übernehmen Agenturen in Lebensmittel- oder Schreibwarenläden die Postdienste.

Menschen mit Behinderung

***Schlosshotel am Hainich**, Hauptstr. 98, 99820 Behringen, Tel. 03 62 54/850 90, www.schlosshotel-behringen.de, bietet Menschen mit körperlicher Behinderung Urlaub ohne Barrieren.

Im Nationalpark Hainich vermittelt der **Erlebnispfad Brunstal** Geh- wie Sehbehinderten an neun Stationen Informationen über den Wald (Beginn am Wanderparkplatz ›Fuchsfarm‹ bei Mülverstedt).

Die Prospekte **›Thüringen barrierefrei – Reisetipps und Freizeitangebote‹** sowie **›Barrierefreie Unterkünfte‹** kann man kostenlos bestellen bei: **Tourist Information Thüringen**, Willy-Brandt-Platz 1, 99084 Erfurt, Tel. 0361/374 20, www.thueringen-tourismus.de

Einkaufen

Glas und Porzellan

Kahla Porzellan, Christian-Eckardt-Str. 38, 07768 Kahla, Tel. 03 64 24/792 79, www.kahlaporzellan.com, Mo–Sa 9.30–18 Uhr

Krebs Glas Lauscha, Am Park 1, 98724 Lauscha (OT Ernstthal), Tel. 03 67 02/28 86 70, www.krebslauscha.de

Loop Keramik, Bürgermeister-Wagner-Straße 3, 99096 Erfurt, Tel. 0179/127 04 47, www.loopkeramik.de. Doreén Reifenberger macht mit ihren modernen Keramik-Kreationen dem klassischen Porzellan Konkurrenz.

Sitzendorfer Porzellanmanufaktur, Hauptstr. 26, 07429 Sitzendorf, Tel. 03 67 30/223 44, www.porzellan-sitzendorf.de, tgl. 11–16 Uhr

Volkstedter Porzellanmanufaktur, Breitscheidstr. 7, 07407 Rudolstadt, Tel. 08 00/838 82 82, www.porzellanmanufaktur-volkstedt.com, Mo–Fr 10–17, Sa 10–15 Uhr

Weihnachtsland Lauscha, Straße des Friedens 39, 98724 Lauscha, Tel. 03 67 02/229 45, Mo–Fr 9.30–18, Sa 9.30–16, So 10–16 Uhr. Herrliche Christbaumkugeln.

Nahrungsmittel und Naturprodukte

Das **Haflinger Gestüt Meura**, Ortsstr. 116, 98744 Meura, Tel. 03 67 01/311 51, www.haflinger-in-meura.de, verkauft Stutenmilch, Stutenmilchkosmetik und -likör.

Kräuterliköre findet man bei **A.O. Siegmund Likörfabrikation & Destillerie**, Ortsstr. 2, 07426 Oberhain (westlich von Sitzendorf), Tel. 03 67 38/426 10, www.siegmundiner.de.

Gebranntes gibt es bei der **Lobensteiner Destillerie & Erlebnisbrauerei**, Markt 24, 07356 Bad Lobenstein, Tel. 03 66 51/21 14, www.destillerie-erlebnisbrauerei.de.

Genuss versprechen die handgefertigten Pralinen der **Rotstern Schokoladenmanufaktur**, Feengrottenweg 1, 07318 Saalfeld, Tel. 036 71/45 79 12, www.rotstern.de.

Andenken

Die **Bürgler Töpferwaren** mit weißen Punkten sind in Andenkenläden erhältlich. Um blaue Farbe geht es auch beim Blaudruck, der mit dem Farbstoff Waid hergestellt wurde. Die **Blaudruckwerkstatt Sigritt Weiß**, Mühlburgweg 32, 99094 Erfurt-Hochheim, Tel. 0361/ 225 24 30, stellt ihn im Originalverfahren her.

Essen und Trinken

Die Thüringer Küche ist deftig und gehaltvoll – so ist es der ländliche Brauch.

Als Getränke schätzen die Thüringer **Bier**, speziell das Bad Köstritzer Schwarzbier. An Saale und Unstrut werden seit jeher gute **Weißweine** angebaut, die zum Fisch vortrefflich munden. Der **Nordhäuser Doppelkorn** ist ideal zur Verdauung.

Thüringer Schwarzbierfleisch wird mit Schweinekamm, einer würzigen Schwarzbiersoße und **Thüringer Klößen** zubereitet. Für die Klöße hat jede Hausfrau ihr eigenes Rezept, alle basieren jedoch auf mehligen Kartoffeln.

In Ostthüringen gibt es kein Fest ohne **Schmöllner Mutzbraten**, einen Spießbraten aus Schweinekamm. Traditionell wird er in sogenannten Mutzbratenständen im Birkenholzrauch gegart, dazu isst man Brot und Sauerkraut.

Schon mancher Fremde wurde von **Thüringer Rostbrätl** verblüfft, weil er den Namen für eine einheimische Bezeichnung der Bratwürste hielt. In Wirklichkeit handelt es sich dabei um gegrillten Schweinekamm, der vorher eingelegt worden ist.

Für die **Thüringer Bratwürste** gibt es eine ähnliche Fülle an Rezepten wie für die Klöße. Alle basieren auf Schweinefleisch und einer kräftigen Kräuter-Würzmischung, die Zusammensetzung variiert je nach überlieferter Rezeptur. Gemeinsam ist allen eine Länge von mind. 15 cm.

Nordöstlich von Ziegenrück erstrecken sich die *Plothener Teiche*. Mönche legten sie im Mittelalter an, bis heute werden dort **Forellen** gezüchtet.

Nordthüringen ist Zwiebelland. Heldrungen gilt als Zwiebelstadt und der Weimarer Zwiebelmarkt ist das größte Volksfest der Region. Dazu gehört natürlich ein traditioneller **Zwiebelkuchen**. Regionale Besonderheit ist eine Schicht Grießbrei, die ihn schön saftig hält. Auch **Zwiebelsuppe** steht im Herbst in Nordthüringen häufig auf der Speisekarte. **Suhler Dansch** besteht aus Kartoffeln und Zwiebeln, die gerieben und mit Weißbrot vermischt in Fett ausgebacken werden.

Zu den traditionellen Speisen gehört die **Linsensuppe**, die mit Rotwurst süßsauer zubereitet wird. Auch der **Heldrunger Sauerbraten** hat eine süßsaure Soße. Im Eichsfeld wird der **Lammbraten** delikat zubereitet, mit Kräuterkruste in Rotweinsoße. Abschließen könnte man das Mahl dann mit einem würzigen **Ziegenkäse** aus dem Altenburger Land. Wer es eher süß liebt, der wird sich an **Mushörnchen** freuen, die sehr schmackhaft mit Pflaumenmus gefüllt werden. Zu Weihnachten gibt es ›**Erfurter Schittchen**‹, die thüringische Variante des Christstollens.

Feiertage

1. Januar (Neujahrstag), Karfreitag, Ostermontag, 1. Mai (Maifeiertag), Christi Himmelfahrt, Pfingstmontag, 3. Oktober (Tag der deutschen Einheit), 31. Oktober (Reformationstag), 25./26. Dezember (1./2. Weihnachtsfeiertag).

Festivals und Events

Februar

Eichsfeld: Der *Fette Donnerstag* (Donnerstag vor Karneval) ist der Auftakt für den Karneval.

Wasungen: *Wasunger Karneval* (Karnevalssamstag).

März/April

Eisenach: *Sommergewinn* (www.sommergewinnszunft.de). Größtes Frühlingsfest Deutschlands (drei Wochen vor Ostern).

Kahla: Mittelalterspektakel auf der Leuchtenburg (www.leuchtenburg.de, Karfreitag bis Ostermontag).

April

Verschiedene Orte: *Thüringer Bachwochen* (www.thueringer-bachwochen.de).

April/Mai

Weimar: *Weimarer Frühjahrstage für zeitgenössische Musik* (www.via-nova-ev.de).

Mai

Creuzburg: *Anpaddeln auf der Werra* (1. Mai). Eröffnung der Bootsaison für Kanusportler und Anfänger.

Uhlstädt: *Flößerfest* (2015, 2017 …). Wehrüberfahrt der Langholzflöße am Pfingstsonntag.

Juni

Bauerbach: Aufführungen des *Naturtheaters ›Friedrich Schiller‹ Bauerbach* (www.naturtheater-bauerbach.de).

Eisfeld: *Kuhschwanzfest* (www.kuhschwanzfest.de, Dienstag nach Pfingsten). Historischer Wachaufzug und Mittelaltermarkt, Feuerwehrübung und Festumzug.

Erfurt: *Krämerbrückenfest* (drittes Wochenende). Thüringens größtes Altstadtfest rund um die Krämerbrücke.

Nordhausen: *Rolandsfest*. Das größte Volksfest der Region.

Ranis: *Thüringer Literatur- und Autorentage* (www.lesezeichen-ev.de).

Heiligenstadt: *Leidensprozession* (Palmsonntag).

Juli

Bad Blankenburg: *Lavendelfest.* Innenstadtfest mit Tanz unter dem Lavendelkranz, verkaufsoffener Innenstadt.

Erfurt: *Sommertheater in der Barfüßerruine* (www.neues-schauspiel-erfurt.de).

Meiningen: *Hütesfest* (1. Wochenende). Stadtfest und Töpfermarkt.

Rudolstadt: *TFF Rudolstadt* (www.tff-rudolstadt.de, 1. Wochenende). Größtes Folk-, Roots- und Weltmusik-Festival Deutschlands.

Schleusingen: *Countryfestival am Bergsee Ratscher* (www.countryfestival.eu; letztes Wochenende).

Sondershausen: *Schlossfestspiele* (www.schlossfestspiele-sondershausen.de). Oper mit dem Loh-Orchester.

Erfurt: *Domstufenfestspiele* (www.domstufen.de). Musik und Theater auf der Treppe des Erfurter Doms.

Juli/August

Gera: *Höhlerbiennale* (www.hoehlerbiennale.de, Mitte Juni–Okt., 2015, 2017 …). Kunst in den Gängen unter Gera.

Gotha: *Ekhof-Festival* (Juni/Juli/August). Theater des Barock (www.ekhof-festival.de)

Jena: *Kulturarena* (www.kulturarena.de). Konzerte, Theater und Filmvorführungen.

August

Paulinzella: *Kulturfestival in der Klosterruine* (www.kulturfestival-paulinzella.de).

Dornburg: *Dornburger Schlössernacht* (www.dornburger-schloessernacht.de, vorletzter Samstag).

Ilmenau: *Kickelhahnfest* (letzter Sonntag).

Rudolstadt: *Rudolstädter Vogelschießen.* Großer Jahrmarkt (www.vogelschiessen-rudolstadt.de, letzte Augustwoche).

Schmalkalden: *Schmalkalder Hirschessen.* Historisches Fest mit Musik, Tanz, Kunsthandwerk und Gauklern.

September

Apolda: *Kabarett-Tage.*

Greiz: *Greizer Theaterherbst* (www.theaterherbst.de).

Meiningen: *Kleinkunsttage* (www.meininger-kleinkunsttage.de).

Weida: *Weidscher Kuchenmarkt* (1. Wochenende). Traditioneller Kuchenmarkt vor dem Rathaus.

Erfurt: *Bistumswallfahrt* (3. Sonntag).

Jena: *Altstadtfest* (2. Monatshälfte).

Weimar: *Töpfermarkt* (1. Wochenende).

Oktober

Verschiedene Orte: *Güldener Herbst* (www.amt-ev.de). Festival Alter Musik.

Gera: *Höhlerfest.* Geras Stadtfest.

Hildburghausen: *Theresienfest (www.theresienfest.de).* Wie das Münchner Oktoberfest ein Fest anlässlich der Heirat Ludwigs I. mit Prinzessin Therese von Hildburghausen am 12. Okt. 1810.

Weimar: *Zwiebelmarkt* (2. Wochenende). Auf Thüringens bekanntestem Volksfest gibt es Heldrunger Zwiebelzöpfe.

November

Erfurt: *Martinsfest* (10. Nov.). Am Vorabend des Martinstages wird sowohl Stadtpatron Martin von Tours' als auch Martin Luthers gedacht.

Dezember

Lauscha: *Kugelmarkt* (www.kugelmarkt.com, erste zwei Wochenenden). Uriger Spezialmarkt mit handgefertigtem Christbaumschmuck.

Kinder

Im Nationalpark Hainich gibt es den **Wildkatzenkinderwald**, einen Abenteuerspielplatz mit liebevoll gestalteten Holzgeräten (Anfahrt von Norden über Kammerforst zum Parkplatz ›Am Zollgarten‹, www.nationalpark-hainich.de).

Sommerrodelbahnen

Am Pappenheimer Berg, Lauschaer Str. 41, 98724 Ernstthal am Rennsteig, Tel. 03 67 02/208 31, www.sommerrodelbahn-ernstthal.de, April–Nov. tgl. 10–17 Uhr.

Saalburg, Am Kulmberg 1 a, 07929 Saalburg, Tel. 03 66 47/29 91 50, April–Okt. tgl. 10–17 Uhr.

Allwetterrodelbahn ›Alpine Coaster‹, Panorama 1, 07422 Dittrichshütte, Tel. 03 67 41/570 02 58, www.dittrichshuette.de/rodelbahn-thueringen, April Sa/So und in den Ferien 12–18 Uhr; Mai–Ende Okt. Mo–Fr 12–18, Sa/So und in den Ferien 10–18 Uhr

Erlebnisparks

Sandstein- und Märchenhöhle, Marienstr. 6, 98639 Walldorf, Tel. 036 93/88 12 77, www.sandsteinhoehe.de, März–Okt. tgl. 10–17, Juni–Aug. bis 18 Uhr.

Märchenwald Saalburg, Dornbachgrund 1, 07929 Saalburg, Tel. 03 66 47/222 18, www.maerchenwald-saalburg.de, März–Mai, Sept./Okt. 10–17, Juni–Aug. 10–18 Uhr

Märchenpark Heilbad Heiligenstadt, An der Leineaue 1, 37308 Heilbad Heiligenstadt, Tel. 036 06/67 71 41, Mai–Okt. tgl. 10–19 Uhr.

Klima und Reisezeit

Innerhalb des Freistaats Thüringen gibt es große klimatische Unterschiede. Während das Thüringer Becken zu den niederschlagsärmsten Gebieten Deutschlands gehört und sehr warm ist, regnen sich die von Südwesten kommenden Wolken am Thüringer Wald ab, sodass das Wetter dort recht unbeständig sein kann.

Klimadaten Erfurt

Monat	Luft (°C) min./max.	Sonnen-std./Tag	Regen-tage
Januar	-4/ 1	1,6	7
Februar	-3/ 2	2,6	7
März	-1/ 7	3,6	8
April	3/ 12	5,1	9
Mai	7/17	6,6	10
Juni	10/20	6,8	10
Juli	12/22	7,1	8
August	12/22	6,6	9
September	9/18	5,2	8
Oktober	5/13	3,7	6
November	1/ 6	2	7
Dezember	-2/ 3	1,4	7

Sport

Angeln

Wer in den Gewässern Thüringens angeln will, braucht einen Fischereischein und eine Angelkarte und muss sich an die Thüringer Fischereiverordnung halten. Angelkarten gibt es bei den jeweiligen Tourismusämtern. Infos:

Verband für Angeln und Naturschutz Thüringen e.V., Lauwetter 25, 98527 Suhl, Tel. 036 81/30 88 76 und 036 81/30 56 45, www.anglertreff-thueringen.de.

Baden

Die größten Seen sind durch das Aufstauen der Saale entstanden, besonders der Bleilochstausee und der Hohenwarte-Stausee sind große Freizeitseen. Darüber hinaus gibt es mehr als 20 Erlebnisbäder, etwa in Mühlhausen, Bad Langensalza, Bad Frankenhausen oder Bad Sulza.

Ballonfahren

Ballon-Jäger, Kurze Seite 4, 98587 Herges-Hallenberg, Tel. 03 68 47/328 81, www.ballonjaeger.de.

Ballonabenteuer Schoko, Tino und Claudia Scholz, Fedor-Flinzer-Str. 31, 08468 Reichenbach, Tel. 037 65/699 02, www.schokoweb.de. Verschiedene Startplätze in Thüringen (Gera, Greiz und Jena), Sachsen und Nordbayern.

Ballonteam Jena, Schrödingerstr. 96, 07745 Jena, Tel. 036 41/67 30 20, www.ballonteam-jena.de

Gleitschirm- und Drachenfliegen

Jenair-Paragliding, Saalbahnhofstr. 10, 07743 Jena, Tel. 036 41/82 59 00, www.jenair.de; Abflugbasis: Flugplatz Jena-Schöngleina.

Ostthüringer Gleitschirmschule, Ortsstraße 67, 07338 Altenbeuthen, Tel. 036734/303 57, www.flugzentrum.com. Gleitschirm- und Motorschirmfliegen über dem Thüringer Meer.

Golf

Einige 9–Loch- und zwei 18–Loch-Anlagen zeigen, dass der Golfsport auch in Thüringen Fuß zu fassen beginnt:

Golfclub Eisenach–Wartburg Golfpark, Am Röderweg 3, 99820 Hörselberg-Hainich, Tel. 03 69 20/718 71, www.golf-eisenach.de. 18–Loch-Anlage, östlich von Eisenach, Spielbedingungen: Platzreife und Mitgliedschaft in einem Golfclub; 4-Loch-Kurzplatz, der ohne Platzreife bespielt werden kann.

Golfclub Weimar/Jena 1994 e.V., Münchenroda 29, 07751 Jena, Tel. 036 41/42 46 51, www.golfclub-weimar-jena.de. 9-Loch-Anlage, Spielbedingungen: Platzreife und Mitgliedschaft in einem Golfclub.

Thüringer Golfclub ›Drei Gleichen‹, Gut Ringhofen, 99869 Mühlberg, Tel. 03 62 56/217 40, www.thueringer-golfclub.de. 18–Loch-Platz, Spielbedingungen: Platzreife, DGV-Ausweis bzw. Mitgliedschaft in einem vom DGV anerkannten Verein, mindestens Hcp -54; 6-Loch-Übungsplatz, der ohne Platzreife und Mitgliedschaft bespielt werden kann.

Klettern

Im Thüringer Wald gibt es einige gute Kletterfelsen. Von **Tabarz** aus erreicht man den *Lauchagrund* nach nur wenigen Kilometern Richtung Süden. Anspruchsvoll ist die Route ›Dire Straits‹ am Teufelsgrad. Südlich von **Tambach-Dietharz** kommt man über Forststraßen (keine Autos) nach ca. 10 km zum Falkenstein im *Schmalwassergrund*. Relativ leicht ist das ›Wandl‹. Das *Hülloch* (in Tambach-Dietharz zunächst dem Schild ›Talsperrenverwaltung‹, dann der Wanderwegausschilderung ›Hülloch‹ folgen), ein weit über 20 m langes Felsdach, hält einige Routen in den oberen Schwierigkeitsgraden bereit, so z.B. die ›Lagrima‹ mit dem Schwierigkeitsgrad 10.

Da es während der Vogelbrutzeit an einigen Felsen zu Sperrungen kommen kann, sollte man sich vorab über die aktuelle Situation informieren. Infos:

Thüringer Bergsteigerbund e.V., Johannesstr. 2, 99084 Erfurt, Tel. 03 61/211 35 20, www.dav-erfurt.de. Buchempfehlung: *SteinReich – Kletter- und Boulderführer Thüringen*, Hocke/Uhlig (Autoren), Geoquest Verlag 2008.

Es gibt auch **Hochseilgärten**, einer der schönsten ist derjenige des *Rennsteig Outdoor Centers* in Steinach, Tel. 07 00/77 00 77 11, www.roc-team.de.

Laufen

In Thüringen findet auf dem Rennsteig jedes Jahr im Mai der mit ca. 15 000 Teilnehmern größte Landschaftslauf Mitteleuropas, der **GutsMuths-Rennsteiglauf** statt. Es können unterschiedliche Strecken gelaufen werden: der Supermarathon über 72,7 km ab Eisenach, der Marathon über die Distanz von 43,5 km ab Neuhaus am Rennweg oder der Halbmarathon über 21,1 km ab Oberhof. Endpunkt ist in Schmiedefeld.

Rennsteiglauf GmbH, Vesserstraße 19-21, 98711 Schmiedefeld, Tel. 067 82/612 37, www.rennsteiglauf.de

Mountainbike

Für Mountainbiker gibt es in den Thüringer Mittelgebirgen viele reizvolle Strecken. Eine echte Herausforderung ist der **Rennsteig-Wanderweg** (168,3 km, 3480 Höhenmeter), über Stock und Stein. Einfacher zu fahren ist der **Rennsteig-Radweg** (s.u.), der für Mountainbiker aber nicht so attraktiv ist. Genauso schön sind Touren in der Rhön, z.B. der **Rhön-Rennsteig-Weg** (98 km, 2170 Höhenmeter, kein Rundkurs), der Rhön und Thüringer Wald miteinander verbindet; anspruchsvolle Touren gehen auf den Dolmar nordöstlich von Meiningen, beispielsweise der **Rennsteig-Dolmar-Weg** (94 km, 2200 Höhenmeter, Rundkurs); ebenfalls empfehlenswert ist die **Pfad-Finder-Tour** (46 km, 1140 Höhenmeter, Rundkurs) rund um Frauenwald.

Nordic Walking

Nordic-Walking-Park Tabarz, www.tabarz.de, fünf Strecken, Informationstafel am Parkplatz des ›Hotel Wiesenhaus‹ in der Lauchagrundstraße.

Nordic-Walking-Park ›Goldene Aue‹ bei Heringen (nördl. von Sondershausen); zwei gut ausgeschilderte Wege (www.tourismus-goldeneaue.de). Anfang und Ende der Strecken ist der ausgeschilderte Wanderparkplatz am ›Eichentalsweg‹ in Heringen.

DSV Nordic Walking Zentrum Thüringer Vogtland, sechs ausgeschilderte Strecken zwischen zwei und 18 km; Startpunkte sind Weißendorf, das Seehotel Zeulenroda (jeweils mit Stockverleih und Umkleide) und Zadelsdorf; großes Kursangebot (Tel. 03 66 22/16 28 17).

Nordic-Fitness Park am Rennsteig (www.vesser.de); vier Routen mit insgesamt 60 km Strecke, gute Ausschilderung; Einstiegspunkte in Vesser und in Suhl am Ringberg-Resort-Hotel (Ringberg 10, 98527 Suhl).

Radwandern

Der **Unstrut-Radweg** (178 km, www.unstrutradweg.de) folgt dem Fluss von der Quelle im Eichsfeld bei Kefferhausen bis zur Mündung in die Saale bei Naumburg. Der **Werratal-Radweg** (www.werratal.de) führt über 306 km durch Thüringen, von den beiden Quellen am Rennsteig bis nach Hann. Der **Gera-Radweg** (67 km, www.geraradweg.de) verläuft von der Quelle im Thüringer Wald

Grenzlinien als Wanderwege: Rennsteig und Grünes Band

Erstmals im Jahr 1330 erwähnt eine Urkunde den **Rynnestig**, zugleich als **Handelsweg** und als Grenzlinie zwischen Thüringen und Franken. Im Laufe der Jahrhunderte verlor er beide Funktionen – und wurde im 19. Jh. als Wanderweg wiedergeboren. Denn im Jahr 1830 vermaß der Straßenbauer Julius von Plänckner den Rennsteig von Hörschel an der Werra im Nordwesten bis Blankenstein an der Saale im Südwesten und teilte seine 168 km in fünf Tagesetappen ein. Der 1892 gegründete Rennsteigverein veranschlagt für eine *Runst* – so nennen seine Mitglieder die Komplettbeschreitung des Rennsteiges – sechs Etappen.

Der mit einem weißen R markierte Weg führt auf dem Kamm des Thüringer Waldes entlang. Dabei gibt es einige kräftige Steigungen zu überwinden. Bei Hörschel geht es auf ca. 190 m Höhe los, **Plänckners Aussicht** an der höchsten Stelle des Rennsteigs liegt neun Meter unterhalb der höchsten Erhebung des Thüringer Waldes, dem Großen Beerberg mit 982,9 m.

Nicht ganz so lang wie beim Rennsteig dauerte es, bis Wanderer die einstige innerdeutsche Grenze erkunden konnten. Weil sie bis 1989 Sperrgebiet war, entwickelte sich dort ein **Grünes Band** (www.erlebnisgruenesband.de) mit reicher Flora und Fauna. Zwischen Mödlareuth nördlich von Hof und Stockheim südlich von Sonneberg sind inzwischen 15 Wander- und Fahrradrouten ausgewiesen, die den früheren Grenzverlauf immer wieder kreuzen. Ein guter Ausgangspunkte für die Erkundung des Grünen Bandes ist beispielsweise das *Deutsch-Deutsche Museum Mödlareuth* (Mödlareuth 13, Tel. 092 95/13 34, www.museum-moedlareuth.de, März–Okt. Di–So 9–18, Nov.–Febr. Di–So 9–17 Uhr). Infos zu Rennsteig und Grünem Band beim:

Regionalverbund Thüringer Wald e.V., Zellaer Markt 1, 98544 Zella-Mehlis, Tel. 036 82/477 69 20, www.thueringer-wald.com

bis zur Mündung in die Unstrut bei Gebesee. Der **Ilmtal-Radwanderweg** (125 km, www.ilmtal-radweg.de) begleitet den Fluss von Frauenwald im Thüringer Wald (Quelle) bis zur Mündung in die Saale in Ostthüringen, nahe Großheringen. Der **Saaleradweg** (409 km, davon 180 km in Thüringen, www.saaleradweg.de) folgt der Saale von Sparnberg bzw. Blankenstein bis nach Großheringen. Der **Elsterradweg** (ca. 74 km, www.elsterradweg.de) führt von Greiz-Sachswitz bis Crossen durch Thüringen. Anspruchsvoller sind der **Rennsteig-Radwanderweg** (195 km, www.rennsteig.de), der auf dem Kamm des Thüringer Waldes von Eisenach bis Blankenstein verläuft und die **Thüringer Städtekette** (www.thueringer-staedtekette.de), die auf 225 km sieben der schönsten Thüringer Städte zwischen Altenburg und Eisenach verbindet.

Reiten

Haflinger Gestüt Meura, Ortsstr. 116, 98744 Meura, Tel. 03 67 01/311 51, www.haflinger-in-meura.de.

Reiterhof & Pension Nucke, Gerhart-Hauptmann-Str. 19, 99706 Sondershausen, OT Stockhausen, Tel. 036 32/60 22 13, www.reiterhof-nucke.de.

Landgasthof Reiterhof Probstei-Zella, 99826 Frankenroda, Tel. 03 69 24/419 76, www.zella.de.

Gestüt Umlauf, Hofegasse 2, 99713 Bellstedt, Tel. 03 60 20/723 24, Mobil 01 73/656 26 97, www.gestuet-umlauf.de. Schönes Gut mit 60 Pferden und eigener Reithalle.

Reit- und Kutschtouristik Ortlepp, Friedrichstr. 19–21, 99894 Friedrichroda, Tel. 036 23/20 04 29, www.reitundkutsch.de. Idyllische Kutschwagenfahrten im Sommer, Pferdeschlittenfahrten im verschneiten Thüringer Wald und ein- bis dreitägige Wanderritte.

Wandern

Der bekannteste Wanderweg Thüringens ist der **Rennsteig** mit 168 km Länge. Der **Goethewanderweg** von Ilmenau nach Stützerbach, der mit einer Länge von 20 km eine Tagestour ist und die **Gipfelwanderung** von der Wegscheide zwischen Schmiedefeld und Suhl bis Goldlauter, die auf 30 km sieben Gipfel miteinander verbindet, sind ähnlich schön. Der **Kyffhäuserweg** (ca. 37 km) im Kyffhäusergebirge oder der **Vogtland Panoramaweg** (220 km, 12 Etappen) sind ebenfalls vorzüglich ausgeschildert.

Info: Wanderkarten des Landesvermessungsamts Thüringen, 1:25 000 und 1:50 000, erhältlich im örtlichen Buchhandel oder beim Landesvermessungsamt. Auch die Touristen-Informationsämter geben Wanderkarten aus.

Wassersport und Wasserwandern

Werra (www.werratal.de) und Unstrut (www.blaues-band.de/unstrut) eignen sich bestens zum **Kanu-** und **Kajakfahren**, während die Saale an Bleilochtalsperre und Hohenwartetalsperre auch das Segeln erlaubt.

Kanureich Henfstädt, Mittlere Dorfstr. 3, 98660 Henfstädt (bei Themar an der Werra), Tel. 03 68 73/696 71, www.kanureich.de.

Kanustation Saalerastplatz Camp Döbritschen, Döbritschen 11, 07774 Camburg, Tel. 03 64 21/247 36, www.saalekanutours.de. Durch Auen, Canyons mit steilen Kalkwänden und vorbei an Weinbergen.

Werratal-Tours Roth & Krause, Feuergasse 1, 99831 Creuzburg, Tel. 03 69 26/724 64, www.werratal-tours.de.

Kanustation Schleuse Ritteburg, Oberdorf 50, 06556 Ritteburg, Tel. 034 66/32 23 32, www.pension-schleuse.de. Kanufahren auf der Unstrut. Sehr abwechslungsreicher Flussverlauf, mal durch Wiesen, dann wieder durch enge Sandsteinberge.

Wassertouristik Camburg, Naumburger Str. 21, 07774 Camburg, Tel. 03 64 21/235 89, www.wassertouristik-camburg.de. Floßfahrten auf der Saale zwischen Camburg und Großheringen, am Wochenende zu festen Terminen, ansonsten nach Vereinbarung.

Uhlstädter Touristische Saaleflößerei GbR, Weinbergstr. 196c, 07407 Uhlstädt-Kirchhasel, Tel. 03 67 42/623 46. Floßfahrten auf der Saale, Buchung im Voraus notwendig.

Wintersport

Thüringen bietet dank seines Netzes von mehr als 200 Loipenkilometern und rund 1800 km Skiwanderwegen ideale Voraussetzungen vor allem für **Langläufer**. Skikurse bieten z. B.:

Oberhof: 1. Oberhofer Skischule, Tel. 03 68 42/52 96 17, www.erste-oberhofer-skischule.de.

Tabarz: Sport-Hellmann, Lauchagrundstr. 13, 99891 Tabarz, Tel. 03 62 59/508 52, www.sport-hellmann.de.

Schlittschuhfreunde finden Eisbahnen z. B. in Ilmenau (Eishalle Ilmenau, Tel. 036 77/46 30 77), Sonneberg (Eiswelt im Sonnebad, Tel. 036 75/406 66 60, www.sonnebad-sonneberg.de) und Waltershausen (Freizeitzentrum Gleisdreieck, Tel. 036 22/90 20 27, www.freizeitzentrum-gleisdreieck.de) sowie im Eissportzentrum Erfurt (Arnstädter Str. 53, Tel. 03 61/655 46 95, www.gunda-niemann-stirnemann-halle.de).

Schlittenfahren kann man z. B. in Masserberg am Ortsausgang Fehrenbach; in Oberhof an der ›Alten Golfwiese‹; in Schmiedefeld am Kurpark; in Stützerbach am Schlossberg, abends auch mit Flutlicht; in Suhl-Vesser, Trusetal und in Wurzbach sind am Skilift gut befahrbare Strecken präpariert.

Eine **Bobbahn** mit Eiskanal für die öffentliche Nutzung gibt es in Oberhof (Bob und Ice-Rafting Oberhof, Tambacher Straße, 98599 Oberhof, Tel. 03 68 42/52 08 10, www.bob-icerafting.de.

Der Funsport **Snowtubing** ist in Siegmundsburg ›An der dürren Fichte‹ möglich, mit Lift und einer 200 m langen Piste, außerdem in Cursdorf und Oberhof (www.snow-und-sommer-tubing-siegmundsburg.de)

In Lauscha werden auf der Marktiegelschanze Kurse im **Skispringen** (www.ski-springen-lernen.de) angeboten.

Statistik

Lage: Thüringen hat eine Fläche von 16 172 km². Es grenzt an Bayern, Hessen, Sachsen-Anhalt, Niedersachsen und Sachsen. Der höchste Punkt Thüringens ist mit 938 m der Große Beerberg, der niedrigste liegt auf 114 m am Unstrutflutgraben bei Wiehe. Die Nord-Süd-Ausdehnung beträgt 160 km, die West-Ost-Ausdehnung 198 km.

Verwaltung: Der Freistaat Thüringen besteht aus 17 Landkreisen und sechs kreisfreien Städten (Erfurt, Gera, Jena, Weimar, Eisenach und Suhl). Landeshauptstadt ist Erfurt.

Einwohnerzahl: In Thüringen lebten 2014 knapp 2,2 Mio. Menschen. Seit 1990 ist die Bevölkerungszahl um 19 % zurückgegangen und auch für die kommenden Jahrzehnte wird ein kontinuierlicher Bevölkerungsrückgang vorausgesagt, der besonders die ländlichen Gebiete betrifft.

Wirtschaft: Anfang der 1990er-Jahre erlitt die Wirtschaft Thüringens einen dramatischen Einbruch, der einen tiefgreifenden Strukturwandel zur Folge hatte. Zumindest im verarbeitenden Gewerbe mit der Automobilindustrie in Eisenach, der optischen Industrie in Jena und der Ernährungswirtschaft kehrte Thüringen aber mittlerweile auf den Wachstumspfad zurück. Daneben sind Kleinindustrien wie die Porzellanherstellung oder Waffenbau, Solartechnik und Biotechnologie von Bedeutung.

Politik: Thüringen ist das erste Bundesland, in dem ein Politiker der Linken Ministerpräsident eines Bundeslandes wurde – nach den Landtagswahlen 2014 wurde in den Koalitionsverhandlungen ein rot-rot-grünes Bündnis gebildet. Seit der Wende hatte zuvor stets die CDU den Ministerpräsidenten gestellt: Es gab 1990, 1994, 1999, 2004 und 2009 Landtagswahlen, bei denen die CDU zwischen 40 und 50 % der Stimmen bekam, 2009 jedoch nur noch 31 %. Bei der Landtagswahl 2014 erreichte die CDU mit 33,5 % den größten Anteil der Listenstimmen. Die Linke und die SPD erreichten mit 28,2 % bzw. 12,4 % die Plätze zwei und drei. Mit 10,6 % zog die AfD (Alternative für Deutschland) aus dem Stand in den Landtag ein. Die Grünen blieben mit 5,7 % im Thüringer Landtag.

Unterkunft

Camping

In Thüringen gibt es über 60 Campingplätze. Eine detaillierte Beschreibung vieler dieser Plätze bieten die jährlich erscheinenden **ADAC Campingführer** und **ADAC Stellplatzführer** (siehe auch dazugehörige Apps), die im Buchhandel oder bei den ADAC Geschäftsstellen erhältlich sind.

Jugendherbergen

Wer Mitglied im Deutschen Jugendherbergswerk (DJH) oder in einem anderen Verband der International Youth Hostel Federation (IYHF) ist, kann unabhängig vom Alter in einem der 30 Häuser in Thüringen übernachten.

Deutsches Jugendherbergswerk Thüringen – Service-Center Weimar, Carl-August-Allee 13, 99423 Weimar, Tel. 036 43/85 00 00, www.djh-thueringen.de.

Hotels

Neben einem breiten Angebot von Unterkünften mit einfachem Komfort hat sich für eine Vielzahl von Häusern ein solides Drei-Sterne-Niveau durchgesetzt.

Wanderheime

Im Thüringer Wald heißen Wanderheime Hütten oder Bauden. Über die Gästeinformation Brotterode (www.tourismus.brotterode-trusetal.de) kann man sie für den gesamten Rennsteig zentral buchen.

Verkehrsmittel

Bahn

Die Deutsche Bahn bietet das **Thüringen-Ticket** für Gruppen bzw. Singles an; es gilt Mo–Fr ab 9 Uhr bis 3 Uhr des folgenden Tages, an Wochenenden ganztags in allen Nahverkehrszügen der DB. Es gilt auch auf den Strecken privater Betreiber.

Bus

Die Linien sind meist nach Landkreisen organisiert und nicht in einem Verkehrsverbund zusammengeschlossen, d.h. jede einzelne hat ihre eigenen Fahrkarten.

Der **Rennsteig-Bus** befährt die Strecken Gotha-Oberhof-Suhl, Suhl–Ilmenau, Oberhof–Frauenwald–Schmiedefeld, Gehlberg–Schmücke, Suhl–Schleusingen-Hildburghausen, Masserberg–Eisfeld.

Register

A

B

C

D

E

F

G

H

Impressum

Herausgeber: TRAVEL HOUSE MEDIA GmbH, München
Programmleitung: Dr. Michael Kleinjohann
Verlagsleitung: Ulrich Safferling
Redaktionsleitung: Jens van Rooij
Autor: Dr. Gabriel Calvo Lopez-Guerrero und Dr. Sabine Tzschaschel
Aktualisierung: Julia Babin
Redaktion: Intermag Publishing GmbH, München
Bildredaktion: Intermag Publishing
Satz: Intermag Publishing
Karten (Umschlag): ADAC e.V., München
Karten (Innenteil): Computerkartographie Carrle, München
Herstellung: Anna Bäumner
Druck: Drukarnia Dimograf Sp z o.o. (Polen)

Ansprechpartner für den Anzeigenverkauf:
KV Kommunalverlag GmbH & Co. KG,
MediaCenter München, Tel. 089/92 80 96 44

ISBN 978-3-95689-975-1

Neu bearbeitete Auflage 2015

Bei Interesse an maßgeschneiderten Verlagsprodukten:
veronica.reisenegger@travel-house-media.de
Tel. 089/450 00 99 12

TRAVEL HOUSE MEDIA

Ein Unternehmen der
GANSKE VERLAGSGRUPPE

Bildnachweis

Titel: Die Wartburg bei Eisenach im Herbst
Foto: **Huber Images** (Christian Bäck)

Akg images: 12, 13.1, 13.2, 14, 15.2 – **Bilderberg:** 90 (Engler) – **Sascha Bühner:** 78 – **Deutsches Gartenbaumuseum Erfurt:** 26.2 – **ddp Images:** 126/127 (Candy Welz) – **dpa PictureAlliance:** 11.1 (Michael Reichel), 49, 107.1, 127 (ZB), 63 (dpa), 69 (Schmidt), 106, 128/129 (Kasper), 110 (Gerhard Launer) – **Fan und Mross:** 68.2, 103, 122 (Lubenow) – **Foto ed:** 77 (Driesel) – **Fotolia:** 2.1 (Wh.), 27 (Volker Z), 36 (nmann77), 105 (LianeM), 111 (autofocus67), 76 (Henry Czauderna) – **Fotothek Klassik Stiftung Weimar:** 34 – **Ralf Freyer:** 100/101 – **Hartmuth Friedrichsmeier:** 44, 120 (Neumann) – **Glowimages:** 2.3 (Wh.), 39 (Hans P. Szyszka), 8.1 (Stengert Nico), 38 (Hans P. Szyszka) – **Joern Greiser/Fahrzeugmuseum Suhl:** 2.4 (Wh.), 61 – **Bildagentur Huber:** 2.2 (Wh.), 29 (Wh.), 41 (Lubenow), 3.2 (Wh.), 3.4 (Wh.), 25, 31, 35, 43, 49, 65, 66/67, 84/85, 92/93 (R. Schmid), 6/7, 10/11, 16/17, 22, 88, 121, 125 (Szyszka) – **Imago:** 50/51 (epd) – **K&S AG:** 82 – **laif:** 73, 95, 96, 102 (Babovic), 5.3, 47, 54, 58, 60 (Wh.), 137 (Selbach), 4.2 (Wh.), 32 (Zanettini), 10.2, 23, 26.1 (Gläscher), 55 (Steinhilber) – **Look:** 3.1 (Wh.), 117 (Tobias Richter), 6 (Strauss), 9.3, 53, 57, 79, 80, 81, 83 (Märitz), 30 (H. & D. Zielske), 64 (Thomas Stankiewicz), 115 (TerraVista) – **mauritius images:** 5.4 (Wh.), 6, 56 (goimages), 7 (Lehner), 9.1 (Hollweck), 10.1 (Stengert), 18/19, 21, 46, 52, 59, 62, 71 (imagebroker), 107.2 (WenzelOrf), 109 (euroluftbild.de) – **Okapia:** 99 (Otto) – **Optisches Museum Jena:** 97.2 – **Porzellanfabrik Christian Seltmann:** 4.3 (Wh.), 91.2 – **Stadtmarketing Arnstadt GmbH:** 45 – **Schapowalow:** 11.2, 89 – **Shutterstock:** 4.1 (Uwe Bumann), 5.1 (Wh.), 68.1 (PHOTO FUN), 5.2 (Wh.), 94/95 (Andre Helbig) – **Stadtverwaltung Ilmenau:** 63 (N. Hampel) – **Stiftung Gedenkstätte Buchenwald:** 40, 123 – **Stiftung Thüringer Schlösser und Gärten:** 91.1 – **Tecnolumen GmbH:** 37 – **Theater Erfurt:** 8.2 (Lutz Edelhoff) – **Transit:** 4.4 (Wh.), 9.2, 20, 66, 72, 74, 86, 104, 113, 118 (Härtrich), 108 (Eisler) – **Ullstein Bild:** 15.1 (Simon) – **Visum:** 119 (Feldhoff+Martin) – **Hanna Wagner:** 3.3 (Wh.), 87 – **Zeiss Planetarium:** 97.1